集人文社科之思　刊专业学术之声

集 刊 名：太平天国及晚清社会研究
主办单位：中国太平天国史研究会

Study on Taiping Rebellion and Late Qing Dynasty

（第8辑）

集刊序列号：PIJ-2019-393

中国集刊网：www.jikan.com.cn/ 太平天国及晚清社会研究

集刊投约稿平台：www.iedol.cn

朱庆葆

主编

太平天国
及晚清社会研究

Study on Taiping Rebellion
and
Late Qing Dynasty

（第 8 辑）

社会科学文献出版社
SOCIAL SCIENCES ACADEMIC PRESS (CHINA)

太平天国及晚清社会研究
Study on Taiping Rebellion and Late Qing Dynasty

第 8 辑

目 录

太平天国及晚清史研究

003 西方立场与叙事：《北华捷报》对太平军的
报道（1860—1863）／廖大伟 陈骞

015 论太平天国在常澧地区的军事活动／熊 英

025 咸同时期直隶团练研究／李惠民

049 太平天国战争时期扬州地区的秩序重建与地方治理
——以清军"一复扬城"为考察中心／王 蒙

066 太平天国战争初期清方医疗博弈与变迁／李 彬

080 新中国成立初期对太平天国的评价
——以《人民日报》为中心的考察／魏 星

091 萧一山与太平天国典制研究／何 鑫

档案整理及考证

113 沧浪钓徒其人其事小考／张铁宝 杨 涛

124 胡林翼致潘祖荫未刊信札笺释／李文君

137 晚清嘉兴石门县门牌研究
——兼与浙江省其他县比较／熊 彤

152 太仓钱鼎铭碑刻与其"赴皖乞师"／孔令琦 刘 建

163 扬州大学图书馆藏《海角悲声》抄本整理／吴善中

175　晚清《申报》社评辑评（二）/ 李　玉

追慕先贤

265　张守常未刊稿选辑（二）/ 张燕赶 整理

综述及书评

277　中国农民起义领袖中最完美的形象

　　　　——《翼王石达开》序 / 华　强

284　任重道远的祛魅之路

　　　　——评《躁动的亡魂：太平天国战争的暴力、失序与死亡》/ 屈　畅

300　近代中国地方主义的滥觞

　　　　——评《山东"团匪"：咸同年间的团练之乱与地方主义》/ 何林锋

311　稿　约

太平天国及晚清史研究

西方立场与叙事:《北华捷报》对太平军的报道(1860—1863)

廖大伟　陈　骞[*]

摘　要　太平军进军上海期间,《北华捷报》对太平军的布告不乏直接转载,同时刊登了大量关于太平军的报道和评论,从中可见这时段的早期,西方在华势力对太平军的宗教信仰及相关政策等颇有兴趣,抱有一定程度的好奇与同情,但是总体上还是敌视的态度占主导,而且越来越明显。《北华捷报》代表西方眼光、西方立场和洋人的观察、洋人的理解,在如何对待太平军的问题上,西方在华利益的现实考量无疑是第一位的,所以该报呈现出鲜明的西方叙事色彩和功能主义、殖民主义倾向。一旦太平军与西方在华势力发生直接冲突,一个极具破坏力的、神秘的、难以相处的形象被塑造而成也就毫不奇怪了。

关键词　太平军　《北华捷报》　西方叙事

《北华捷报》(*The North-China Herald*)是上海第一家英文报刊,1850年8月3日在英租界创办。该报有关太平天国及太平军的报道较多,也转载了不少太平军的文告投书,加上它是一份在华发行的英国人报纸,代表着西方侨民的眼光,折射出在华英国人对太平天国及太平军的关切,因此是研究

* 廖大伟,上海大学历史系教授;陈骞,上海大学历史系硕士生。

太平天国及其太平军本身以及其与外界联系的较为珍贵的外文文献资料。①
其中涉及太平军的部分，特别是太平军在江南及上海地区作战的报道占较大
比重，时间主要集中在 1860 年至 1863 年太平军进攻上海期间，这部分内容
已被学术界翻译整理并取名《太平军在上海——〈北华捷报〉选译》出
版，② 鉴于此，本文以既有专题翻译成果为基础来探讨《北华捷报》这时段
对太平军的报道和评论。不过该专题翻译成果也许受时代局限，存在翻译疏
漏和译名错误，③ 甚至有的译文与原意有所出入，未完全遵照《北华捷报》
报道和评论的口吻来译，所以我们将《北华捷报》与《太平军在上海——
〈北华捷报〉选译》相关内容进行对照，既尽可能地利用已经翻译整理的史
料，同时也尽可能地避免其中存在的错误。

　　以西方的视角来观察近代中国，学术界早已行之，相关成果屡见不鲜，
这有助于学术研究的全面和深入。《北华捷报》具有西方视角的特质，它不
像同时期一些洋人的游记、日记属于个人记载，而是以"英国官报"的角
色来观察和报道太平天国及太平军的，与洋人个体叙事有所差别。由于该报
着力追踪太平军军事活动及太平天国外交活动，太平军也曾有意通过该报来
发布相关消息，所以彼此存在既定关系。将《北华捷报》作为探讨对象，
着重探究其作为西方视角是如何观察、如何分析、如何叙述这场所谓的中国
"内战"，尤其以何种态度认识和对待太平军的，应该是一个有价值的史学
取向。不过，探究《北华捷报》对太平军报道的特点及其态度变化，还得
参考其他史料，还得关注其相关报道背后的时局和形势变化，唯有如此，才

---

① 学术界以《北华捷报》为史料的研究成果颇丰，主要有张功臣《外国记者与近代中国
（1840—1949）》（新华出版社，1999）、杨帆《近代在华西人视野中的德占青岛——以〈北
华捷报〉为中心（1897—1914）》（《兰州学刊》2016 年第 12 期）、周瑞瑞《马克思主义初
入中国若干问题新探——对〈北华捷报〉新史料的考察》（《东南学术》2020 年第 6 期）、李
珊《〈北华捷报〉上的中国投书人——国民革命时期民族主义的对外表达》（《近代史研究》
2018 年第 4 期）及《面向西方的书写：近代中国人的英文著述与民族主义》（社会科学文献
出版社，2022）等，其中李珊对《北华捷报》读者及消息源做了着力探索，尤其对该报中国作
者的发文进行了统计和论述，张功臣通过《北华捷报》来观察在华外国人对太平军的研究。

② 上海社会科学院历史研究所编译《太平军在上海——〈北华捷报〉选译》，上海人民出版
社，1983。

③ 见杨其民《〈太平军在上海〉译名辨误》，《上海社会科学院学术季刊》1985 年第 2 期。

能帮助我们理解《北华捷报》报道内容和准确把握其所处立场。《北华捷报》对太平天国及太平军的报道及评论是有选择性的，这种选择性正是本文所要分析的重点。

一 认识和传播：对太平军布告文书的刊登

作为一个新闻媒体，《北华捷报》第一要务当然是报道新闻事件本身，所以在猎奇的驱使之下，它翻译和刊登太平军的各类布告，基本上不改变文件的原意。从这一方面讲，《北华捷报》可以说是太平军消息的传播者，同时《北华捷报》也通过对上海太平军的报道，而成为太平军的认识者。

在上海小刀会起义之时，《北华捷报》就已经注意到太平天国，将之称为 Tai-ping Tien-Kwoh 或者 the great peaceful heavenly kingdom，这是"太平天国"的英译和意译，它将太平军看作 insurgents（"叛乱者"），将太平天国的直接对立面清政府看作 imperialists（"帝国主义者"）。早期，《北华捷报》对太平天国尚持观望态度，认为1851年的永安建制是"这场运动的历史已经开始了一个新的时代"，信众人数增加，在全国范围内影响力日益扩大，这是一次"帝国的分裂"。① 由于太平军此时还未攻打上海，《北华捷报》对太平天国军事行动和政治主张的报道大多客观，尤其太平天国的宗教信仰，已有多位传教士对此感兴趣，并到达天京，与太平天国展开初步的接触。②

太平军自1860年5月击溃包围天京的清军江南大营后，确定了太平天国后期李秀成率兵东征苏常沪的总体战略布局。③ 5月25日忠王李秀成占领常州，5月30日占领无锡，6月2日占领苏州，④ 太平军迅速且顺利地进行

① *The North-China Herald*, 4th February, 1854, Vol. 184, pp. 106-107.
② 夏春涛详细研究了西方传教士和太平天国的交往，两者进行了早期的试探性接触。夏春涛：《天国的陨落——太平天国宗教再研究》（增订版），中国人民大学出版社，2016。
③ 赵珍、祁磊：《1860年太平军上海战役再认识》，《安徽史学》2017年第4期。
④ 郭廷以：《太平天国史事日志》（上），上海书店，1986，第679—684页。

着对苏常沪的东征，直到 8 月，李秀成进军上海，为英法军所败。这个过程中，太平天国与西方在华势力进行外交上的试探与冲撞，① 《北华捷报》也在其中扮演了类似角色。在 1860 年开始的太平军进军上海时期，李秀成向上海各方各界发布了布告和文书，被《北华捷报》迅速刊登，后者加速了上海各方各界认识太平军的过程。

1860 年，《北华捷报》首先刊载了《忠王李秀成谆谕上海四民》的布告，在刊载这一布告的报讯中，对"忠王"这一头衔的译法做了"不作什么辩解"的说明，直接译为 Chung-wang，② 认为"即使是中国的饱学之士，也解释不出这些头衔的意思"。③ 仔细分析这句话，其实反映了《北华捷报》对于太平天国的认识，即他们认为太平天国所属的太平军的首领，他的头衔与传统中国文化没有必然联系，如果纯从传统中国文化的角度来看待"忠王"的含义，则不一定能准确理解太平天国。根据英国剑桥大学图书馆所藏的抄件，太平军这则布告被公开发表的文本有好几个，而且各有不同，④而《北华捷报》对一些表示立场的词语的翻译与原文有所差别，如将太平军译为 Chang-maos（"长毛"）、Insurgents（"起义军、暴动者、叛乱者"），⑤ 以蔑称相待，这表明《北华捷报》的基本立场，它是站在偏向清政府的立场和角度来认识和报道太平军的。

刊登这份太平军的布告时，《北华捷报》还附加了一份英法当局声明，声明指出，"我们尚未能获得一份叛军的复文的准确译本，但我们知道，复文的性质是极其傲慢与夸张的"。⑥ 这份声明还表示英法联军已集中于上海

---

① 王庆成：《太平天国与上海：1860 年 6—8 月——李秀成、洪仁玕的外交活动》，《近代史研究》1994 年第 1 期。

② *The North-China Herald*, 25th August, 1860, Vol. 525, p. 135.

③ 《太平军在上海——〈北华捷报〉选译》，第 3 页。

④ 罗尔纲、王庆成据原抄件照片录著。原抄件藏英国剑桥大学图书馆。见罗尔纲、王庆成《太平天国》，广西师范大学出版社，2004，第 71—72 页。

⑤ Chang-maos 意为"长毛"，因太平军为对抗清政府剃发留辫的律令，恢复汉民族蓄发不剃的习俗，"长毛"是清朝统治者侮辱太平军的称呼，该报遵循了此称呼。Insurgents 意为"叛乱者"。*The North-China Herald*, 25th August, 1860, Vol. 525, p. 135.

⑥ 《太平军在上海——〈北华捷报〉选译》，第 5 页。该处译文与原文大意基本一致，见 *The North-China Herald*, 25th August, 1860, Vol. 526, p. 135。

附近,"倘有武装队伍攻击或趋近联军防地,当视为敌对联军行动之开始,即将遭受断然之对付"。① 《北华捷报》将英法联军对太平军的警告刊登出来,表明自身的西方立场。

《北华捷报》刊登各类太平军进军上海的布告,其中引人注目的是1860年8月25日刊登的《忠王李秀成在徐家汇天主堂贴出的布告》。这份对徐家汇天主教堂和各国领事的布告,主要是声明对于洋人财产"务须秋毫无犯",对于天主教徒"同敬耶稣,应视若兄弟"。② 声明打动了《北华捷报》,尤其是其对基督教的态度,所以该报认为该声明"带着最和平的意图来到了外人面前"。③ 同时也毫不避讳,说忠王李秀成的这份对英美葡三国领事的声明是由英国领事馆交给《北华捷报》发表的,④ 高调表示它与西方在华官方势力的关系。从字里行间可以看出,《北华捷报》在一定程度上承担了"英国官报"的职能,也在一定程度上扮演着外交宣传者的角色。

《忠王李秀成谆谕上海四民》、《忠王李秀成在徐家汇天主堂贴出的布告》及相关声明解释的转载刊登,代表了该时段早期《北华捷报》对太平军既怀疑又好奇的矛盾心理。转载刊登的文本大体能够尊重太平军文书的原意,但个别翻译用词和有关声明解释,则显现出该报西方立场的底色,反映了他们基于西方立场对太平军的认识。

二 从好奇到敌视:对太平军的报道开始走样

《北华捷报》不仅刊登太平军的文书,还发表有关太平军的系列报道、外国传教士的报告、太平军的投书⑤等。

---

① 《英国驻沪陆海军提督通告》,《北华捷报》第526期,1860年8月25日,《太平军在上海——〈北华捷报〉选译》,第5页。原文见 The North-China Herald, 25th August, 1860, Vol. 526, p. 135。

② 《忠王李秀成在徐家汇天主堂贴出的布告》,《北华捷报》第526期,1860年8月25日。《太平军在上海——〈北华捷报〉选译》,第8页。

③ The North-China Herald, 25th August, 1860, Vol. 526, p. 135.

④ 密迪乐:《忠王李秀成致英美葡三国领事书》,《北华捷报》第527期,1860年9月1日。《太平军在上海——〈北华捷报〉选译》,第8—11页。

⑤ 投书指太平军主动给《北华捷报》发送的希望在该报发表的文件。

　　1860 年 6 月外国传教士的报告显示，有传教士到苏州访问过太平军，《北华捷报》对此的态度是十分认可，声称"假若他们果真见到李秀成，我们还要更高兴"，对"太平军宗教的真正情形"感到有意思、有兴趣，认为如果能证明太平军"信仰的精神基础"是西方人所希望的那样，那"读者将十分感激"。这些传教士显然是带着了解太平军的任务去访问的，了解太平军"是些什么样的人，他们讲的什么道理，有什么信条，对真神及拯救世人的计划懂得多少"，并探询太平军"对外国人特别是传教士，打算采取什么行动"。① 真实的外国传教士的访问，关注了太平军的宗教仪式和日常生活，关注了太平军对上帝的认同度。《北华捷报》的读者对太平天国及其太平军抱有好奇，甚至要求用中文刊登出这些传教士了解到的太平天国信仰颂词，即太平天国的颂歌原文。② 《北华捷报》对太平天国及其太平军的宗教生活也很好奇，它对外国传教士访问收集的信息很重视，所以刊登了大量外国传教士的报告，同时也满足了读者希望看到第一手信息的阅读需求。

　　然而一年多之后，《北华捷报》传达出了英美传教士对太平天国及其太平军的敌视，同时报纸本身的一些语句用词也明显发生了转变。比如其在 1862 年 1 月报道"对他们过去伪装的友谊与诚恳渐次表示怀疑""一切都是非常卑鄙而可耻的""在这浪荡成性的太平军心目中，这一切正是要使外国侨民受辱"等。③ 太平天国所信奉的拜上帝教逐渐被外国传教士所认识，开始意识到它的教义和基督教教义并不是一回事，彼此之间难以共存。正是由于教友的幻想破灭，《北华捷报》开始逐渐敌视太平军，刊登的新闻报道绝大多数是太平军的负面新闻。它公开承认："本季度的所有报道都只会倾向于贬低太平天国的宗教性质，因为我们只会倾向于用语言表达我们对他们的不满。"④

---

① 《传教士赫威尔等三人到苏州访问太平军的经过》，《北华捷报》第 518 期，1860 年 6 月 30 日，《太平军在上海——〈北华捷报〉选译》，第 41—42 页。该处译文与原文大意基本一致，见 The North-China Herald，30th June，1860，Vol. 518，p. 102。

② The North-China Herald，30th June，1860，Vol. 518，p. 103.

③ 《英美传教士仇视太平天国的情形》，《北华捷报》第 598 期，1862 年 1 月 11 日。《太平军在上海——〈北华捷报〉选译》，第 67—68 页。

④ The North-China Herald，11th June，1862，Vol. 598，p. 7.

随着上海战事的紧张,《北华捷报》的此类报道多了起来,以致占据对太平军报道的大部分。这类报道大体可分为两个阶段。第一阶段为 1860—1861 年,主要是对太平军和清军交战的报道。该报发挥了新闻报道短平快的优势,用简便的通信方法传递信息,对太平天国及太平军的情况"以不加修饰的文字所进行的夹叙夹议的事件报道"呈现。[①] 有趣的是,其中有斥责英法军队干涉太平军对上海进攻的报道,认为"他们一直是我们的朋友,这是一个无可争议的事实",[②] "我军对上海城的占领,是一切祸害的根源",[③] "我们种的恶因,必然会受到恶果"。[④] 第二阶段是 1862—1863 年,这一阶段报道在华西方势力和军队的内容明显增多,反映出西方势力对战事的注重和干涉。有读者提出,对付太平军有三种办法,[⑤] 其中更有放弃"中立"向太平军宣战的主张。[⑥] 报道重点的转移和发表内容的改变,说明《北华捷报》在逐渐向英法在华当局的政策靠拢,其自身的立场也逐渐从好奇甚至有点同情而转向仇视与敌对。

进入 1863 年,此时太平天国运动虽未失败,但战败"已成定局",已经没有了反攻求胜的实力,"唯有往来奔命拼死力来保守天京一隅"。[⑦] 1863 年 2 月 21 日至 5 月 23 日,《北华捷报》刊登了被称为"苏州来鸿"(a voice from Soo-chow)的太平军的四份投书,除了刊登投书内容外,该报道还描述了这四次投书的神秘过程。第一份投书来历不明,租界巡捕看到一个脖子特

---

① 张功臣:《外国记者与近代中国(1840—1949)》,新华出版社,1999,第 26 页。

② *The North-China Herald*, 18th August, 1860, Vol. 525, p. 131.

③ 《英国读者 C 君投书,斥责英法军队干涉太平军对上海的进攻》,《北华捷报》第 525 期,1860 年 8 月 18 日,《太平军在上海——〈北华捷报〉选译》,第 144 页。译文与原文意思基本一致,见 *The North-China Herald*, 18th August, 1860, Vol. 525, p. 131。

④ 《读者 C 君投书续》,《北华捷报》第 526 期,1860 年 8 月 25 日,《太平军在上海——〈北华捷报〉选译》,第 149 页。译文与原文意思基本一致,见 *The North-China Herald*, 25th August, 1860, Vol. 526, p. 135。

⑤ N:《读者提出对付太平军的三种办法》,《北华捷报》第 599 期,1862 年 1 月 18 日,《太平军在上海——〈北华捷报〉选译》,第 220 页,见 *The North-China Herald*, 18th January, 1862, Vol. 599, p. 11。原文无标题,"读者提出对付太平军的三种办法"为译者根据文章总结所得。

⑥ 《关于放弃"中立"向太平军"宣战"的主张》,《北华捷报》第 604 期,1862 年 2 月 22 日,《太平军在上海——〈北华捷报〉选译》,第 248 页。原文无标题,标题为译者根据文章总结所得。

⑦ 罗尔纲:《太平天国史纲》,商务印书馆,1947,第 78 页。

别粗的中国人在报馆徘徊，那位中国人"头上的皮肤特别发白，证明他的头发是最近才剃去的"，第二天投书便出现在该报编辑的书台上。投书主要宣扬军事上的胜利，对于外国军队，太平军称已"撤到他们所划出的那条线，且不会破坏这条线"；对于清军，太平军"将动员天兵天将加以扫荡"。① 第二份投书的来历同样不详，《北华捷报》再次讲述了收到这份投书的过程，说一名巡捕在夜里失踪，次日凌晨收到一封信，并要求《北华捷报》信守自己的格言——"公正而非中立"。② 太平天国并不了解《北华捷报》这句格言的真正意义，相反还以此作为与《北华捷报》谈判的理由，可见太平天国及太平军对西方媒体并不了解。该投书劝诫外国人不要同太平军作战，同时表示太平军很不理解外国军队为何要反对他们，因为太平天国很尊重外国人。③ 第三次投书同样不知道如何而来，内容依然是不理解外国人对太平天国的态度，认为西方对他们是"极端错误的污蔑"，驳斥了太平军"占领的每个地方都加以蹂躏"的指控。④ 第四次投书继续宣称英国的政策是愚蠢的，要求其改变对太平天国及其太平军的敌对政策，太平天国及其太平军愿意"伸出友谊的右手，给予你们所愿得到的一切权利"。⑤

刊登第三份投书时，《北华捷报》发表了一篇针对性的声明，声明指出上海周边惨遭蹂躏是不断进行战争导致的结果，但租界当局必须采取"决定性政策，以便在中国这两个风景极佳的省区内恢复平静，使人

---

① 《太平军一次投书》，《北华捷报》第 656 期，1863 年 2 月 21 日，《太平军在上海——〈北华捷报〉选译》，第 19—23 页。原文见 The North-China Herald，21st February，1863，Vol. 656，p. 30。

② 该报标榜"局外中立"，但却提出"公正而非中立"的论点，以此干涉中国内政。参见贾树枚《上海新闻志》，上海社会科学院出版社，2000，第 137 页。

③ 《太平军二次投书》，《北华捷报》第 658 期，1863 年 3 月 7 日，《太平军在上海——〈北华捷报〉选译》，第 23—26 页。原文见 The North-China Herald，7th March，1863，Vol. 658，pp. 38-39。

④ 《太平军三次投书》，《北华捷报》第 660 期，1863 年 3 月 21 日，《太平军在上海——〈北华捷报〉选译》，第 26—31 页。原文见 The North-China Herald，21st March，1863，Vol. 660，pp. 46-47。

⑤ 《太平军四次投书》，《北华捷报》第 669 期，1863 年 5 月 23 日，《太平军在上海——〈北华捷报〉选译》，第 35—38 页。"友谊的右手"在《北华捷报》原文中为"the right hand of fellowship"，在西方，互握右手表示教会的伙伴关系，见 The North-China Herald，23rd May，1863，Vol. 669，pp. 82-83。

民得以休养生息"。同时表明反对太平军和清军在上海及附近地区交战，说英国政府已经决定，不仅"叛军"占有上海是不适合的，连让他们逼近上海也是不适合的，只有远离战火才能使贸易"在健康的基础上得以复苏"。①《北华捷报》毫不掩饰地扮演帮腔和干涉的角色，在这个问题上完全站在殖民者的立场，成了英国官方的"喉舌"。即使为吸引读者的好奇而描述四份投书的来历时，也是夸大神秘感，暗示太平军不正大光明。

三　对太平军的历史追踪与评价

1860 年至 1863 年这四年间，《北华捷报》每年都有一次对太平军的历史回顾及评价。

这四次历史回顾随着时间和时局的进展，其侧重有所不同。1860 年第一次回顾，看到了太平军惊人的胜利，看到了清政府官员"腐败到如此地步，弄得军饷扣而不发，索赔的口粮，又是质低而量不足"，提督张国梁"工于损人利己"，等等。②另外文章认为太平军攻占城外进行了屠杀，情景"真令人毛骨悚然"，认为太平军将清朝官吏看作妖魔，"奸灭妖魔是他们的特殊的具有价值的贡献"。③并且指出太平军有宗教特性，但问题是"不同的"地方太多，所以可以说太平天国运动是"一种宗教的专制"运动。④

1861 年《北华捷报》第二次回顾，更关注太平军的军事活动，认为

---

① 《附：对太平军投书的反应》，《北华捷报》第 660 期，1863 年 3 月 21 日，《太平军在上海——〈北华捷报〉选译》，第 32—35 页。原文见 *The North-China Herald*，21st March，1863，Vol. 660，pp. 46-47。

② 《一八六〇年的回顾（节译）》，《北华捷报》第 546 期，1861 年 1 月 12 日，《太平军在上海——〈北华捷报〉选译》，第 421—426 页。*The North-China Herald*，12th January，1861，Vol. 546，pp. 6-7.

③ 《一八六〇年的回顾（节译）》，《北华捷报》第 546 期，1861 年 1 月 12 日，《太平军在上海——〈北华捷报〉选译》，第 421—426 页。*The North-China Herald*，12th January，1861，Vol. 546，pp. 6-7.

④ 《一八六〇年的回顾（节译）》，《北华捷报》第 546 期，1861 年 1 月 12 日，《太平军在上海——〈北华捷报〉选译》，第 421—426 页。*The North-China Herald*，12th January，1861，Vol. 546，pp. 6-7.

"太平军叛乱是嗜血成性的运动"。① 文章指出 1861 年太平军与外国在华利益发生的最大冲突就是宁波的陷落，不过文章相信"英国政府的这些代表出面交涉后，一定会有明确的结果"。② 《北华捷报》是否在传递交涉有望的信息？是否也在给太平军施加压力？总之第二次回顾一再强调要保证在华外国人的政治和商业利益。

1862 年《北华捷报》第三次回顾，渲染和肯定在华外国人的影响作用，强调英法联军干涉中国内战的必要性。文章指出："自从外国人在这个庞大帝国的土地上定居后，在这个帝国的历史上，无论在政治、社会及商务那一方面，都于去年这一年看出显著的进步。"③ 文章严重指责太平军导致苏浙皖地区陷入纷乱的行为，认为太平军存在僭越和道德衰颓的各种缺陷，并且使用了"太平天国首领僭自称神的行为""太平天国在道德方面的衰颓"等标题。④ 这一年的回顾，语气较之前愈加严厉，表露出更多敌对与仇视情绪。

之所以如此，除了了解的加深和时局战事的变化以外，还有一个重要原因就是该报"把关人"的替换。1862 年《北华捷报》的第四任主笔由马诗门（Samuel Mossman）担任，这位主笔秉持极端的"反太平天国立场"，正是他提出"公正而不中立"（impartial, not neutral）的原则，即他为该报制定的"报训"，一直印在言论版的上端，以表达该报的立场。事实上"这个口号比'中立'更富有侵略性"，"不中立"是"将参与中国内部事务而宣布做'公正人'，这实质上是做中国的太上皇"。⑤ 《北华捷报》始终维护着

---

① 《一八六一年的回顾（节译）》，《北华捷报》第 597 期，1862 年 1 月 4 日，《太平军在上海——〈北华捷报〉选译》，第 428 页。*The North-China Herald*, 4th January, 1862, Vol. 597, pp. 2-3.

② 《一八六一年的回顾（节译）》，《北华捷报》第 597 期，1862 年 1 月 4 日，《太平军在上海——〈北华捷报〉选译》，第 432 页。*The North-China Herald*, 4th January, 1862, Vol. 597, pp. 2-3.

③ 《一八六二年的回顾》，《北华捷报》第 649 期，1863 年 1 月 3 日，《太平军在上海——〈北华捷报〉选译》，第 433 页。*The North-China Herald*, 3rd January, 1863, Vol. 649, pp. 2-3.

④ 《一八六二年的回顾》，《北华捷报》第 649 期，1863 年 1 月 3 日，《太平军在上海——〈北华捷报〉选译》，第 435 页。*The North-China Herald*, 3rd January, 1863, Vol. 649, pp. 2-3.

⑤ 马光仁：《上海新闻史（1850—1949）》（修订版），复旦大学出版社，2014，第 19 页。

英国在华利益，此报主笔和编辑们也服从这一利益，从西方的视角展开东方叙事。

1863 年《北华捷报》第四次回顾，在描述太平军战况的同时，已流露出不像之前那么重视的情绪，说"外国人对过去几个月连续发生的事件，已经日益感到无足轻重，间或且有厌恶与反对听到这些事的表示"。① 这时的《北华捷报》已将报道重心放到了英中联合舰队即阿思本舰队为何会解散的焦点上了，更多开始考虑西方和清政府的关系。

《北华捷报》对太平军连续四年的回顾，表示出太平军在西方媒体中的重要性，但关注的侧重点会有一些变化，这些变化是随着认识加深和客观时势的变化而变化的。起初《北华捷报》比较好奇太平军的宗教信仰及各种制度规定，慢慢开始关注太平军的军事行动，后来尤其关注太平军的对立面租界英法驻军的一举一动。无论哪个阶段，《北华捷报》对太平军的态度总体上是敌对，只是前期缓和些，有好奇心，后来了解多了之后就不加掩饰了，刊登读者来信不再像以前那样保持多种声音了。

四 结语

《北华捷报》以西方视角看太平天国及其太平军，尤其 1860 年至 1863 年报道进军上海的太平军比较着力，自觉地以新闻媒体的角色牵扯进太平军、清军及西方势力的三角关系，而其之所以这样做，当然有自身对这场中国"内战"的考量。《北华捷报》首先是一份在华英国报刊，读者主要是在华英国侨民，当时在上海租界乃至西方世界都有不小的影响。因此当太平军东征与上海租界发生直接冲突时，太平军就成了一个令人好奇的新闻题材，而它很乐意充当这个好题材的书写者、传播者。除了新闻的商业价值外，西方政治和租界利益的切身关联也值得它去关注、去报道并做出有利于西方尤其英方利益的信息传播。太平军也看中了《北华捷报》的传播作用，向

---

① 《一八六二年的回顾》，《北华捷报》第 649 期，1863 年 1 月 3 日，《太平军在上海——〈北华捷报〉选译》，第 483 页。*The North-China Herald*，3rd January，1863，Vol. 649，pp. 2-3.

《北华捷报》四次投书，目的就是与租界外国人进行联系和沟通，求得他们的理解和支持。在彼此的需要当中，新闻媒体的作用被放大了，《北华捷报》某种程度上起到了政治舆论导向的作用。

该报清楚知道在华侨民对太平军的关注度和好奇点，之所以特别关注太平军的组织、制度和宗教信仰，就是为了满足读者，满足他们的兴趣，为此报道得比较详细，占据很大版面。这都是读者乐意看什么的反映。但是报纸又不完全跟着读者走，它有它的政治立场和利益关切，西方在华利益的现实考量自然是第一位的，所以它自始至终同租界保持一致，同英国在华官方势力保持一致，呈现出鲜明的西方叙事和功能主义、殖民主义色彩。

《北华捷报》在报道太平军时虽然有偏见和敌视，但也在一定程度上展现了太平军的真实一面。《北华捷报》认识到太平军的出现，是由于清政府统治下的国情，是中央和地方官僚贪图私利、中饱私囊和对民众的压迫所致，所以它对太平天国及其太平军抱有一定限度的理解和同情。对于这场"内战"来说，西方的视角可以看到太平军和清军双方的不足，以及这场战争产生的原因。同时从这一视角来了解太平军的宗教信仰是有帮助的，《北华捷报》发表了大量传教士的报告，其中有很多传教士访问过太平军，了解太平军的宗教仪式和教义，在他们眼中彼此非常不同，也难以理解，所以最后得出的结论是"宗教的专制"。

《北华捷报》向它的读者展现了一个具神秘色彩、组织严密的反清力量，但也展现了一个叛乱的、难以交流的形象，关键是太平军的东征带来了战乱，可能危及西方在华利益，所以当西方势力与清政府关系得到缓和之后，《北华捷报》便采取了一边倒的立场，这是其自身性质和利益所决定的。如今《北华捷报》成了认识和解读太平军的一种叙事文本，它代表着西方的叙事视角。不过这种视角毕竟只是众多视角中的一种，只能通过这种视角来认识和建构太平天国及其太平军众多面相中的一种面相，因此我们可以借助它的叙事视角来看当时的中国问题，但切忌将它的作用放大，因为它不可能反映太平天国的全貌和展现真正的太平军。

论太平天国在常澧地区的
军事活动

熊　英[*]

摘　要　太平天国时期太平军在常澧一带展开了系列军事活动，与此同时广泛吸纳了当地贫苦农民加入太平军，破坏甚至摧毁了旧式统治秩序，搜罗了大批军需战略物资等，进而引起了当地士绅阶层的自救活动。

关键词　太平天国　常澧地区　军事活动　士绅阶层

1851 年 1 月，太平天国起义在广西桂平县金田村爆发，随后太平军北上转战南方各省，1853 年 3 月定都天京，建立起与清王朝对峙长达 14 年的农民政权。在此期间，太平军曾经二度逼近、一次攻克湘西北地区的常德府和直隶澧州厅（常澧）等地，并在此展开了一场农民军与清朝地方旧式政权的武装较量。虽然太平天国占据常澧一带的时间不长，但在短暂的 20 多天时间里吸纳了一大批下层民众加入太平军，为新生农民政权获取了西洞庭湖平原最重要的战略资源。与此同时，太平军的到来还打破了常澧一带的传统统治秩序，引发了当地士绅阶层为寻求自救而展开的对抗，对常澧一带的历史发展产生了较为深远的影响。以往学术界对太平天国起义的研究多关注相关省份的整体研究，而涉及府州县的微观研究则相对薄弱。[①] 本文从梳理

---

　*　熊英，湖南文理学院教授。

　①　中国社会科学院近代史研究所贾熟村先生撰写了《太平天国时期的湖南地区》（《临沂师范学院学报》2005 年第 5 期），另外还有上海地区、湖北地区、皖南地区、常熟地区、嘉兴地区、常州地区等系列论文。

太平军逼近常澧一带所进行的战事入手，概述太平军的系列举措，分析太平军对晚清常澧地区的政治、经济和文教事业的影响。

一　太平军在常澧一带的军事活动

（一）三次军事活动的梳理

1. 首次图谋西进常澧

太平军入湘作战，军事上以水域为主战场，但是无论是全州蓑衣渡之战还是湘江长沙之战都以失败而告终，但这并未影响其继续通过水域路线攻城略地的作战计划，他们把下一个进攻目标锁定在洞庭湖西岸沅澧流域。1852年秋，首次逼近常德，史料记载如下："咸丰二年秋，粤逆犯长沙，被创，走宁乡、益阳，图上窜，常德大震。当事登陴设守御，火庐舍之附城者，远近汹汹。"① 距离常德十公里的桃源县陬市镇"讹言四起，风声鹤唳，草木皆军"。常德南乡的龙阳、黄土店等地很快进入备战状态，龙阳士绅易佩绅为此作《习射》记录了危情："未得控弦歼丑类，风尘击目艰难肖。"② 此时正好告假回乡的常德籍京官、兵部侍郎杨彝珍在家乡黄土店纠集了一支300 余人的乡兵队伍准备与太平军对抗，恰逢官军向荣的队伍赶到益阳支援，太平军不得不折向乘船离开，北上岳州、武汉。"会广西提督向荣追贼至益阳，屡有斩获，贼夺舟窜去，邑境获全。"与此同时，刚上任的澧州知州张建翎考虑澧州北部毗邻公安、松滋，平日里多盗匪，在太平军逼近常澧一带时，亲自"饬民举行团练，辛勤月余始成，而盗不入境"。③

2. 西征军入湘再次攻打常澧

1854 年初夏，太平军将领曾天养、石祥祯率领的西征军大败湘军，占岳州，克华容，直抵常德、澧州，战火再度点燃。6 月 8 日，克龙阳县，进

---

① 陈启迈纂辑，应国斌点校《清同治元年〈武陵县志〉校注》上册，吉林人民出版社，2020，第 322 页。
② 陈松青：《易佩绅易顺鼎父子年谱合编》（上），湖南师范大学出版社，2018，第 37 页。
③ 杨奕清等编《湖南地方志中的太平军史料》，岳麓书社，2010，第 545 页。

攻常德。次日,打败清军都司宋广东于白沙塘。6月11日,太平军克常德府,接着曾天养部太平军克澧州,占安乡县、桃源县,直到月底自常德撤退,集中岳州。太平军从出发地又退回原点,攻占常澧时间仅21天。官方如此述说当时的战况:"四年春,粤贼陷武昌,踞岳州以窥常德。知府景星七请于大府,请添兵拨饷为堵御计。时贼方分掠宁、益、阴、潭诸邑,湘事孔亟,未之计也。会盛夏湖水涨溢,东北风大作,贼连巨舰千艘径东湖一日抵龙阳……郡中仓猝设守备,而贼舟已泊城下。都司宋广东率兵四百出御,力不支,引还,围遂合,时五月十五日也。越日,城陷。知府景星、同知李春暄、知县朱元增、常德协副将富勒敦、县丞秦维松、千总谭尽魁等死之,兵弁及士兵妇女抗节死者甚众。贼剽掠府库储积一空,四出焚劫,所至土匪争导之,境内蹂躏殆遍。逾月,贵东道益阳胡林翼帅练勇次于安化图进剿,贼乃饱扬去。"① 本次太平军进军常澧,对当地传统统治秩序造成了前所未有的动荡。

3.石达开部逼近常德南部边境

1859年,太平天国将领翼王石达开率太平军由江西、福建、广东等省一路进入湖南南部的郴州、桂阳、永州、宝庆、新化等地,前锋即将抵达常德,导致常德局势再度紧张。"时邑新被兵,疮痍未复,一日数惊,迁徙殆尽。知府恽世临甫莅任,请于大府,得增盐厘充军饷,乃益募健勇屯要隘,葺六城楼堞,为战守计。又檄调水师炮船自岳来驻,军威大震。复练乡团丁壮讥诃行旅,获贼谍陈天富、费楚金、舒学亮等,诛之,皆间酉也。贼间不得达,欲图北窜,顾不得常德要领,迁延不敢进。会湘乡李续宜绕[统]军至宝庆,连战皆捷,贼解围走粤,邑人始安。"②

(二)太平军攻入常澧地区后的三大举措

1.鼓励并吸纳贫苦农民加入太平军

如同南宋杨幺率义军在常德柳叶湖水寨起义一样,太平军在常澧一带也

① 杨奕清等编《湖南地方志中的太平军史料》,第525页。
② 杨奕清等编《湖南地方志中的太平天国史料》,第525页。

有着深厚的群众基础。因为洞庭湖滨和沅澧流域这些水域环绕地区的民众常年遭受水患、血吸虫病的侵害和地主渔霸的盘剥，几乎没有生存的空间。当太平军进入常德和澧州的时候，一大批饱受贫穷疾苦的贫苦农民或者主动投奔起义队伍，或者通过组织"忠义团"，以办团练为名，高呼"掳富济贫、除暴安民"，直接参加本地起义。1854 年夏天，太平军一进龙阳，投军者络绎不绝，正如龙阳士绅易佩绅所言："贼来数十舟，贼去千舟列。"据说易佩绅哥哥易书绅因襄助地方团练镇守孤城，被太平军一举擒获，因乡里乡亲中有不少投靠太平军，易氏兄弟担任龙池书院山长期间善待乡邻，接纳过大批贫困子弟入学，这些投军乡邻为之说情才免遭杀害，被释放回家。太平军攻克澧州后，澧州燕子山陈正卯等借团练聚众，与石门陈绪儒、湖北松滋县彭生科组织穷团，与太平军取得联系，举旗起义，"两省交界斋教、贫民多响应参加"。① 2009 年，人们在石门县新铺乡开化寺附近仙人洞里发现了忠义团所建的一个军器制作作坊，还有洞壁上文字以及其他生活设施，从留下的遗迹残物来看，应该是制作了大量的兵器，从而使太平军的势力大大增强。还有一些百姓被强行拉去参加太平军，例如在桃源县，"贼陷郡，掠去者万计"。②

2. 破坏和摧毁了旧式封建统治秩序

1854 年 6 月，太平军西征军兵分两路向常澧进军，一路沿洞庭湖之西湖水路抵达龙阳县城，直接一把火焚毁了县署、武弁衙署、仓库、学宫、秩祀、庙坛等，如龙邑县治、县常平仓、都司署、把总署、关帝庙、魁星楼、城隍庙、云台寺、上林寺、鸡鸣观等相继被毁。"咸丰四年……贼乘巨舰千艘径西湖，一日抵龙阳，兵弁无一人御者，焚毁县署、各武弁衙署、仓库、民舍殆尽，火光达天。知县文耀失守，眷属避梅兴坛庙楼上，贼搜获，杀戮最惨。"③ 城乡居民在慌忙逃难的过程中死伤甚众，诚如易佩绅所描述的当年惨象："道路凝碧血，沙场作白骨，抚心集万感，假手无寸铁。"④ 接着太

---

① 湖南省志编纂委员会编《湖南省志》第 1 卷《湖南近百年大事记述》，湖南人民出版社，1962，第 57 页。
② 杨奕清等编《湖南地方志中的太平天国史料》，第 537 页。
③ 杨奕清等编《湖南地方志中的太平天国史料》，第 542 页。
④ 陈松青：《易佩绅易顺鼎父子年谱合编》（上），第 39 页。

平军攻入常德府，城陷之日，一面无情斩杀了封建官府的旧官僚，“知府景星、同知李春暄、知县朱元增等主要官员皆当场殉难”；一面对官廨、公舍、祠庙、寺观、书院等进行了大规模的扫荡。“咸丰四年夏，贼躏郡，郡廨毁”，善卷祠、江神庙、乾明寺、忠义寺等也都毁于战乱。知府景星将郎江书院积存典本银提取了 7690 两以备守城之用，没想到“城陷，悉以资贼”。之后，太平军进入桃源县，毁掉了恩东门、白佛寺、福星寺。另一路则沿长江之滨的宜昌陷澧州，相继进攻澧州、安福（今临澧）、石门、安乡和慈利。在安福县，太平军毁坏了清军营房鳌山公馆，当地民众人心恐慌，在经历了一日数掠之后，迁徙殆尽。战争对旧式统治的打击后人多有表述，如“咸丰甲寅（1854）之变，搢绅巨族、甲胄武夫与草野细民、妇人女子争先致死，若不共戴天”。①

3. 搜罗和斩获了战时所需大批军用物资

1852 年秋，太平军从广西一路打到湖南北部，因沿途不断地扩充队伍，军队人数飙升。1854 年初夏太平天国的西征军持续的流动作战也需要补给军需物资。在这样的环境下，太平军将领们考虑到常德和澧州地区位于洞庭湖西岸，自古以来就是鱼米之乡，盛产粮食、棉花、鱼虾、渔船等重要的战略物资，占领鱼米之乡正好可以满足军队的物资需求，所以太平军攻占该地区时，所到之处都会广觅钱粮，大量囤积军需物资。“时贼意在财物，并无节制，无论茅檐草舍，开口即索金银。”②“咸丰四年夏五月，粤寇犯郡，兵吏皆走，居民多俘以去，惟妇人及老疾免焉，其资粮财贿之在市者皆尽。”③太平军在攻克龙阳后，一度抓住了易佩绅的哥哥易书绅，之所以没加害他，就是想利用他在民众中的威望让他帮助向当地富绅搜集粮饷，也正好印证了他的诗文中所描述的“贼来数十舟，贼去千舟列”的景象，同时也表明运输物资需要更多的船队，而常德和澧州流域正好有这些物资储备。太平军在盛夏和金秋之交于沅水、澧水流域徘徊辗转达三月之久，“贼剽掠府库储积

① 陈启迈纂辑，应国斌点校《清同治元年〈武陵县志〉校注》下册，第 601 页。
② 杨奕清等编《湖南地方志中的太平天国史料》，第 543 页。
③ 杨奕清等编《湖南地方志中的太平天国史料》，第 527 页。

一空，四出焚动，所至土匪争导之，境内蹂躏殆遍"，① 正好为自己储备了较为丰厚的军需物资。

二　战时常澧官绅对太平军的对抗与防范措施

（一）招募兵力，编练地方团练武装

太平天国起义爆发前，常德府和直隶澧州厅的国家经制兵因受军费限制，经常面临裁撤和删改，力量很不稳定。嘉道年间常德府的军队数量基本上包括"常德协、游击为副将、守备为都司，又拨迁分隶镇筸、永绥兵三十八名，综计马、步、战、守兵六百九十七名。此常德城守协建置改并之大略也"。② 太平天国起义爆发后，鉴于兵力空虚，咸丰帝多次颁发上谕，命各省兴办团练，由地方要员推行，官绅督办。为了鼓励各省举办团练，"规定对捐助和组织领导团练的绅士奖以功名和官位等"。③ 太平军攻入常澧地区后，府州县主要官员在抵抗过程中遇难，常澧士绅阶层纷纷自发组织地方团练。在武陵，在籍京官杨彝珍召集三百余人组成乡兵，抵御太平军。在澧州，士绅张建翮在咸丰二年（1852），"以粤匪故饬民举行团练"，④ 自乡里开始招兵募勇，亲自训练，辛勤数月，使太平军不敢入境。另有士绅冯文灿也是"立谕诣练绅耆，严谨团约，贼随敛迹，安堵如故"。在安福县，富绅蒋明晋为抵御太平军，"练勇千人防之，邑得无患"。⑤ 在慈利县，知县陈兆骧曾令"督绅治团练，防御粤寇"。⑥ 在石门县，有"咸丰以来寇盗滋扰，大吏饬，谕团练"之语，⑦ 士绅们成为各乡大小团练武装的组织者与创办者。

---

① 杨奕清等编《湖南地方志中的太平天国史料》，第 525 页。
② 陈启迈纂辑，应国斌点校《清同治元年〈武陵县志〉校注》上册，第 273 页。
③ 许顺富：《论太平天国起义初期湖南绅士的拯救皇权运动》，《广西社会科学》2005 年第 7 期。
④ 何玉棻等修纂《（同治）直隶澧州志》，岳麓书社，2010，第 228 页。
⑤ 同治《安福县志》，《中国地方志集成·湖南府县志辑》（79），江苏古籍出版社，2022，第 319 页。
⑥ 杨奕清等编《湖南地方志中的太平天国史料》，第 563 页。
⑦ 石门县人民政府地方志办公室编《（同治）石门县志》，石门县教育印刷厂，2003，第 297 页。

太平军攻入常澧后，很多穷苦百姓由于生活困苦等，对清政府产生敌视情绪，往往组织起义，他们不但不抵抗太平军，反而加入太平军，因此士绅阶层不仅要抵抗太平军，更要镇压地方起义。常澧士绅在这一时期为清政府招募兵力，组织地方团练抵抗太平军，维护地方稳定，在一定程度上挽救了清政府的命运。

（二）报效朝廷，与太平军奋力对抗

太平军西征军进攻常澧，形势危急，"以目今贼势而论，常德贼船多于岳州，情形较岳州更为吃紧"。[1] 在清王朝遭遇生死存亡的紧要关头，一些地方绅士表现出了特有的忠诚，诸如咸丰四年（1854），太平军趁湖水涨溢，东风大作之势，乘船进攻龙阳，"一日抵龙阳，兵弁无一人御者"，太平军顺利克城，斩知县文耀，士绅余跃江竭力抵御太平军，"发逆来攻县城，战没"。士绅曾之传在太平军攻克龙阳后，"痛骂毛贼，忿忿一人势欲与数百贼斗力者"。[2] 易书绅、易佩绅兄弟一道加入了抵抗太平军的队伍，易佩绅后来更是投笔从戎，投奔四川督办军务、前湖南巡抚骆秉章。太平军攻武陵县时，"郡中仓猝设守备，而贼舟已泊城下，都司宋广东率兵四百出御"，但最终溃败回城；武陵把总张应龙，坚守一昼夜，"与贼搏，不胜，死之"；[3] 知县朱元增，"率所募民兵数百出御，贼及郊皆散走"，继续抗敌而亡；郡庠生黄首柱，"集里人御之，被贼执，不屈死"。[4] 太平军攻桃源时，太学生吕本善，奉命带兵防剿，在羯羊铺遇太平军，"先冲入贼阵，杀逆匪十余名，力竭身被重伤死"；武生郭国正，"率村民数百追之，格斗良久，毙贼三十余人"。[5] 太平军在澧州时，乡民多受骗惑，约为内应，士绅杨明海"命老年仆引眷先逃，急集近团御之"，[6] 但寡不敌众。其后杨明海通知邻近团绅，分告远团，最终大败太平军于官桥坪及八角寺。各县士绅大

---

① 《曾国藩全集·奏稿一》，岳麓书社，1987，第 150 页。

② 杨奕清等编《湖南地方志中的太平天国史料》，第 555—556 页。

③ 杨奕清等编《湖南地方志中的太平天国史料》，第 535 页。

④ 杨奕清等编《湖南地方志中的太平天国史料》，第 538—567 页。

⑤ 杨奕清等编《湖南地方志中的太平天国史料》，第 544 页。

⑥ 何玉棻等修纂《（同治）直隶澧州志》，第 228 页。

抵如此，皆有以身殉城的精神，配合清政府抵抗太平军，成为当时抵抗太平军的主力，给太平军造成了巨大的威胁。并且各地士绅之间相互联络，相互支援，连成一片，让太平军腹背受敌，处境非常艰难。

（三）捐资助饷，为清军和地方团练筹备军费

清政府在太平天国起义爆发之前，就已陷入财政窘困的颓局，无法承担巨大的军费开支。太平天国起义占领南京后，为镇压起义不得不筹措巨额军饷，于是在被占应省推广厘金制度。湖南是率先响应的省份，"湖南各州县及津逮通要处，皆设厘局，委员或绅司之"。① 且在处理厘局事务时采用了官绅兼用的方式，以期达到"以通商民难达之隐"② 的效果，充分表现出对士绅们的信任与重用，极大地激励士绅阶层筹措军饷。常德府也在"咸丰五年五月，设局抽厘助饷"。各县捐助金额较大，如在武陵县"百货盐茶厘金局，咸丰五年四月设，每岁约抽税银十余万两，按月解省，接济军饷"。③ 龙阳县"数次捐输银近二十万两余"。④ 石门县"咸丰七年至同治五年捐输银四万两零"。⑤ 为了激励民间捐输，各地采取办法，对输饷的地主予以虚衔或监生执照，并增加各县的学额，以图扩大其统治基础，为前方的军事行动提供后勤保障。士绅们纷纷筹措粮饷，慷慨相助，如龙阳县陈景沧"以筹饷功加知府衔"。⑥ 桃源县高振鹏，"少时喜读兵书，既长投笔从戎，就陕西潼商道蒋征陶幕，遵筹饷例，以县丞指陕"。⑦ 慈利县王墉"咸丰初，入资饷军，用知州，发湖北"。⑧ 也有士绅为了保卫家园，主动捐资助饷，桃源县冯人翰在太平军犯县城时"指困输饷"。⑨ 安福县蒋氏家族皆有捐输，如蒋明熙"粤寇告警，竭力输饷"；蒋明晋"敦劝同堂子侄递助军饷"；蒋

---

① 光绪《重修龙阳县志》，第 144 页。
② 李瀚章等编纂《湖南通志》（影印本）第 1 册，商务印书馆，1934，第 1462 页。
③ 同治《武陵县志》，第 308 页。
④ 光绪《重修龙阳县志》，第 144 页。
⑤ 同治《石门县志》，第 500 页。
⑥ 同治《桃源县志》，第 309 页。
⑦ 民国《慈利县志》，1923 年铅印本，第 462 页。
⑧ 同治《桃源县志》，第 326 页。
⑨ 何玉棻等修纂《（同治）直隶澧州志》，第 433 页。

明试"咸丰初,报效军饷甚巨"。① 或是协助其他士绅,如"粤匪窜磁岩塘,适易佩绅带勇过境遇贼,赖澧总团局接济军饷,易始得防堵开仗,贼乃别窜"。② 或是为了增加学额,如在龙阳县"邑绅民捐输银二万四千一百两零,奉旨广学额二名"。③ 由此可见,士绅们在清政府镇压太平军的过程中起到了非常重要的作用。

(四)招抚流亡,加强对民众的控制和影响

自太平军进入湖南起,各府州县局势骤然紧张,很多"富者尽室偕行转徙,仓皇抛家失业",当然也有部分识时务的富绅为保存实力转而迎合太平军的情形。咸丰四年太平军攻入常德时,"常德一府四县之富户家家门挂'顺天太平'四字,焚香顶礼,鞭炮迎拜王爷,贡纳银钱谷米马匹无数",④表达了他们对太平军的拥护与欢迎。为了跟太平天国争夺力量,加强对民众的影响力,湖南巡抚骆秉章发布谕令,号召各地并村结寨,办理团练,严防死守,树立必胜信念:"古人坚壁清野一法,行之屡著成效,可期保卫吾民。"他要求各地团结民心,掘壕筑墙,设碉建堡,并预测若村村如此,贼匪将无所掳掠,无所裹挟,"我逸贼劳,我熟贼生,我聚贼散,我多贼少,我饱贼饥,我不畏贼,贼即畏我,岂不常操必胜之势哉"。⑤ 士绅们在镇压地方起义的同时,增强对民众的舆论宣传,加之实行严密的地方保甲制度,太平军再次犯湖南时因"得不到粮草、救护及兵员补充的支援,使之在某种程度上成为一支孤军",⑥ 极大地削弱了太平军在湖南的势力。

在常澧一带,官府和绅耆也忙着与太平军展开政情和舆论争夺攻势。咸丰四年夏,前任常德知府景星遇难后,继任葆亨"来权郡事,抚夷伤,招流亡"。⑦ 为争取民心,特晓谕各县尽快解民间疾苦,减浮收勒折,"本府查

① 同治《安福县志》,第319—320页。
② 何玉棻等修纂《(同治)直隶澧州志》,第543页。
③ 光绪《重修龙阳县志》,第168页。
④ 中国史学会主编《中国近代史资料丛刊·太平天国》第3册,神州国光社,1952,第7页。
⑤ 杨奕清等编《湖南地方志中的太平天国史料》,第124页。
⑥ 王继平:《晚清湖南史》,湖南人民出版社,2004,第87页。
⑦ 杨奕清等编《湖南地方志中的太平天国史料》,第527页。

民间完纳粮饷，原为国家维正之供，例应设柜征收，以杜包揽浮勒，亟宜明示，俾免弊生"。① 太平军攻陷常德桃源后，希望能争取到当地有名望的绅耆的支持，打听到曾在山西应州、灵邱、神池等县担任知县的贤吏高注养病在家，就想争取他为军营所用。于是派出一大队人马前往高家说服他，"请奉为主"，高注反而"从容晓以祸福"，太平军"惭而去"。第二天太平军再来规劝，高注态度变得强硬，破口大骂，最终被太平军杀害。

① 杨奕清等编《湖南地方志中的太平天国史料》，第 539 页。

咸同时期直隶团练研究

李惠民[*]

摘　要　咸丰初年直隶奉旨兴办团练，组织起了规模庞大的团练武装，87个州县共计团练40余万名。由于直隶各府州县情况不一，团练形态五花八门，没有固定模式，结构并非整齐划一，但均详细登记造册。无论各团练武器装备如何，其操练方式皆有各地特色。直隶团练具有保桑梓卫同乡、缉拿当地盗贼、协助官兵守城、巡逻稽查奸细、修郭筑堡掘壕、征调与运送粮草等功能与作用，但并非像有些学者所说是消灭太平军的最主要力量。筹集经费是举办团练头等大事，在实际筹款中乱派、勒索、威吓、隐瞒等并不鲜见。咸同时期，直隶虽未出现威胁官府权威的大规模团练之乱，但部分团练群体的利益新诉求出现，却为日后危局矛盾埋下了伏笔。

关键词　直隶团练　经费捐输　咸同时期

团练是清代地方上一种临时性招募民兵的自筹组织，例如，嘉庆年间（1796—1820），在川楚爆发了白莲教起义，四川和湖南等地借助历史上寓兵于农、筑寨建堡、坚壁清野的经验，组织了守卫乡土的民间团练武装。在太平天国与捻军起义时期，各省团练组织大规模涌现，并逐步成为清朝官府维护地方治安的助手和工具，具备了地方社会控制职能。近40年来，国内外学界取得共识，认为近代团练是地方权贵势力崛起的关键因

* 李惠民，河北传媒学院教授。

素，在某种程度上地方军事化状况大致反映了地方权贵对团练控制的强弱，所以，有的学者用社会学方法从基层社会结构、权力结构、社会控制的角度入手，对近代团练的产生、结构、功能、演化等展开了广泛和深入的系统研究。① 但是，学界对太平天国与捻军起义时期各省团练个案研究的深度略显失衡，仍现畸轻畸重的现象。客观原因是各省团练面对起义斗争的军事形势程度不同，加之所处的客观环境存在差异，经费来源渠道不一，组织规制条例无定，人员规模有大有小，办团时间有长有短，各省团练确实存在较大差异，研究成果迥然有别。另外，学界对各省团练研究的重点内容也略显不平衡，② 以直隶团练的专题研究来看，仅有 20 世纪 80 年代河北学者撰写的《浅析太平天国北伐时期直隶中南部的地方团练》《直隶团练的钳制与太平天国北伐的失败》两篇专文，初步列举了直隶部分县府团练的出现，指出了团练在太平军直隶受阻中发挥的一些作用，总结了太平军北伐失败原因中直隶团练所发挥的若干影响因素。由于逾年历岁，上述两文所依据的直隶地方志史料似显薄弱，所记述的直隶团练兴办及构成稍显简单，所解析的直隶团练功能作用略感偏颇。故而，本文专门针对直隶团练兴起与持续复办、团练构成与装备训练、团练经费与捐输奖赏、团练局限与约束失控、团练功能与作用施展等问题，再次进行全面梳理和系统论述，不当之处，敬请方家批评指正。

---

① 夏林根：《近代团练问题研究》，《江西社会科学》1982 年第 2 期；黄细嘉：《近代的团练和团练制度》，《历史教学》1997 年第 10 期；宋桂英：《清代团练问题研究述评》，《文史哲》2003 年第 5 期；崔岷：《晚清"团练大臣"研究的省思》，《安徽史学》2017 年第 5 期；崔岷：《咸同之际"督办团练大臣"与地方官员的"事权"之争》，《历史研究》2018 年第 2 期；崔岷：《从御匪到救时——道咸之际清廷团练动员的兴起》，《社会科学研究》2020 年第 5 期。

② 郑亦芳：《清代团练的组织与功能——湖南、两江、两广地区之比较研究》，中华文化复兴运动推行委员会主编《中国近现代史论集》第 28 编第 33 辑，台湾商务印书馆，1986；爱德华·麦科德：《清末湖南的团练和地方军事化》，周秋光译，《湖南师范大学社会科学学报》1998 年第 3 期；宋桂英：《晚清山东团练研究》，博士学位论文，浙江大学，2006；何文平：《清末地方军事化中的国家与社会——以广东团练为例》，《学术研究》2009 年第 9 期；崔岷：《"靖乱适以致乱"：咸同之际山东的团练之乱》，《近代史研究》2011 年第 3 期；李光明：《近代云南团练与基层社会控制变迁》，《文山学院学报》2016 年第 2 期；谯珊：《晚清官绅政治与帝国崩解——以重庆团练与地方权力结构为视角》，《中华文化论坛》2019 年第 1 期。

一 直隶团练兴起与持续复办

太平天国建都南京与派军北伐前，清廷就向北方诸省发出了劝谕团练的旨令。当时因"贼氛尚远"，只有为数不多的地方启动了团练组织，包括近畿在内的许多地方尚未议及办团，虽直隶紧贴京师，却是举办团练较晚的一个省份。太平天国逼近南京，清廷明显意识到自身势穷力竭，难保太平天国不会图谋北上，进兵京城，故而感到岌岌可危。北方地域平坦辽阔，许多城乡并无险可守，此时清政府几乎再无兵力派遣，根本难以处处设防，唯有劝谕绅民马上组织地方团练，借助民间力量弥补不足。"必须团练壮勇，以济兵力之不逮。"① 城乡各地也只能依靠团练武装来实现自保，一旦大兵压境，根本不能指望官兵前来救援。

清政府在全国各地调兵遣将，组织兵力防堵，许多地域均有大兵频繁过境，支应兵差过境已经很难承受了，所以，当时团练资费是最大问题。清政府希望各地民间出资，会同官方办理团练，而各地绅士办团练，则希望获得官方认可，并从而获得政府蠲免。一方面官方需要依靠绅士办团练；另一方面绅士需要官方将团练合法化，以获得某种补偿。所以，这是官绅双方的一个博弈。正是由于兴办团练须民间自己出资，有些地方抚署出于体恤民情，纷纷上奏请求恩准蠲免。直隶有些府州县劝谕捐输裹足不前，兴办团练推进工作迟迟未果，其实，都是没有疏通渠道，尚未理顺关系，没有做好各种相应的具体准备。

咸丰三年（1853），随着太平天国北伐军进入直隶的影响力不断扩大，引发畿辅各地的动乱蜂拥而起，震荡不已。直隶邯郸"土匪傅俄久为民害，兹复乘机抢掠勒赎"。② 直隶栾城，"时新经乱离，政多废坠，土匪趁机抢

---

① 《寄谕李僡着责成兖沂曹济道万恩官等会同绅士认真办理团练》，中国第一历史档案馆编《清政府镇压太平天国档案史料》（以下简称《清档》）第 5 册，社会科学文献出版社，1992，第 367 页。此套书每册出版年份不一，以下不再单独注出。

② 民国《邯郸县志》卷 1《大事志》。

掠，闾里不安"。① 直隶"沧州、交河、盐山等处，平素盐贼盐贩在在多有，近因交河、沧州相继失守，该处土匪因而愈肆"。② 直隶总督奏称：直隶省府保定"城北贼匪肆劫唐县、完县、阜平、曲阳、通州、宝坻各地方，或掳掠衣物，或抢掠妇女，或打劫钱铺，或连劫客商，并有白昼入室，奸淫妇女，以致该妇女自尽等语。果如所奏，是盗贼纷起，土匪肆行，地方文武形同聋聩。当此逆氛未靖，畿辅重地，尤宜加意肃清，以杜外匪勾结"。③ 清朝官兵面对太平天国军事冲击已应接不暇，实在难以抽身应对，更不能顾及镇压直隶风起潮涌的土匪，只能责成官府立刻组织团练，实现武装自保。

咸丰三年（1853）正月初八，清廷正式向各省督抚发布上谕，立即兴办团练，要求"分饬所属各就地方情形妥筹办理"。④ 咸丰三年正月三十日，又连续发布了《谕内阁着在京各部院官员各举各省在籍绅士办理团练如办有成效即由该督抚奏请奖励》《谕内阁着将本年正月初八谕旨并此旨刊刻颁发各直省广为刊布分饬官绅遵办》两件上谕，宣布了"谕令各直省仿照嘉庆年间坚壁清野之法办理团练"，"邀集众绅士，酌办团练事宜"，"并命武英殿刊刻明亮、德楞泰筑堡御贼疏、龚景瀚坚壁清野及所拟出示晓谕条款。着将本年正月初八日谕旨并此旨一并刊刻，冠诸简端进呈，颁发各直省大吏广为刊布，转行所属体察地方情形，分饬官绅一体妥筹遵办"。由此，正式拉开了兴办直隶团练的序幕。

虽说北伐太平军出征之前，北方诸省第一批团练组织已经产生，但直隶大批团练的兴办，主要还是在太平军进入直隶之后，伴随北伐太平军挺进直隶的速度，迅速波及开来。"咸丰癸丑，发逆突犯畿辅，奉旨各州县办理团练。"⑤ 直隶南部的广平府与永年县同城，北伐军兵临广平府城下，"知府王

---

① 同治《栾城县志》卷 9《职官志·宦迹·俞曰诚传》。
② 张之万：《严惩土匪以靖地方折》，《张文达公遗集》卷 2，张守常编《太平军北伐资料选编》，齐鲁书社，1984，第 377 页。
③ 《寄谕讷尔经额着派员迅缉保定伏党并饬地方官毋得以团练借词科派》，《清档》第 5 册，第 452 页。
④ 《谕内阁本月上辛祈穀大祀朕引咎自责着该部及各直省刊刻誊黄宣示中外》，《清档》第 4 册，第 364 页。
⑤ 同治《束鹿县志》卷 8《艺文志·记·创修南小陈寨墙记》。

桂、知县陈政典约绅耆议城守，按户出丁，分守堞口。复募民勇八百名守四门"，"贼过临洺关后，各州县催办团练"。① 据《任县志》记载，当时顺德府的任县为应对紧急局势，"选练壮勇一千余名"。北伐太平军攻克柏乡县城后，又立即逼近直隶栾城，该县"知县唐盛招募乡勇，巡城防守"。② 直隶中部的正定府，先是招募了团练 500 人，派绅士总司其事。当北伐太平军直逼正定府时，知府、知县分别迅速扩大团练武装，"激万人心，明定章程。总局之外，东西南北四门，分设四局，严密防守"。③ 束鹿县"绅民由是编齐保甲，召集团丁筑砦寨，制器械，众心如一，保护乡间"。④ 保定府"劝办四乡团练至三万数千人"。⑤ 沧州"团练汉、回勇三千数百人"。⑥ 河间府在咸丰三年秋，"粤匪北犯，奉谕旨办团练"。⑦ 直隶东部的天津府，"捐练铺勇三千余名"。⑧ 就连太平军和捻军均未抵达的临榆县也办起了团练，"诏令天下普行团练，本城练勇六百名，四乡民团二千人"。⑨ 太平军驻扎直隶静海县独流镇待援之时，该县组织了团练与之对抗，"集会数十村，挑壮健者三千人，在中旺操练，慷慨誓众，众志成城"。⑩

自太平天国进入京畿后，直隶各地纷纷办起了团练武装，其组织构成错综复杂、五花八门，这些团练的出现均属"奉旨兴办"。根据各府州县呈报的登记数字显示，咸同时期，直隶各地组织起了一支规模极其庞大的团练武装，"据清苑县禀报团练二万八千余名，宁津县、定州团练四万余名，平山、肃宁等县团练三万余名，安平县团练二万余名，容城、饶阳、乐亭、永清、沙河、东光、故城、景州等州县团练一万有奇，其余数千、数百不等，

---

① 光绪《永年县志》卷 38《艺文·李明府传》。
② 同治《栾城县志》卷 3《事略》。
③ 民国《正定县志》卷 7《事纪》。
④ 同治《束鹿县志》卷 6《武事类·武事》。
⑤ 同治《清苑县志》卷 13《兵制》。
⑥ 《沧城殉难录》卷 1《沧州失城纪略》。张守常编《太平军北伐资料选编》，第 423 页。
⑦ 同治《河间府志·纪事》。
⑧ 《天津剿寇纪略》附编，张焘：《津门杂记》卷上，清光绪十年刻本。
⑨ 民国《临榆县志》卷 9《舆地编·纪事》。
⑩ 同治《静海县志》卷 6《人物·忠节·刘煜熙传》。

共计八十七州县统共团练四十余万名"。①

北伐太平军对直隶民众的反清运动起到了极大推动作用，自此之后，畿辅地区在十余年间始终处于动荡不安之中，连续不断地出现所谓盐匪、"土匪、捻匪、东匪（教匪）、枭匪，蔓延入境者十余次"，② 正如《畿辅通志》所载，"粤逆之倡乱也，土寇蜂起，聚党横行，而捻匪出焉。……迨粤逆既灭，余孽与捻合，而捻益猖獗，不可制"。所以，直隶地方团练自太平军后一直持续存在，特别是同治七年（1868）捻军挺进直隶后，总督官文直接号令全省各地复办团练，在京畿各府州县再度掀起了举办地方团练武装的高潮。"同治七年，捻匪张总愚犯境，直督官文饬绅耆办乡团。"③ 总之，咸同年间直隶各地团练虽时办时停，但最终保留了下来。各府州县情况略有差异，中间过程有的团练停办时间短，有的停办时间长而已。

以直隶中部典型的正定团练为例，从咸丰三年至同治七年，直隶举办团练之事，基本没有中断，形势暂缓之时仅仅是短期懈怠。据《正定县志》卷 7《事纪》记载，北伐太平军逼近正定府之时，知府周灏、知县石元善都曾亲自着力组织团练，明定章程，依赖团练实施郡城戒严，竭力防御。待太平军过境向东移兵深州后，正定团练依然严防死守，不敢有丝毫松懈。为了维持团练运转，知府周灏一味地劝谕商民捐资接济。翌年北伐太平军从静海独流南撤，转移驻扎阜城、连镇之后，新任知县继续办团练，年底再换知县，仍照常办团练，不敢撤销。咸丰五年（1855）清军攻克连镇，正定"团练仍不敢懈"，直至僧格林沁攻克冯官屯后，才得以喘息。咸丰末年的"八年、九年、十年，海口夷匪滋事（第二次鸦片战争）"，"十一年，山东捻匪、教匪滋事"，此间直隶正定多次复办团练。此间团练经费多次出现问题，经知县三次劝捐，经知府两次劝捐，团练经费不足的窘况才得以缓解。同治年间，又因张锡珠、杨蓬岭反叛，宋景诗反叛，以及捻军挺进直隶等兵事，正定经过马河图、朱清旬、郑兆同、胡振书四任知县不断更迭职位，几

---

① 《桂良奏复各属查拿土匪奸细及办理团练情形折》，《清档》第 12 册，第 74 页。
② 同治《束鹿县志》卷 6《武事类·武事》。
③ 同治《清苑县志》卷 4《人物（上）·孝义·程奎传》。

经接手复办团练，不断"劝捐接济"，团练武装不断复办，直到1868年8月西捻军败亡。

二　直隶团练构成与装备训练

督办直隶地方团练的组织者，皆为在籍丁忧官员、候补官员、休致显官、本地富绅、功名士绅等。例如，在直隶广平府督办团练的是"候补道丁守存，督办畿南府团练。时邑绅刑部员外郎武汝清奉亲在籍，朝命随同侍郎桑春荣办理团防。丁道与府县议留部郎，郡城办团练局于财神庙"。[①] 作为团练的组织者，需要依靠官府授权或凭借捐资募勇，获地方官员认可。掌控指挥基层团练的实权者，并非一般捐助者，皆为当地有威信、影响力的组织发起者和地方官。他们一般也会带头捐资，有些还做出较大贡献。直隶长芦盐运使杨霈，"捐廉倡率，制造抬枪五百杆，招募壮勇，逐日在署教演，名曰芦团"。[②] 天津邑绅张锦文，"捐资助经费，并上守御各策于盐政文公谦。公善之，遂发令箭一枝，令锦文照办。锦文悉心布置，独力捐练铺勇"。[③] 一些地方上的太学生，也参与了召集乡勇的组织工作。譬如，邯郸县苏里人张廷元为太学生，北伐军由河南武安进入直隶永年境时，"廷元招集乡勇，助饷项，巡缉邯边"。[④] 有些地方官员会借助武举的特殊身份来号召、募集乡勇。例如，直隶盐山县激励绅民与本县武举刘光勋，共同倡导团练。有些基层团练会推荐民间武林高手，出面组织乡勇。例如，直隶光绪《永年县志》卷32《材艺·王福生传》记载，"王福生，高固村人，精拳勇，从艺者以千计。性慷慨好义，乡人推为练长"。

由于直隶各地情况不一，举办团练的各府在兴办进度上有快有慢，直隶各地城乡差异较大，乡镇村庄有大小，城市街道有长短，其团练组织规模结构并非整齐划一。一般根据村庄大小设团，大村庄自为一团，小村庄亦可联

---

① 光绪《永年县志》卷24《兵事》。
② 同治《续天津县志》卷17《艺文（上）·天津剿寇纪略》。
③ 《天津剿寇纪略》附编，张焘：《津门杂记》卷上。
④ 民国《邯郸县志》卷10《人物（上）·孝义》。

合数村庄为一团。据《正定县志》记载，该县设团练总局，在城关东西南北四门分设四局。据《束鹿县志》的《武事类·团练》记载，该县团练分为东、西、南、北四路，"各立团长，以统之。每路又设练长数人，专董其事。而又多设队长、牌长诸名目，分理各村"。据《容城县志》的《团练纪事》记载，该县团练共设了两局，每局为 3000 人，其一为县城团，以西南各乡抽丁划归一团；其二为白沟河团，以东北各乡抽丁划归二团。据《定县志》的《王灏传》记载，定州兴办的乡团之制，即"乡自为团，团有长，又合数乡，设一总长"。据《沧县志》的《文献志》记载，沧州兴办"联庄团练"，据其保甲团练章程约定，"州境所属五百七十二村庄，分五十四镇，每镇各令举设乡长一人，董司其事"。

各地团练组织结构不仅五花八门，没有统一的模式，练勇成分也存在某些差异，而且在不同时期各地团练的组织形式亦存变化。同为团练，民团与官团不同，练勇与募勇也有所区别。所谓"民团"，以保卫本邑村庄为己任，按户出练勇，团费完全由民间自筹。所谓"官团"，以地方官与民间共同为之，主要是指那些以保卫省、府、州、县城池为主的团练，团勇以日发银或米来招募。募勇与练勇的区别主要是：募勇是一种招募的练勇，是否招募录用，以其作战是否骁勇以及技艺熟练程度为标准。有的只是在操练之时管饭，有的则发微薄薪水。练勇则以按户口抽丁之法组建，与募勇薪水比较，则少之又少，几至于无。有些省府州县在城的练勇，称为"城勇"；在乡的练勇，称为"乡勇"。还有些府州县，则直接根据技艺程度，简单地把操练演习者称为"练勇"，把非操练演习者称为"团丁"。有些府州县，则直接把在城的称"练勇"，把在乡的称"练丁"。还有些府州县，干脆把练勇中那些基本不食官粮、不取薪水者称为"义勇"。《清苑县志》记载，直隶保定府的团练，即"铺勇民团，自备军械，号称守城义勇，共得三千余人"。由于直隶各地练勇的情况存在较大差异，不仅称谓极不统一，而且组织架构亦不整齐。特别是筹集经费不足的地区，对抽丁练勇之法，都存在一些简单变通之策。

从练勇的技艺门类上区分，直隶练勇与南方有所不同，多为陆勇，水勇极少。只有天津团练中有一部分群体，属于沿海渔户和盐民，其使用鸟枪射击的技艺较熟练，他们在阻击北伐军进攻天津的交战中发挥了不小的威力。据史料记载，天津团练"广募沿海渔户为勇，善用鸟枪，贼攻三昼夜，枪下死悍逆数千"。①

无论各地组建何类练勇，其犒赏练勇演习的口粮，皆为团练经费的重要支出项目。尤其是那些招募的在城练勇，如果平日操练不管当日口食，或没有任何犒赏，他们就不会参加操练。直隶永年县的团练组织，在当地防御紧张的日子里，对招募的民勇，予以特殊补贴。"严城守谨，夜防募民勇四十名，日给小米一升。昼执本业，晚赴练局操演。"② 直隶容城县团练组织，把练勇壮丁分为"在乡练勇壮丁""在局练勇壮丁"，"各村庄壮丁系于闲空时练习技艺，每遇合操，始酌为犒赏，不给口食。惟两局常川轮转练习壮丁，按名议给薪水"。③

按清廷相关规定，各府州县的团练都需要对练勇进行详细登记造册。一般直隶各地都是采用按户抽丁的办法。譬如，《永年县志》记载，"始议按户抽丁"。据咸丰三年（1853）九月京城部分大臣筹议的《团练章程条款》规定，宜令每户各出 20 岁至 50 岁的壮丁一人或二人，鳏寡孤独除外，团勇须详细登记。"书写姓名，各呈报各段办理人员。所出壮丁，应由各家长、各铺主严为约束，毋许在外滋事。并通行晓谕，俾商民等皆知备丁本意，不过街市比邻互相保卫，并非派充兵勇；所备丁壮，概不准官为征调。至贫寒无力之家，及小铺户二三人者，应免其出丁，以示体恤。"④ 例如，顺天府通州团练的登记事项是"各董事将一街团练之人查造草册，注明年貌，并所用器具"。⑤

按照清廷最初设计要求，入选团练成员须是有身家户口之人，主要基于其遇事可资抵御，无事即可归农，不至别生事端。直隶顺德府的任县在组织团练和选拔练勇时，特别强调按照户口抽丁，"练勇尤必出自户口，按户口

① 陈思伯：《复生录》，《近代史资料》1979 年第 4 期，中华书局，1980，第 40 页。
② 光绪《永年县志》卷 24《兵事》。
③ 咸丰《容城县志》卷首《团练纪事》。
④ 翁心存：《复奏筹议防守章程折》，《知止斋折稿》第 30 册，张守常编《太平军北伐资料选编》，第 534—535 页。
⑤ 《全庆等奏报遵旨督办通州团练情形折》，《清档》第 10 册，第 430 页。

抽丁。丁壮皆同乡共井之人，非族邻子弟，即姻娅友朋，痛痒相关，患难相恤”。① 清政府之所以规定选拔练勇要择有身家户口可靠之人，其原因有二：其一，无业游民多非本籍，无身家之念想，他们与其他练勇彼此互不关心，参加团练只图糊口，怎会用心和拼命，一旦遇警极为可能作鸟兽散。其二，杜绝外来无业者受雇充数，也是考虑到军务结束，外来无业人员难于遣散。

尽管清廷对团练扩招练勇有一定限制，但其实操作把控并不十分严格。直隶许多地方的招募，实际上处在一种马马虎虎的状态，特别是越往后越放松。为了解决灾民安置问题，清政府也逐步认同了酌量招充难民入练勇。之所以后来又逐渐放宽了严格户口的前提条件，亦是担心难民因走投无路转而为匪，于是出现了“以勇代赈”的情况。例如，一些地方就曾把筹办团练当成赈灾手段之一，在天津等地的城区，甚至有一些地痞无赖被团练吸收。这种招录变通方式，尽人皆知，地方官亦不避讳，不仅不承认是凑数，还美其名曰借机加以约束管教。例如，长芦盐政文谦曾对此有过如此表白：“其内虽间有无赖之人，若辈素性好斗，正可籍此收摄其心，以免意外之虞。”②

兴办团练之初，清廷为了确保不给地方加重扰累，曾明确规定所有团练壮丁不得远行征调。但是，后来直隶有些征调竟突破了府州县限制，调练勇随官兵出征协助作战。起初，有些远行征调练勇，并不服调遣，须有本地官绅一同前往，才肯随队成行。例如，僧格林沁的大营调用津勇，竟然不从，只好让地方官一并随队前行。“大帅调津勇，津勇大哗：‘我辈受父母官恩，冒死杀贼，不愿隶大帅麾下。’大帅并调公，勇乃行。”③ 再如，胜保大营中有许多从外省各地招募的练勇，他们跟随官兵作战，其装备明显不及官兵，而且处处受气。当时被革职遣戍留营的直隶布政使张集馨，曾对胜保军营征调练勇有如下记述：“练勇多系步队，赶站颇难”，“余所带练勇，死伤逃亡者甚多。当日招集时，原大费心力，到营后，余既不得志。而所带之勇，亦

---

① 民国《任县志》卷 8《艺文·团练议》。
② 《文谦等奏报现办天津布置防堵情形折》，《清档》第 10 册，第 129 页。
③ 李榕：《谢忠愍公死事状》，《十三峰书屋全集》卷 1《文稿》，张守常编《太平军北伐资料选编》，第 465 页。

不为人所重。侍卫恭钲见之，必加挑剔，并有径行诛戮，死不当罪者"。①由此可见，被征调随军练勇待遇很低，所要付出代价却很高。

除了上述招募官勇之外，直隶各地练勇所用武器，多数不是由官府发放，而是民间自行制备，一般包括枪炮、器械、旗帜、号衣、号帽等。譬如，广平府永年县成立团练后，即"四街各制器械、旗帜"。②民间私造武器，本属例禁，既然团练勇丁，不能徒手打战，只能随机应变。团练使用的火器，不便私制，一般只得购置。对于一般长矛、短刀、弓箭、牌棍等器械准许制造，制备军火器械所需费用，构成了团练经费中一笔不小开支。团练武器精良程度，直接与其经费充盈程度密切关联，如果劝捐经费短缺，该团练勇武器必然比较粗糙，比较低端。从团练武器装备总体状况看，基本以传统刀、枪、盾、矛为主，拥有火器装备的团练实属寥寥无几。为了避免团练乡勇手中武器装备流失，出现民藏兵器或借以滋事端的情况，各团练拟定了武器使用和保管的严格规定。例如，清苑县团练指定"各色器械旗帜，皆令甲长收执。按三、六、九日，或晓或晚，各取抬枪、手枪演放，以熟其技，事毕仍归甲长。有事则散之，无事则敛之。而且游闲无赖之徒，不与器械，无从乘机滋扰。嗣经善后，将所有之器，俱统归官府收存"。③

无论各个团练的武器装备如何，一般都有其各具特色的操练制度。直隶束鹿县团练章程强调了重视操练，操练要"不惜资财，不避嫌怨，务求实效，毋事虚名。凡练技、练力、练智、练胆，以及进退坐作之法，金鼓镯铙之用，平时须娴习精熟，临时方能有济"。④有的团练组织操练，还专门聘请教练指导。直隶容城县团练章程约定，各村乡勇于农闲空余时间，城勇要练习技艺，须每日参加练勇三百名轮转演习；此外每月初二还要"齐集本城并附近各村庄壮丁，合操一次"。据《容城县志》《团练纪事》记载，该团练演练，"以二百五十人为一队，前敌五队，后应五队，左右翼各一队。令观旗旄以定趋向，听金鼓而节进止，授以击刺之法，习其枪炮之捷。不十

① 张集馨：《道咸宦海见闻录》，中华书局，1981，第141页。
② 光绪《永年县志》卷24《兵事》。
③ 同治《清苑县志》卷6《附录·邑人王鑫筹办四乡团练禀》。
④ 同治《束鹿县志》卷6《武事类·团练》。

日而步武进退阵图之式，或方或圆，或聚或散，凡在金鼓旗帜号令之中者，无不如手之使臂，臂之使指也”。① 团练操练之时，各个团练一般都会打出各自的称号和团旗。

三 直隶团练经费与捐输奖赏

各地举办团练的基本原则是不支官饷，自出经费，实行富者出财，贫者出力。由于团练不食军粮，不领俸银，本无战守之责，要充分发挥团练的协助剿匪等多种作用，需要及时予以奖赏，才能产生激励效应。清廷对团练的奖赏主要分为三类：其一，对兴办团练抵御太平军、捻军等卓有成效之地，以及被扰严重，且为辅助官军围剿做出较大贡献之地，予以国家赋税政策的优惠，并适当增扩乡试录取名额及生员学额，这属于对某地域的集体奖励。其二，对兴办团练捐输报效贡献较大官绅予以个人奖赏。其三，对建立各种功勋的团练具体成员予以奖赏。

直隶有些府州县，因成功抵御太平军和捻军的攻城，在防剿中有突出表现，“蒙恩赏加府县学额”。② 这些府州县在协助清军围剿中，从人力和物力上都贡献巨大，做出了较大牺牲，从而获得蠲免钱粮或缓征钱粮的奖赏。例如，直隶的河间、阜城、东光、吴桥、永年等地即获得了清廷这些政策性照顾。“逆贼窜踞连镇，经僧格林沁等挑筑套堤，四面围剿。所有圈入套堤各村庄及上年被扰地方，自应分别加恩，以纾民力。吴桥县圈入套堤之连镇等六村庄，东光县圈入套堤之东光口等七村庄，并附近套堤之吴桥县夏家庄等七十七村庄，东光县秦家庄等六十八村庄被扰灾民，均着赏给一月口粮。至河间县属被贼扰害之舒城等八十八村庄应完本年下忙粮租，同阜城县被贼扰害之城关并西马厂等一百十三村庄下忙粮租，均着缓至来年麦后启征。”③ 广平府的永年县，“咸丰三年，赈被兵村庄，并免是年钱粮”，“（同治）七

① 咸丰《客城县志》卷首《团练纪事》。
② 《吴惠元奏请奖恤天津保城出力绅勇并赏加学额折》，《清档》第 13 册，第 557 页。
③ 《谕内阁着将吴桥东光河间等被贼扰地方分别赈恤蠲缓》，《清档》第 16 册，第 582 页。

年，豁免被兵村庄积年钱粮，并缓征本年钱粮"。①

咸同时期，直隶地方政府最为紧迫的两项事务，就是办理团练和捐输报效。随着各地军务不断蔓延，需要源源接济方解急需。北方各地团练普遍短缺经费，亦需不断补充续捐。若不及时奏请奖励，便不足以昭激励。所以，清廷不断催促各地官员加快劝捐步伐，妥速办理劝捐事宜。不仅强调地方官会同绅士劝捐的职责，也明确表示对捐输报效业绩突出者可以从优奖励。"传旨饬令劝谕绅士商民人等竭力捐输，随时奏请优奖。"② 清政府为了督促各地团练和捐输，刊发了筹饷新例、捐助军饷章程、银米兼收各成案等奖励措施，让捐输者报效朝廷后，也得到官职、官衔等多种报酬。

地方官员是捐输带头人，也是劝导工作的主要执行者，更是参照相关规定兑现奖励之实际操控者。执行请奖手续和过程，因各地官员办公程式、习惯不同，及时办理的方式不尽一致。保定府、天津府等地按照筹饷事例规定，审核捐输者后，一般会分别授给虚衔官阶或实职官位，除呈明报捐级衔封典，还照常例给予奖叙。按照直隶省局章程，将那些愿意按照筹饷事例标准报捐者，"按半月一次，将捐生籍贯、姓名、官阶、银数，暨上兑日期造册，送由省局汇总咨部，归入本月卯期一同掣签分发开选"。③ 清廷企望能从民间获取大量专项捐资，以解决新添武器经费不足的问题，特别鼓励民间捐资铸炮。譬如，宛平县商民李煜、大兴县商民赵武祥等因呈请捐资铸炮，被僧格林沁称赞"洵属急公好义"，奏请保举，"着赏给六品顶带"，"着该部核议从优请奖"，并获得清朝皇帝的"依议"认可。④ 再如，正定贡生马廷臣因办理团练和捐输报效卓著而获奖，"咸丰三年，举行团练，筹画勇粮，打造军器，捐制钱一万余千，而修理文庙城垣，尤为出力，累保同知及运同衔"。⑤

---

① 光绪《永年县志》卷7《田赋》。
② 《寄谕舒兴阿等着遴委公正绅士劝谕绅商竭力捐输奏请优奖》，《清档》第6册，第359页。
③ 《文谦等奏陈遵办劝捐军饷请仿照省局章程并报倡捐银数折》，《清档》第8册，第18页。
④ 《谕内阁着将捐资铸炮之商民李煜等赏带优叙并着柏葰等妥议应造火器》，《清档》第7册，第22页。
⑤ 民国《正定县志》卷42《义行·马廷臣传》。

清政府对在籍团练官员奖励，一般情况下，只加俸升衔，不迁其职，以保持办团延续性和稳定性，使其尽心固守。对于团练绅民中涌现出来的那些奋勉立功并有才可用者，由地方官核实保奏，清廷予以适时施恩。特别是与太平军、捻军等作战团练中奋勇杀敌者，随时分别保奏，"必立加优奖"。清廷对各地团练成员予以的奖励，有的授予实职，有的授予虚衔，有的予以翎顶，有的予以封典，还有的予以加级。

具体核实奏报团练立功请奖的操作程序，按照吏部候补主事夏家泰拟定的团练六条之规定：由各地乡间团练首领以及绅耆共同详细呈明，"谁属尤出力，谁为次之，谁为又次"；地方官再据实禀报，保奏文职知州、知县、府经，武职守备、千总、把总等官；"其乡民应赏银两，照官兵一例给赏"。据《密云县志》的《事略·氏族》记载，举人宁琦奉旨兴办团练，招募乡勇千名，悉心教演，在自保家园中立功，"蒙贾中堂奏准，钦赏同知候选知府"。在各府州县团练保卫乡间之中事迹突出者，这种捍卫地方之功与效力军营同其赏赉。凡属兵氛邻近府州县团练，在堵截守御中，"倘遇败逃贼匪，及先来探路之贼，有能生擒长发老贼一名者，赏银五十两；杀死一名者，赏银二十两。其临界州县官及绅士，能率领团勇擒捕多名遇其他窜者，即奏明照守城之例，分别优加擢奖"。① 有的团练首领或教头，获得了荣誉奖励。例如，邯郸苏里村的太学生张廷元，召集乡勇、助饷项、巡缉等，"后邑令以'策裕军储'四字旗其门"。② 邯郸县团练教头郭长安，精长枪，同治年间捻军来袭之时，曾受广平府郡守之邀，参与助战有功，"遂奏奖六品顶戴，以示荣宠，并赠'名登天府'匾额"。③ 对团练阵亡练勇，享受随同官兵打仗例抚恤，"其有激于义愤杀贼殒身者，无论防剿逆贼、土匪，悉准令绅民于各该地方建立总坊，一并题名，并从祀各州县忠义祠，以昭激劝"。④

---

① 《宋晋奏陈应严申纪律明定赏罚并进乡守编呈览片》，《清档》第 9 册，第 270—271 页。
② 民国《邯郸县志》卷 10《人物志（上）·孝义·张廷元传》。
③ 民国《邯郸县志》卷 14《艺文志·武术·郭长安传》。
④ 《谕内阁着各路统兵大臣等迅速查明保奏乡团绅民人中奋勇进剿者》，《清档》第 13 册，第 336 页。

四　直隶团练局限与约束失控

兴办事关军务团练，是直隶地方政府最急切要筹办的措施之一。办理团练，以绅士自主，而督劝之责于官。兴办团练之初，各地大多数官员普遍缺乏经验，略显畏手畏脚，故此"畏葸退缩者多，勇往任事者少；指陈利弊者多，曾经阅历者少"。清政府意识到只有选拔大批才识谙练、精明能干、心地诚朴者，派至各省各地督办团练，勤勉工作，劝谕团练和捐助，才能取得踊跃开展团练的成果。所以，再三号召各地官员向中央推荐得力人选，保举绅士办理团练和捐输事宜。清廷一再强调，让官员推荐保举绅士的目的，"原为帮同地方官办理更可得力"。① 起初，清政府只是侧重于督促兴办，为了调动当地富绅捐资办团的积极性，主张地方官与其共同筹商制定章程，使其稍假权威，从而掌控团练指挥权。由于未曾料到日后团练会对地方官府构成威胁，故缺乏对团练有效管控举措，团练管理仅仅停留在一般性制度建设上。

为约束团练不致滋生事端，绅、官会商，共同拟定各府州县团练规章。各地团练规章内容涵盖广泛，拟定的条款格式，侧重不同，难拘一格。概括而言，章程大都涉及编查保甲、择户设长、选举团总、捐输集资、抽丁募勇、造牌制炮、训练勇丁、设卡轮值、巡逻侦查等。严格地说，各地团练制定的章程，大多侧重于操作事项归类，并非考核团练成效的具体准则，对办团绅士依然缺乏严格有效的约束。咸丰初年担任过"协办团练"的直隶任县教谕马昆，曾对此评论说："贼不至则冀以捐资出力，坐邀议叙，贼至则去诸亦并无失守处分。各省团练，迄无成效，弊多由此。"②

虽然，清政府对团练使用自备武器解禁，但是，依然实行了严格的武器登记监管制度。"至私藏军器，例禁极严，现在举行团练，民间自不能不储备器械。该督抚仍当饬令地方官编号稽查，一俟军务告竣，应如何遣

① 《寄谕哈芬着拣选精兵驰赴直隶应援并速饬地方官会同绅士劝捐》，《清档》第 7 册，第 140 页。

② 民国《任县志》卷 8《艺文·团练议》。

散练勇，收藏军械，并着先事豫筹，各就地方情形，妥议章程办理。"① 虽然对练勇所用武器予以解禁，但清廷依然希望通过武器登记管理，予以掌控和日后收缴。例如，京城练勇所需制配何种武器，将式样和标准"报知各段办理人员，标写名条，盖用戳记，发交该铺。制造成就，仍由办理人员将器械编列字号，发给家长、各铺户领收。至制造之费，即由各家长、各铺主制办"。②

清廷将督办团练事宜列为直隶督抚大员重要管理项目，对各项捐输费用的管理，要求有详细账目，并要分项分年造册，上报存案。各地团练总局以及分局支销的经费数目，无论多寡，均须详细登记，事后开具清账，分送捐户知晓，并存案。为了将团练管理各项重要制度和举措落实到位，翰林院侍读学士讷尔济提议，建立不同等级的旬报和月报制度。据此建议规定，"或十日、二十日，即迟亦不过一月之内，据实奏报一次，俟平定而后止"。③ 建立这种各省定期汇报制度，主要为了全方位加强地方团练财务监测，了解各地兴办团练进展以及各省办团练的实效，使得"一乡一邑断无匪徒隐跃其间之处"，从而达到"庶知无事之省，可以无从生事矣"，以有利于维护各府州县的社会稳定。

各级团练无论其规模大小，头等大事皆为筹集经费。各地团练能够顺利展开操练，很大程度上取决于团练经费筹集。咸丰初年（1851），直隶有些地方官员为了马上启动团练，甚至不惜动用官署存款。譬如，束鹿县义仓向有岁修银一千两，"以八百两存当商生息，以二百两存盐商生息"，知县夏献烈则以地方练勇经费名义，"动用当商所存八百两作经费"。④ 由于团练经费主要来自绅商捐助，如果不是熟悉信赖办事公道的本籍绅士，很难取得筹款成效，尤其双方缺乏互信就难以做到守望相助，更难以做到官绅之间声息

---

① 《寄谕直省各督抚传知各绅士招集团练须择身家堪靠之人并将军器编号稽查》，《清档》第 6 册，第 231 页。

② 翁心存：《复奏筹议防守章程折》，《知止斋折稿》第 30 册，张守常编《太平军北伐资料选编》，第 535 页。

③ 《讷尔济奏请饬令应防堵之省将团练等情随时奏报折》，《清档》第 8 册，第 56 页。

④ 同治《束鹿县志》卷 2《官廨》。

相同。虽然清廷要求由本籍公正绅士自行主持团练经费筹集和团练训练督率，然而，对于无论何等公正的绅耆来说，劝捐钱款都不是一件轻松差事。如果劝捐之人过于温良恭俭让，很难让富商痛快地把钱捐献出来，如曾国藩所说，商民倚财为命，苦口劝谕的结果很可能会是迟疑而不应。实际上，直隶各地团练组织的维持，基本让殷实富商承受持续捐输负担，缺乏强力督催极难达到目的。譬如，直隶永年县团练持续存在，让捐输遇到困难，"经费渐广，乃劝捐商富，仍令殷实捐户支发，官绅稽察弹压而已"。① 然而，如果劝捐之人倚权强征，捐输便很容易变成一种科派的抑勒行为，甚至导致"商贾逃避，人心惶惑，是靖乱适所以致乱，更属不成事体"，② 让捐输马上反转为危害性极大的弊政。

对各地捐输者而言，团练捐输与军务捐输一样，不分彼此，均为捐助。在实际劝捐过程之中，乱派、勒索、恫吓、瞒隐等，各种施压手段或行径并不鲜见。清政府针对团练经费问题，反复强调"无得假手吏胥"，"不准经手书吏"，既避免强逼科派使商民深受扰累，又避免委用蠹虫，侵渔百姓，自肥蠹囊，最终目的为劝得捐输，维持团练运行。但是，直隶各地团练在实际筹资捐输运作过程中，操办者普遍存在"捐己资则不胜吝惜，捐人资则动加抑勒，因之取怨招嫉"。③ 团练经费资不抵支的情况非常常见，若想长期依赖绅士捐办，实属力有未逮，极不现实。经费长期不继现象，无疑会给团练发展带来两种结果：其一，经费亏累甚巨，无法为继，团练运行自动停摆，即"粮来则聚，粮完则散"。④ 其二，各府州县自筹办理的团练，日久费繁，若要维持不散，就必须通过其他途径解决经费不足问题，这就自然会出现攘夺民财、草菅人命、抗粮抗差等非法越轨行为。实际上这两种结果在咸同时期的直隶都出现了，尤其是那些通过非常规途径解决经费不足问题的团练，其负面作用随之产生，违法行为浮上台面。这种行为由于突破了清政

---

① 光绪《永年县志》卷24《兵事》。

② 《寄谕讷尔经额着派员迅缉保定伙党并饬地方官毋得以团练借词科派》，《清档》第5册，第452—453页。

③ 民国《任县志》卷8《艺文·团练议》。

④ 《全庆等奏报遵旨督办通州团练情形折》，《清档》第10册，第430页。

府现行法规的规定，不仅使地方官颜面和威望扫地，而且对地方政府的行政行为构成了掣肘。再进一步发展，便演化成为团练之乱。有的学者根据咸同之际山东的团练之乱，曾指出这种情况在严重侵害官府利益和权威的同时，亦引起了传统社会结构与社会控制的显著变动。① 其实，在直隶兴办团练过程中，这种情况也是存在的。

既然清廷明知团练自筹经费不逮，却要以团勇来弥补各地兵力之不足，结果只能将团练自负口粮的规定撕开一道口子。当时，官兵正在围剿太平天国北伐军和北援军的关键时刻，尤须借助团练剿匪和防御，此时团练经费吃紧难以为继，地方官与团练首领之间出现相互合作中的博弈。清廷发现这一问题后，考虑连镇、高唐军务尚未结束，况且练勇难题积重难返，也只好先维持官给经费的现状，以继续借助团练维护各地重点防卫。实际上，当时地方官府已无法让团练募勇完全退归至最初旧章状态了。在这场官绅围绕团练经费展开的博弈之中，有的团练首领因无力抗争退出了，由此这些团练直接散伙。例如，直隶清河团练，"虽屡经县尊晓谕，绅耆劝说，而愚民无知可与乐成，难与图始，团练之法不行"。②

除了清廷在将民团改为食官粮过程中出现失控外，地方官治安权和司法权在剿匪防堵大背景下，也被团练武装逐步蚕食。团练本有协同官府盘查之责，为了保障地方平安，需要承担协助官府稽查奸细和抓捕土匪的事项，但是，"惩办责在有司"。无论团练乡勇抓获的是外地流窜形迹可疑之人，还是本地土匪，原本一律要送官。有些团练抓获了所谓奸细、土匪，后来则不经送官，就以私刑予以处死。例如，据《盐山县志》记载，直隶盐山县与沧州接壤，在北伐太平军攻破沧州之后，土匪蠢动，四方骚然，"此时沧郡无官，人心震骇"，"某乡擒匪三人至"，团练首领尹式芳"立毙之杖下"。③据《武清县志》记载，团练"屡获间谍诛之"。《定县志》卷17《志余·兵事篇》记载，"知州刘衡督率团丁，擒获土匪渠魁及粤匪间谍，悉骈戮之"。

---

① 崔岷：《"靖乱适所以致乱"：咸同之际山东的团练之乱》，《近代史研究》2011 年第 3 期，第 27 页。
② 同治《清河县志》卷 4《兵纪·团练总叙》。
③ 同治《盐山县志》卷 8《宦政》。

由于一些地方劣绅把持团练，有的凭借掌握生杀大权，栽赃陷害，公报私仇，给当地百姓增添了新的灾难。即"百姓先残于粤匪，继残于土匪，又将残于劣绅，不知闾里何辜受此荼毒"。① 为扭转各地出现团练混乱局势，加强地方官对各地团练的控制，清廷希望通过限制其权限等方式，明确将团练首领划归州县节制差委，以遏制劣绅的跋扈之风，也曾设法对这种团练向地方各级官府权威反叛的乱象严加控制。

连镇和冯官屯的北伐太平军先后被清军剿灭之后，直隶与山东主要军务随即解除，清政府立刻将京城团防局以及所有京城办理巡防事务裁撤，直隶大部分团练也量予裁撤。团练遣散后，昔日使用的武器被收缴，练勇则归农。然而，那些依然保留下来的部分团练，随着时间推移和问题积累，至同治年间又逐渐发生一些新变化。以直隶永年县为例，"自举办团练前后殆将十年，捐输几及万金，官屡更代"。② 到了同治年间，拖欠团练经费越来越多，而且官员频繁更换，没有积累矛盾的府州县极少。随着部分团练群体产生新的利益诉求和动机，团练与官府矛盾持续激化，对清廷的负面作用逐步增生，地方团练与地方官府关系日趋紧张，危局日重，由团练酿成更大乱局的后果正在一步一步形成之中。

五　直隶团练功能与作用施展

过去有的学者过分夸大直隶团练的功能和作用，譬如，在总结北伐太平军失败原因时，认为"直隶地主团练的钳制纠缠，则是最主要的方面"，"从表面看，进军直隶的太平军是在清军主力部队的堵击围攻下失败的，实际上则是败在地主团练手中"。③ 其实，评判直隶团练所发挥作用程度，应实事求是，不宜夸大，团练职能毕竟为协助官军作战，并非独立承担攻守太平军的主力。特别是直隶各地团练兴办时间有早有晚，规模结构有好有坏，

---

① 《福济奏请将越境擅杀之捐纳员外郎孙家泰革职讯究折》，《清档》第 16 册，第 209 页。
② 光绪《永年县志》卷 24《兵事》。
③ 李达三、方尔庄：《直隶团练的钳制与太平天国北伐的失败》，《太平天国学刊》编委会编《太平天国学刊》第 3 辑，中华书局，1987，第 140—141 页。

经费筹集有多有少，办团成效有大有小。从总体上归纳直隶团练所施展的功能与作用，主要有以下六个方面。

第一，保桑梓卫乡间，维护一方平安。咸同时期，清政府兴办团练的基本诉求是清查保甲，坚壁清野，协助官兵剿杀太平军，以维护清廷的统治秩序。其基本思路是号召和委派在籍官绅，倡率督办各地团练，取民间之资，练本邑之兵，团本乡之勇，守本境之土。怎样才能做到"保卫民生，示以镇静"？①清政府提出"杜外匪之窥伺，绝土匪之窃发，方足以收实效而固人心"。② 由于直隶各地团练的成立，基本体现出保卫安缉乡间的功能，所以说，维护本地治安秩序，是直隶团练发挥的最基本作用。咸同时期，一些兵事未波及的乡村虽有土匪出没，由于兴办了团练，基本稳定了生产秩序，农民尚能渐安种植。有些曾经大兵过境的州县，由于兴办了团练，局势得到平定，秩序得到恢复，农民能够及时补行栽种，也减少了田地部分损失。譬如，在直隶保定省城，"现在存兵虽少，所有官绅练勇颇为足恃，铺户居民亦极安静"。③ 但是，也有些地方团练是虚张声势，有名无实，并没有发挥太大维护一方平安的作用。譬如，顺德府《任县志》评论说，同治初年，该地举办团练收效甚微，"当同治初元，城乡俱有团练，然未有收其效者"。④

第二，防御守护城池，协助官兵剿匪。除维护本地治安外，不少团练在防堵、守城、围剿中，配合清军发挥了重要作用。当北伐太平军刚进入直隶南部之时，广平府永年县团练就曾救援直隶总督讷尔经额所部，"官兵矢药皆尽，势不至时，乡民助战势甚锐"。⑤ 当北伐太平军挺进直隶中部时，在正定府城遇当地团练列队阻击，"知县周灏招集乡团，于滹沱南岸列阵十余里"。⑥ 捻军

① 《寄谕张祥河广西等省现办团练无效不如力行保甲着将陕省团练及简明章程详细具奏》，《清档》第 4 册，第 9 页。
② 《寄谕李僡着责成兖沂曹济道万恩官等会同绅士认真办理团练》，《清档》第 5 册，第 367 页。
③ 《桂良奏报庆祺带兵由任邱赴河间并深州练勇围敌等情折》，《清档》第 10 册，第 119 页。
④ 民国《任县志》卷 7《纪事·寇乱》。
⑤ 光绪《永年县志》卷 24《兵事》。
⑥ 光绪《畿辅通志》卷 132《前事略二》（2）。

攻打藁城时，"城中官绅练勇彻夜巡防"。[①] 太平军驻扎深州时，遭遇周边"本地乡勇聚集万余人，将城围困"。[②] 在直隶东部太平军攻打天津时，由于遭天津乡勇排枪抵御而败退静海，未能攻克天津城成为北伐太平军一大遗憾。"自逆匪犯顺以来，纵横数省，至此而凶锋大挫焉！"[③] 《新河县志》中记载，"咸丰后，土匪窜扰畿疆，新河即办团练，以备不虞"。其实，直隶各地兴办团练，普遍寻求的就是心理安稳、平衡，"无事则足以壮声威，有事亦可以资攻剿"。[④]

在京畿府、州、县城所举办团练，参与防剿行动，一般都要归属官府统一指挥调度。例如，咸丰三年（1853）京师城南外所设团防总局，其团防经费虽皆来自民间，其活动则须巡防处统一节制。"佐兵巡逻而戢暴诘奸者，又有团防之设，虽出自捐办，均请于巡防处，领总办团防木镌铃记，受节制焉。"[⑤] 在北伐军攻打直隶天津府时，都是主要依靠当地团练守城抵抗，才得保全城池，免遭失陷。正如礼部左侍郎光禄寺卿宋晋所说，"天津掣贼，尤全赖练勇之力"。鸿胪寺卿齐承彦在评价天津城防时对团练大加赞赏，"贼匪猝至，直扑府城，若非盐政文谦、天津县知县谢子澄即刻带勇出城迎剿，立将贼匪击退，则天津府城能否保全，令人不堪设想"。北伐军逼近天津之时，团练武装"昼夜严防，人自为兵，家自为战，逆匪无间可乘"。清军在直隶静海地围剿太平军时，各地团练都成为配合官兵作战的重要助手。

第三，缉拿当地盗贼，镇压零星土匪。各地方团练都以"保卫乡间，捍御土匪"为己任，自我标榜，在缉拿盗贼和镇压土匪方面，团练的确发挥了一定作用。据直隶各地方志记载，不少团练几乎都在缉拿盗贼镇压土匪行动中发挥威力。咸丰四年，直隶邯郸县"土匪蜂起"，"民大惊溃，知县卢运昌饬尉陈□□，率绅民守城"，以及剿匪。[⑥] 北伐太平军挺进直隶之际，

①　光绪《藁城县志》卷4《事异志》。
②　《桂良奏报庆祺带兵由任邱赴河间并深州练勇围敌等情折》，《清档》第10册，第119页。
③　《天津剿寇纪略》附编，张焘：《津门杂记》卷上。
④　光绪《新河县志》第1册。
⑤　成琦：《主善堂主人年谱》附录《巡防纪略》，张守常编《太平军北伐资料选编》，第553页。
⑥　民国《邯郸县志》卷4《军旅志·兵革》。

定州出现了"土匪张吉太、卢二鲁、马撅子等首肆抢掠",乘机倡事,知州刘衡督率乡团擒获立斩,从而"人心稍靖"。据《容城县志》卷首《团练纪事》记载,容城县团练声势浩大,对盗贼土匪产生极大震慑作用,"自团练以来,窃案无闻"。据《文安县志·艺文志》记载,在籍病退知县王秋元,因"粤匪窜扰畿境",捐资兴办团练,将"邻村其素不法,啸聚数百人,将乘机为变"之人,送军前正法,民众遂安。

第四,设岗置卡派哨,巡逻盘稽奸细。团练负责对途经本地岗卡行人进行严密盘查,特别是有些重要交通枢纽地区团练,在对要隘关津进行重点防范、抓获北伐太平军外出侦查或购物人员等方面,也配合官兵发挥了重要作用。太平军北伐军南撤和北援军接应,使直隶与山东交界州县成为防御重点,周边各县团练对防范太平军通信员通行尤为严密。"民间均自办联庄,百十余村声势联络",正如张之万所说,此等团练"固足以御土匪之抢夺,亦可以断粤匪之奸细"。[1] 一些沿河地带的地方团练,承担起了渡口沿岸的巡检职责,严格监督并实行了不可任由摆渡制度,从中截获不少前往渡河的太平军通信员。直隶顺天府的通州是运河漕粮码头,当地团练鉴于沿运河商船易于混入奸细,责成船行经纪人或船老大,检查每天到埠船只,询问船户姓名、装载客商货物、运赴何地等,并将每天登记册报告通报地方政府备案。直隶定州团练在陆路设岗置卡,曾在例行检查中,查获途经此处的太平军侦察员数人,"盘获奸细余孝儿、耿万善、曹寿儿等"。[2] 由于团练在各地设卡盘诘,形成行人往来的重重关口,不仅切断了太平军之间联络,也使原来时常出现的小股土匪明显收敛。[3]

第五,修郭筑城垒堡,建寨掘濠清野。清政府认为,太平军一路北上挺进,连破数省多地,如入无人之境,都是没有落实坚壁清野之策的结果。不坚壁清野,则不足以御贼,而乡村团练实施坚壁清野,必须建村寨垒乡堡。特别是防御捻军马队袭击,还是掘濠筑寨最为有效。"同治七年,捻逆为

---

① 《张之万奏请饬直隶督臣谕令静海东南各联庄协拿奸细折》,《清档》第 11 册,第 441 页。
② 咸丰《定州续志》卷 2《职官》。
③ 《寄谕翁心存等着照所议办理修城团练事宜》,《清档》第 10 册,第 388 页。

患，朝廷布告天下，令各立寨自保。"① "皇上轸念民艰，谕以练勇筑堡为自保计。"② 地方团练在建设坚壁清野的工程方面，也发挥了一定作用。例如，"束鹿团练既成，佥议不结寨以自固非万全也，于是富者出财，贫者出力，筑土成垒，掘沟成濠。云集雷动不半载，而告成者数十村，亦可谓勇以赴义矣"。③ 尽管设施建设需要大笔经费投入，有的团练还是进行了诸如筑城、建寨、修堡、挖濠等一些基础性防御准备。对于建造何种设施，直隶官府没有特定要求，需要各府州县团练因地制宜。顺天府的通州组建了专门的修城团练，即用于修建城防工程的练勇壮丁，筑砌砖墙工程 "先修敌楼门扇，并以浚濠之土坚筑短墙"。④

第六，随军征调作战，赴前线送粮草。为了阻击太平军于本地境外，不使掳掠逼胁各自城乡，各府州县一些 "发逆窜扰之地" 及邻近之团练，或多或少都参与过本邑境外的防堵行动。咸丰三年八月，清廷曾专门颁发上谕，对团练壮丁的远行征调予以界定，一般情况下，按照府州县境为界，若本邑城池有警，附近乡村团练，应该聚集练勇合力应援。各路统兵大臣督抚等，要 "剀切晓谕办理团练各绅士，凡附近郡县乡村，一遇贼匪窜扰城池，即行会同官兵，拼力攻击，慎勿株守一隅，致有疏失。盖城池为一方保障，官民联为一气，斯即众志成城之效。乡团中如有援城杀敌立功者，即行奏请优奖，以示鼓励。其隔府州县，仍不得远行征调，以免扰累。将此通谕知之"。⑤ 其实，后来官兵跨境征调各地团练的情况，并不鲜见。例如，直隶沧州联合了四十余村庄团练，组织乡勇万余人，并调派部分团练乡勇跟随官兵出境剿匪，即 "随大营破贼于高唐"。⑥

据直隶《大城县志》记载，僧格林沁包围束城镇之时，大城县团练之练勇曾向其大营送草料数十车。直隶《交河县志》记载，僧格林沁军营缺

① 光绪《深州风土记》记11《金石·深州积善寨碑》。
② 民国《无极县志》卷18《金石志·东侯坊村新修墙濠碑记》。
③ 同治《束鹿县志》卷6《武事类·村寨》。
④ 《寄谕翁心存等着照所议办理修城团练事宜》，《清档》第10册，第388页。
⑤ 《谕内阁着各路统兵大臣等晓谕乡村练勇配合官兵保卫城池》，《清档》第9册，第89页。
⑥ 民国《沧县志》卷8《文献志·人物》。

饷，交河团练绅士吴梅备粮草载赴通州。县绅龙玉锴出资募勇，在清军大营缺饷时送粮草赴连镇献纳。天津团练绅士在津城防守战役时，一次自费"购买馍饼八万枚，咸菜四大包，冰糖四十斤，派人解赴大营，以充饥渴。又闻贼洒妖药迷人，复送去大蒜二石，令兵勇塞鼻，以解其毒。并送各官点心、水果，以代茶饭。并虑上阵兵勇难保不伤，先与东关外素精外科苏医士约其疗治，豫付钱二十缗，以备药料"。①

总之，直隶各地团练响应清廷号召，协同配合官兵绞杀太平军和捻军，在许多方面起到了清军所无法替代的作用。譬如，定州团练平时做到了"制器械，简壮丁，设侦探，置邮驿"，② 起到了获取情报和填补邮路空缺的作用。正如清廷所设想，"以官设卫，不若民自为卫得力也"。但是，在剿灭太平军主力问题上，不能喧宾夺主地把直隶团练的作用夸张到其超越了正规官军。尽管直隶无处不办团练，而真正能够对太平军构成严重威胁的并不太多，因为一般团练组织多数仅为走形式，有名无实，滥竽充数。正如直隶总督桂良所承认的一样，"至团练事宜，州县大半已经劝办，亦恐未必一律认真"。③ 除了因经费不足等各地团练的基础设施建设不足之外，团练也根本无法取代官军所发挥的主力作用，充其量仅为清军配角而已。事实也已经充分证明，"团练之举，只可用以弹压土匪，抗拒零贼。若遇大股贼匪，未有能济者也"。④ 尤其是太平天国北伐军、南归军、北援军未途经地域的团练组织，只是设局树旗，雇勇丁充数，虚张声势。其中，还有许多团练皆因经费短绌，聚团而不练，遽行而止。由于太平天国开辟的北方战场仅存数载，在直隶各地的团练，未能与其相持很久。后来，为应对捻军或土匪等军情而继续留存下来的部分团练，与此前团练所发挥的作用也已出现了较大改变。

---

① 丁运枢等编《防剿粤匪》，《张公襄理军务纪略》卷 2，张守常编《太平军北伐资料选编》，第 473 页。
② 民国《定县志》卷 13《文献志·人物篇·名绩·王灏传》。
③ 《桂良奏复各属查拿土匪奸细及办理团练情形折》，《清档》第 12 册，第 74 页。
④ 民国《任县志》卷 8《艺文·谕铺户》。

太平天国战争时期扬州地区的秩序重建与地方治理

——以清军"一复扬城"为考察中心

王 蒙*

摘 要 太平天国战争期间，太平军三陷扬州城，而清军三复之。太平天国方面限于主客观条件不足，未能在扬州地区充分地设政施治。而清军历次收复扬州城之后，围绕着城市管理、战争善后、筹办防务等方面展开了相应的秩序重建与地方治理工作。地方官府、江北大营以及地方绅士等多方势力参与其中，互有补充，又互有龃龉。总的来说，原有公权力的回归并未带来社会秩序的迅速恢复，相较于战争直接带来的创伤损失，战后社会秩序的长期混乱，以及清政府地方治理能力的不足，造成了扬州地区的长期萧条。人们在战乱中日夜企盼的旧日升平景象，实难复还。

关键词 太平天国 扬州 战后重建 地方治理

引言 太平军离去之后

咸丰三年（1853）十一月二十七日，扬州城内一片寂静。城外四五名好事者结伴入城，一路所见，竟是空城一座。原来，太平军早在三日前就开始陆续撤离，至二十六日已然人去城空。这些好事者见城内建筑大多整齐完善，但是在出城之时，却在南门发现"城闉内死尸满地，城闉外遗骸成林"，

---

* 王蒙，南京林业大学讲师。

馆驿前的瓦砾场上，更有大量未被獾狗吃尽的残破尸体。几人"惊悸欲死，明日不敢复来"。①

如果说，旧城的整齐完善反映了太平军占领，包括撤离扬州期间的秩序井然，那么南门内外的尸横遍野，瓦砾萧条，则揭示了太平天国战争期间扬州地区的真实状态。何况这一时期，"扬之郭被陷者三，攻而未入者一，掠而不及乎隍者则屡矣"，② 兵祸之深，自不必言。不过太平军历次占领扬州的时间都不长久，且始终处于清军的围攻之中，所以如罗尔纲先生所言，"各项政策措施事实上不会做得多，而有关这方面的记载又极少"，③ 这也在一定程度上造成了学界有关"太平军在扬州"的区域史研究一直比较冷淡的境况。④

因此本文选择转换视角，基于清方立场，从复城、善后、筹防等角度，考察太平天国战争时期扬州地区社会秩序的重建过程，以及扬州地方官府、江北大营、地方绅士等权力实体在其中的历史作为与实际效果，旨在还原一幅战时扬州社会的真实历史图景。

如前所述，太平军三陷扬州城，而清军三复之。且清军历次复城后的城市重建工作，无论在方式、过程还是落实程度上都存在一定的差异。其中，"一复扬城"的过程情形最具典型性，因此是本文考察的重点。

一 复城

咸丰三年二月，太平军首次占领扬州城。入城后，"金玉、璓宝、钟

① 佚名：《广陵史稿》，太平天国历史博物馆编《太平天国史料汇编》第 15 册，凤凰出版社，2018，第 6851 页。
② 倪在田：《扬州御寇录》，《太平天国史料汇编》第 15 册，第 6846 页。
③ 周邨：《太平军在扬州》，罗尔纲"序"，上海人民出版社，1959，第 2 页。
④ 太平军起于广西，灭在扬州。（倪在田：《扬州御寇录》，《太平天国史料汇编》第 15 册，第 6845 页）但至今为止相关的区域性"太史"研究专著仅有周邨的《太平军在扬州》《太平军三下扬州》两部。学界关注更多的是太平军活动较为频繁、控制时间较长、实际影响较大的区域——江浙皖赣等地区。而在这些区域当中，南京、苏州等地尤为受到"青睐"。另外，在研究视野上也有一定的局限性，具体可参见顾建娣《区域史视域下的太平天国史研究》，《湖北社会科学》2019 年第 12 期。

鼎、图籍、米粟、缯纩",太平军尽为所取,累千万计。城内居民皆在门额粘顺字以示降服。林凤祥等首领入驻盐运司衙署,并且以黄德生驻守仪征,黎振晖驻守瓜洲,拱卫郡城。①

不同于之后两次,太平军首次占领扬州是有久踞之计的,因此他们"日促四乡民输米谷豕蔬",供给城内军民日常所需。而对于城内普通居民,太平军"别城中民"使各居各处,"谓之打馆子,每馆十数人,即民房室而错据之"。如其他太平军所占城市一样,馆分男女,"夫妇不相闻,食必诵赞美语",②"潜以兵法部勒",③ 即实行军事化的城市管理。与此同时,太平军还大量征发百姓照顾伤兵,休养生息;④ 在本地人中广泛任命乡官,辅助管理;在隘口要处修筑营垒,加强防务;张贴告示于四邑,严禁焚掠,收拾民心,稳定乡村秩序。

太平军虽有久踞之计,但清廷绝不会将都会之地——扬州拱手让之。据当时从扬州逃出者供述,据守瓜、扬一带的太平军不过数千人。故而面对汹汹而来的清军,弱势之太平军最终还是决定放弃城外营垒,"专意城守"。⑤

五月,清军完成了对扬州城的三面合围。"时扬州列钦差一,侍郎一,总督二,提督一,及查文经等军,萃重臣于一城之下,兵勇过数万,所谓江北大营也。"然而所聚皆文吏,无武将,更无复城良策,"日夕招募厚食以致之,乃皆枭教、痞丐、盗贼、无赖",不足用也,"惟轰大炮、按操期、捕间谍、应故事",敷衍进攻。⑥

除了扬州城内的曾立昌部,瓜洲还有一部太平军驻守。⑦ 后者常"出掠漕河之东西境",而扬州城中的守军,则固守不出,偶尔出城,也不会超出三里范围。⑧ 扬州太平军一动一静,与清军周旋,直到撤离。此后太平军在

---

① 倪在田:《扬州御寇录》,《太平天国史料汇编》第 15 册,第 6816 页。
② 倪在田:《扬州御寇录》,《太平天国史料汇编》第 15 册,第 6816 页。
③ 臧毂:《劫余小记》,《太平天国史料汇编》第 15 册,第 6883 页。
④ 当时扬州城内,还收纳了大量从南京送来的伤兵,使其在此休息养伤。
⑤ 扬州太平军兵力不足的主要原因是四月林凤祥率主力北伐而去,仅留曾立昌孤军守扬州,陈世保副之。
⑥ 倪在田:《扬州御寇录》,《太平天国史料汇编》第 15 册,第 6817—6818 页。
⑦ 黄德生驻仪征后不久即欲降清,事泄被杀。
⑧ 倪在田:《扬州御寇录》,《太平天国史料汇编》第 15 册,第 6820 页。

江北唯留瓜洲孤军驻守。

咸丰三年十一月二十四日，夏官副丞相赖汉英奉东王杨秀清之命，率军接援困守扬州城内已达九个月的太平军曾立昌部。两日后，尽管太平军已经远去无踪，而城中遗民仍旧不敢出户，城外清军在得知太平军可能撤退的情报后，不明内情究竟如何，亦不敢轻举妄动。

此后清军以及百姓的入城过程更为波折。十一月二十六日太平军撤出后，琦善久久不许百姓归城，并发布封城命令，"惟府县书差扬营弁兵得入城"。率先归城的清军是雷以诚的练勇。他先是命令部下煮粥数十桶，在城内赈施，很快就粥尽桶空。随后，他放纵练勇在城内大肆搜刮太平军遗留在城中的财货物品，直至日暮，方才鼓噪而出，复归城外大营。对此，琦营之大兵甚为眼红，诬告雷勇以送粥为名，带进奸细。于是琦善下令禁止练勇入城，名防奸细，实防"分肥"。①

至此"勇退而大兵肆掠"，琦善的营兵"见有穿裘服者，即以己之敝衣易之。形神稍可疑必检阅腰兜，追求藏窖，甚至鞭敲戈击，如北直李闯王拷降臣故事"。扬州本富丽繁华之地，文物古董，"积之如邱山"。但经过练勇与营兵接近一旬时间的大肆劫掠之后，扬州"非复是人境"，尤其是琦营之兵，在《广陵史稿》的作者看来，"曾不及狗彘"。②

琦善的封城命令还导致了另外一个恶果，那就是城内遗留的难民得不到及时的救助，"死过半矣"。直到十二月十五日，琦营乃出示，准军民人等于次日由北门出入，"毋许拥挤"。然而到了十六日当日，城门外却无吊桥过人，"仅以二尺宽之跳板渡人。人争往来，拥挤填塞"，现场一片混乱。③那些侥幸通过拥挤的城关得以入城之人回到家中，眼前所见，往往是破败的屋舍，以及亲人腐臭的尸体。

一直到十二月十九日，"文武官仍住城外"，这时距离太平军撤离，已经过去了二十多天。扬州城内，依旧接近于一种无政府状态，城市管理远未恢复，社会秩序十分混乱。例如在十二月十八日，有四乡农妇不下三四千人

---

① 佚名：《广陵史稿》，《太平天国史料汇编》第 15 册，第 6852—6854 页。
② 佚名：《广陵史稿》，《太平天国史料汇编》第 15 册，第 6851—6853 页。
③ 佚名：《广陵史稿》，《太平天国史料汇编》第 15 册，第 6853—6854 页。

趁乱入城，她们四处搜刮弃材，"凡门窗钩搭，水炮铜苗，皆拔而售之"，补贴家用。类似这样的抢劫、盗窃行为，皆无人管制。另外，城内的大量尸体无人认领、掩埋。"新旧城伪官告示并各伪署门前对联，依然式贴，不曾洗抹。"① 城内毫无秩序可言。

截至二十日，"外民渐入城住，文武官亦进城巡哨"。只是这种巡逻流于形式，城内土匪肆虐。其所导致的结果是，匪情发展至次年正月，"城内匪人极多，日则拆毁民屋，夜则装鬼吓人，地方官未能禁也"。甚至后来还发生了土匪散播太平军攻城谣言，居民惊恐出逃引发的严重踩踏事故，现场十分惨烈，死伤不可悉数。②

以上为清军首次"收复"扬州的过程情况，可见其名为收复，实为"接收"非战之功，且接收过程极为谨小慎微。相较而言，后两次扬州城都可称得上是"即陷即复"：一是清军利用太平军集中讲道理、城防空虚的漏洞复城，一是张国梁率江南军支援复城。③ 由于占领时间较短，因此清军复城过程的复杂性与曲折性，皆不能与"一复扬城"之时相比。

二　善后

太平军主力撤走之后，仪征太平军也主动撤退，长江以北仅剩瓜洲为太平军所占据。扬州地区的军事危机虽未完全解除，但已大抵无恙。当务之急，是做好善后工作，重建城市秩序，恢复城市管理，复兴经济文教。

（一）收殓尸体

对于返家的难民而言，他们所看到的最多的，也是最为残酷的画面，应当是满布于扬州城内外的无数尸体。自咸丰三年二月太平军进攻扬州，至年底清军复城，战火延绵不歇，交战双方及当地百姓均伤亡无算。据《广陵史稿》记载，四五月间，清军为围攻扬州城，颇有伤亡。最初"一获其尸，

① 佚名：《广陵史稿》，《太平天国史料汇编》第15册，第6854页。
② 佚名：《广陵史稿》，《太平天国史料汇编》第15册，第6854—6855页。
③ 倪在田：《扬州御寇录》，《太平天国史料汇编》第15册，第6825、6830页。

即殓以棺"。之后由于死者日增，且暑疫日盛，尸体逐渐来不及入棺装殓，而只能以芦席包裹，草草下葬，以免滋生疫病。①

其实，重围之下的扬州城中，早已尸横遍野。《广陵史稿》记载：

> 伪官以下，死犹殓以棺，棺不足，裹厚棉瘗之。三五人共一坑，坑方丈许，满布铜制钱，不知命意之所在。难民死，盛之于柜，柜不敷用，扎以重衾，置之空屋。凡庵观、寺院、衙署、市廛，骼胔积如邱林，骸骨埋于风雨，嗣后填街塞巷。鬼无害于人也，人无殊于鬼也，岂不悲哉！②

太平军撤离后，在十二月初八日，琦善谕令官府雇佣役夫，搬运城内难民尸体到城外供人辨认。但由于许多尸体都被破坏，腐坏严重，事实上并不好辨认。值得注意的是，对这些尸体破坏最严重的，是复城后大肆劫掠的清军。清军营兵不仅搜刮财物，甚至抢劫尸体。即使是那些投水自尽，浮尸水中的妇女，若被大兵瞥见，也会被后者搜刮一番。所谓"冠珥剽髑髅，衣衾剥骼胔"。③

十二月十六日，琦善发布入城命令。入城百姓所做的最主要的一件事，就是寻觅亲丁死尸。其中，"尸体在故宅者犹可雇役抬埋"，而"尸之在寺观市廛等处，本有锦绣衣衾裹束，奈被大兵剥去，以致断头折足"，甚至体肤腐烂，不可识认，则难于收殓。如果太平军撤出后，琦善能够立即让百姓入城收殓，则不至于此。至十九日，城内尸在己宅者犹未抬尽，在寺观等处的更无人掩埋。直到次年（1854）正月"二十日外，乐善者入城设局六所，掩埋遗尸。尸极多，除贼至时斫杀，多名葬于犬腹，天暑后雨旸不若化为灰尘，与夫节妇之沉古井，外小之流城濠，红头之瘗以金钱，白骨之殓于木柜，皆无从查验而不能悉数外，凡寺观衙署等处，每遗一尸束一芦席埋之，六局计共用去十三万五千余张芦席"。④尸体收殓工作，至此告一段落。

---

① 佚名：《广陵史稿》，《太平天国史料汇编》第 15 册，第 6848 页。
② 佚名：《广陵史稿》，《太平天国史料汇编》第 15 册，第 6849 页。
③ 佚名：《广陵史稿》，《太平天国史料汇编》第 15 册，第 6853 页。
④ 佚名：《广陵史稿》，《太平天国史料汇编》第 15 册，第 6854—6855 页。

（二）严防奸细

至少迟至咸丰四年（1854）六月，扬州城仍未缓解紧张的气氛，城守甚严，仅开天宁门和北门两座城门。托明阿到任后，曾面讯当地官员为何州城仅开二门，得到的答复是为了严防奸细。

扬州当地官员的顾虑不无道理，因为太平军作战一向善用侦查员、间谍等进行前期的军情探查，以及在战斗开始后助战接应。以太平军1856年第二次进攻扬州为例，当年正月二十五日，镇江抓获太平军奸细一名，获悉了陈玉成将要进攻扬州的动向。次日，扬州城内出现可疑之人廿余人，官府派人前往捉拿时，可疑之人已远去。二十八日，城内哄传太平军到来的消息，大概率是太平军奸细所为，意在制造混乱。城内谣言四起，人心惶惶，于是迁徙避祸者渐多。另外，城外行旅之人也大量增加，"语音混杂，无人盘诘"。二月底，雷以諴营中查获来自瓜洲太平军的奸细一名，名叫张逢春，已在雷营当中官至勇长，带勇一百二十名。张被杀之后，他所带领的练勇在太平军发起对扬州城的第二次进攻后，尽数反水，从南水关进入城内，配合城外太平军二占扬州城。

太平军不仅在战时间谍活动频繁，缓和对峙时期也不遑多让。扬州里下河地区俗称"鱼米之乡"，仙女镇地处里下河的门户，米市兴盛。战事缓和时期，多有艇船赴仙女镇买米，继而转售于太平军。于是常有太平军"奸细"假冒艇师，同赴仙女镇买米。江苏巡抚吉尔杭阿知晓之后，下令"禁艇船赴仙女镇买米，如仙女镇客商卖米与艇船，即将客商照军法定拟"。"盖艇船本有米无须买，而犹买者将转售之于贼也。"①

至此可知，城守对于防范太平军间谍入城确实重要。因此天宁门、北城门的奸细排查十分严格。清军最初采用的排查方式是：北城门仅准人入，天宁门仅准人出。入城者，在北城门需报姓名及住处，局董登记，当晚还要再次派人查验。不过这种看似严格的检查制度有明显漏洞，常常有"灰、粪、柴、水各挑夫，信口乱说"，所报信息多有虚假，且在城门前

---

① 佚名：《广陵史稿》，《太平天国史料汇编》第15册，第6867页。

有限的空间里"拥挤杂沓",制造混乱。喧嚣之下,其所报信息是否准确,势难现场明晰。根据这些错误的信息,晚上更是无法查验,查奸制度形同虚设。

一段时间后,清军针对上述漏洞进行了一定的调整,令入城者人取一筹作为凭据,出时缴筹合验。结果又数日后,筹半失落,每一个未能缴回的竹筹背后,都有可能代表着一名可疑分子。而清军对此办法无多,只能以皮纸条代之。①

不过无论实效如何,严防奸细确为当时要务,官府甚至以防奸为名,向城内商民征收捐税。当时汇集于扬州的朝廷大员很多,其中闽浙总督慧成负有专查奸细之责。委任如此要员专查奸细,再次证明清军对防范太平军间谍的重视程度之高。不过同样值得一提的是,慧成曾与雷以諴合谋,利用自己查办奸细的职责之便,诬告邵伯镇某典商通贼助贼,从而恐吓当地商民,便利自己日后征厘索贿。② 因此从某种意义上讲,对于慧成,乃至所有清廷官员而言,也许人人皆可视为奸。

(三)设善后局

清军复城后,除了肆虐的练勇、营兵,还有一群身份比较特殊的人,对于官府而言,虽然不是太平军这样身份明确的"乱民""叛党",但"虐则一也"。因此名之为"黑头",以与"红头"之太平军相区别。"黑头"的主要活动是拆屋卖钱:

> 斯时民家具食,久无芦苇供炊爨,咸以旧木代。虽雕梁画栋,黑头举石椿之,碎为柴,每斤只三钱,往往有适见为屋,旋见为墟。盖黑头于人静时,以大索遥曳其柱,轰然一声,又一家灰烬,以故毁于红头者少,毁于黑头者多,无地不为瓦砾场矣。③

---

① 佚名:《广陵史稿》,《太平天国史料汇编》第 15 册,第 6856 页。
② 佚名:《广陵史稿》,《太平天国史料汇编》第 15 册,第 6856—6857 页。
③ 臧毂:《劫余小记》,《太平天国史料汇编》第 15 册,第 6886 页。

如前文所述，清军复城后，城内的治安管理长期未能恢复，所以"黑头"的猖獗与收复扬州城后善后工作的延宕低效是互为表里的。结果是，居民中较为富裕的人家只得选择仍旧住在城外，"雇仆守其屋"。而那些无力雇人看守家宅的，其屋舍往往就会被"黑头"所偷拆。后来"黑头"胆愈壮，甚至开始偷拆官府衙署。此后"规抚旧治"，只得重新创建衙署，耗费善后之款甚巨，又进一步对善后工作产生一定的不良影响。直到咸丰三年十二月二十日以后，文武官员陆续入城办公，城内的善后、重建工作方才进入轨道。当月，前文已述，有乐善者设局六所，掩埋遗尸。①

次年（1854）二月，咸丰帝下达谕令，"所有扬城劝捐抚恤及善后事宜，着即责成署扬州府知府存葆妥为经理，倘不敷差委，着该督（两江总督怡良）添派道府大员帮办"。② 不久后，扬州知府即封禁了扬州地方小绅衿如郭少卿等人于正月间开设的民间筹防局。③

此后，在官府的支持下，各种善后局所陆续设立，并由地方士绅参与管理。经理之善后事务涉及筹防、保卫、团练、捐输、施济甚至是水道清污、淘挖等。但是参与其中的士绅员董，往往横行乡里，肆意盘剥，导致"百余行齐侧目"，"四十八铺尽无皮"。④ 其中比较受当地人侧目的善后员董有高虞卿、郭少卿、张舜卿、陈宝卿、黄蕴卿、谢范卿等人。这也就导致了善后工作于公众而言收效甚微，百姓益受其累。

次年（1855）正月中旬，为平息民众不满，且探知员董作奸肥私，雷

---

① 臧毂：《劫余小记》，《太平天国史料汇编》第 15 册，第 6887 页。
② 纪大椿、郭平梁原辑，周轩、修仲一、高健整理订补《〈清实录〉新疆资料辑录》第 7 册，新疆大学出版社，2017，第 3479 页。
③ 郭少卿筹防局的开设，是在正月上旬过后，当时城内秩序稍定，店铺渐开，于是郭等人在扬州新旧城设筹防局数处。又因经费无所出，他们便命"各店有一伙出一钱，各家有一人出一钱，名为'一文愿'，又名为'人头钱'，每日一收，贮局筹防"。不过，这些经费名为筹防，"其实皆为小绅衿等饮膳淫赌之资"，于筹防事务助益无多，只引得"满城含怨"。于是大致在三月间，扬州知府予以封禁。（佚名：《广陵史稿》，《太平天国史料汇编》第 15 册，第 6855 页）无独有偶，官办性质的前漕运总督杨殿邦所开设的保卫局也暴露出严重的腐败问题，当年底，因保卫局经费虚报开销过大，实际一万两经费却开至十二万两之多，且百般延宕，不予报销，招致了咸丰帝的严厉质讯和批评。（佚名：《广陵史稿》，《太平天国史料汇编》第 15 册，第 6860—6861 页）
④ 佚名：《广陵史稿》，《太平天国史料汇编》第 15 册，第 6860 页。

以诚发布告示："凡劝捐员董不无勒索侵销，今一概撤回，再为核夺等因。"① "（二月）初五日，知府刘访知筹防局郭少卿等敛重费不办实功，以致四民嗟怨，店铺闭歇，特出严示，将筹防等局尽撤之。"②

战后初期设立的善后局所虽然逐渐被裁撤，但社会秩序的恢复并非一朝一夕可成，尤其是发展公共慈善、复兴经济文教等事业，往往需下长久之功。咸丰五年（1855）四月中旬，扬州知府"在城立义学四塾，经费自城内厘局提之"。接着，他又命人提取之前存在何宏盛银店的恤嫠会本银四千余两，把钱化为若干份，以两年为期，按月付给全城的穷人及寡妇。

值得一提的是，城内类似于恤嫠会这样的善堂组织其实并不在少数，只是大多"费款甚巨"，更有"无业者假名司事，不免浸润于其间"，加剧了内耗。邵伯镇有一人名为苗澍，组织善堂，但其能够参与的慈善救济范围受到了官府的限制，"若立贞、若接婴，官绅主持，彼不得与"。并且他所创办的"全节堂"，后来"为有力者攘去"。于是苗澍又创办"扶持残废局"，"每于通衢书贴黄纸单，不曰'募化口粮'，即曰'大众绝粮'，末注'董某叩'。"不过据江都士人臧穀回忆，"扶持残废局"的经营状况并不好，"愈趋愈下"，甚至"乞怜当道，如谋馆席"，招致其救济者的不满，因而频遭攻讦。③ 这种情况，不免令人唏嘘。

另外，为敦化民风，扬州知府曾"集各学生童，观风优奖，备施德政"。④ 而同样重视恢复战后文教事业的，还有时任江苏督学的李小湖。他于咸丰六年来到扬州，"以河东五邑尚完善，郡城亦无贼踪，宜举考试"。李小湖有意在战后尽快恢复科举，其目的与多年以后曾国藩在金陵的做法

① 佚名：《广陵史稿》，《太平天国史料汇编》第15册，第6861页。不过待到三月间，雷以诚又不得不恢复旧章，"谕新旧员董写捐。员如候补府方晓东、候补大使萧丹伯等，董如举人郑惟士、巫南樵、副贡陈时泰、拔贡吴寅寿、附生梁承诰、吴锡仲等，以董充员如职衔丁伯和、程光治、徐东园、真老四等，声光连结，气焰骄矜，较前尤甚"。因为这些员董手段非常，百姓"乐"输，饷银有济。佚名：《广陵史稿》，《太平天国史料汇编》第15册，第6864页。
② 佚名：《广陵史稿》，《太平天国史料汇编》第15册，第6862页。
③ 臧穀：《劫余小记》，《太平天国史料汇编》第15册，第6900页。
④ 佚名：《广陵史稿》，《太平天国史料汇编》第15册，第6865页。

一致，主要是振奋士气，并且促进人口流通，恢复社会生气。但是这一想法在当时遭到了一些官绅的反对，后者"方锐意团练，谓考童数甚伙，不便稽察"。但最终，科举得以恢复，"县试在仙镇临江会馆，府试则统在泰州考棚"。①

无论如何，经过上述善后举措，扬州战后的社会、文化秩序大致得到重构，地方权力机构得到重建。城市管理的有序化，促进了经济的恢复。咸丰三年十二月，清军一复扬州城后不久，西北门外的平山堂、观音山，暨凤凰淮泗桥一带，已然是"货宝山积，交易沸腾"。②

三　筹防

前文已述，虽然太平军在咸丰三年底撤出了扬州，但所留瓜洲太平军皆百战之兵。他们在城外增设两处营垒，称为上瓜洲、下瓜洲，与本城互为鼎足之势，守备极为严密，且与南岸的京口太平军以旗语互通消息，互救互助，江面水师无可奈何。③ 如此一来，太平军在江北的军队数量不多，但对扬州城的威胁仍旧很大。清军方面除了组织主动进攻，也在扬州城的防御事务上花费了不少心思。举其大端，则是办团练与筹粮饷。

（一）办团练

团练作为官军的补充，是重要的镇压反叛的民间军事力量，退可卫乡，进可助剿。扬州地区的团练武装，既有民间自发倡练的，也有官府委任专员组织的。

民间自倡的团练当中，比较典型的一个是内阁补中书钟淮所带领的练勇。钟淮，字小亭，江都人，家住江都县东南之佛感州下虹桥。④ 他罄尽家

---

① 臧毂：《劫余小记》，《太平天国史料汇编》第 15 册，第 6889 页。
② 佚名：《广陵史稿》，《太平天国史料汇编》第 15 册，第 6853 页。
③ 倪在田：《扬州御寇录》，《太平天国史料汇编》第 15 册，第 6821—6822 页。
④ 《广陵史稿四卷》，四库未收书辑刊编纂委员会编《四库未收书辑刊》第 4 辑第 16 册，北京出版社，1997，第 9 页。

财，倡练乡勇，隶属江北大营福楙部，主要目标是进攻瓜洲太平军。钟淮此举得到了琦善的嘉奖，但军资勇饷皆令其自筹，其资助火药的请求也被拒绝。需要注意的是，钟淮练勇，所恃者仅拳师十余人，其余土勇并不习战，战斗力极为有限。内部管理也并不完善，所议军事，"言出即泄"，且"环屯弁勇并不受制"，无法与清军相互配合，往往陷入孤军奋战的境地，因此屡攻瓜洲而不利。五月底，钟淮约水军夹击瓜洲，而水师恰遇逆风，没有告知钟淮即突然撤退，其余配合出战的福楙军随之卸甲休整，不再支援。钟淮最终被太平军击杀。① 同为江都人的臧毂评价道："吾郡团练，以钟小亭先生为最，与六合县温公并重。"②

　　在官府组织的团练武装当中，声势较大的一支创建于 1855 年。当年三月初，扬州知府刘兆璜在城内组建团勇，"城内共三十八铺，每铺一团，团有长，持大旗"。团长以下为甲长，每团含勇一百一十人，所持小旗、大旗皆白堂红镶边，后改为皂旗，取以水制火之意。旗上写"齐心杀贼"四字。全团合计四千余人，虽然队伍庞大，但武器简陋，每人仅配竹枪一支。这部团勇的主要活动，就是每日"绕城演行"，手持"齐心杀贼"大旗，遍行新旧城。傍晚，绕行完毕，即返回府衙缴枪，"领饭食二十文，扣费一文"，即去。三十八团，每日轮一团绕巡，"周而复始，借以防贼"。"虽未有训练之实功，而声势甚赫"。几日后，前任知府张廷瑞委任乡董下至各乡镇，要求仿照城内刘太守的团练之法，兴办团练。旬月之间，即见扬州"方圆三四百里，挨门逐户，无不插'齐心杀贼'之旗"，展现出一种坚壁清野的效果。③ 继任扬州知府的世焜，同样十分重视兴办团练，平时就常常"谆谆劝吾民举团练，行保甲"。可见至少从知府层面，兴办团练的筹防策略得到了很好的贯彻与延续。

　　官府筹防，通常并不会考虑百姓的负担。咸丰十年（1860）五月底，清廷为扭转全国各地团练御侮效果不佳的不利局面，先后委派了 9 名"督办团练大臣"，希望他们上与疆吏商酌，下与绅士筹划，尽快地肃平叛乱。

---

① 倪在田：《扬州御寇录》，《太平天国史料汇编》第 15 册，第 6818 页。
② 臧毂：《劫余小记》，《太平天国史料汇编》第 15 册，第 6885 页。
③ 佚名：《广陵史稿》，《太平天国史料汇编》第 15 册，第 6862—6963 页。

其中，大理寺卿晏端书被任命为江北团练大臣，故"节制扬州全郡"。晏端书就任后，主张以运河为界，与江北大营协同守备里下河。但是实际效果并不算好。例如兴化、泰州、东台等地的团练因为距离遥远，只能远程指挥；高邮、江都百姓性弱，强办团练，亦不足恃；更有团练委员消极懈怠，以三五游手好闲之无赖充作勇丁，毫无军容可言，与保甲无异。① 同治元年（1862），朝廷罢免晏端书江北团练大臣之职。不仅宣告了扬州地区督办团练之筹防策略的失败，也同时反映了咸丰二年（1852）清廷就开始实施的"团练大臣"制度的局限性。次年，这一制度也彻底破产。

三月初一日，镇江、瓜洲、天京太平军合兵一处，二陷扬州城。至此，修筑土城的筹防措施正式宣告失败。

（二）筹粮饷

"用兵必先筹饷，由来尚矣。"② 且古来用兵者多矣，而足饷者屈指可数。江北大营建立以后，粮饷供应的难题随即摆在眼前。承担江北大营粮饷供应的是江北粮台。依循清例，凡有军需，先由户部调拨巨款，而后设立对应粮台，银款由专员负责支放。如有不足者，再由一些相关省份协济补充。然而，一方面户部无银；另一方面，邻近省份如皖、赣、浙、鄂等同为交战区，且自顾不暇，自然无银协济。因此江北大营少饷缺银的困境一度可以说是陷入了死局。

事实上，除了官军粮饷无从供给，官督或民办的各色团勇，也同样面临着粮饷无着的困境。关于这一点，曾国藩是最有体会的。团练粮饷没有户部调拨，地方官府也大多推诿，因此大多只能自行筹措。通常而言，各地团练筹饷，主要是通过向民间进行摊派的方式进行。但是结果往往不仅获款有限，而且会引发激烈的社会矛盾。因此曾国藩主要采用了劝捐、征厘以及盐课三种方式筹饷。③ 其中，劝捐也为扬州地区的团练所普遍采用；而征厘，则是曾国藩直接借鉴了雷以诚在扬州的成功经验；

---

① 倪在田：《扬州御寇录》，《太平天国史料汇编》第 15 册，第 6836 页。
② 《孙光祀集》，魏伯河点校，齐鲁书社，2014，第 74 页。
③ 朱东安：《曾国藩幕府》，辽宁人民出版社，2018，第 55 页。

至于盐课，虽然扬州临近两淮盐场，盐课收入丰厚，但供应江北大营已然见绌，显然无暇兼顾团练。其中，设局征厘逐渐成为主要的筹饷方式。

厘金（又称厘捐）制度由帮办江北军务的刑部侍郎雷以諴创设于咸丰三年。当时雷以諴募勇自成一军，驻营万福桥一带。"雷营初议以投效为将，以招募为兵，以捐输为饷。"但是后来投效者无力与太平军对抗，只能转而专意办理捐务。① 因而到咸丰四年，托明阿对江北大营事务的布置为："琐务责之粮台，文捐输各务委诸侍郎雷。"② 九月以后，"雷营捐务纷繁"。例如"乡镇米行，每担捐五十文"，再如"油、布、绸缎、南北货各店，按生意之大小报捐"，又如"漕粮正册花户，无论贫富，每亩捐钱八十文"等。以上征捐标准，扬州府八属以下一律推广，接济军饷。一开始，富家大户捐银是雷营的主要收入，后者甚至校订册簿，排列花名，以便征收"财产捐"。"积产至一万两者，捐银一千两，至十万两者，捐银一万两，多少类推，谓之指捐。捐至一百万告止。"③

一段时间之后，雷营劝捐招致了太多诉控，难以为继。于是他转而议收厘金，"以赡军饷"。④ 厘金之法，有"不调兵而募勇，不请饷而抽厘"⑤ 之便，因此在次年得到了朝廷的许可，继而引得各地纷纷仿效。

值得注意的是，厘金之法虽然有效，却大多"取之无艺，用之无节"，捐弊横生。例如面对卖米给太平军的艇船，乃至假冒艇船买米的太平军船只，雷以諴只管征收厘捐，而不计商船的来历与去处。另外，雷以諴还经常截留捐款，中饱私囊。他命令"捐米厘、捐当典、捐油坊、捐各货、捐田亩以备饷勇"，但其中最多只有一半入公。"若指捐得三十五万制钱"，则雷以諴往往"仅以二十万钱入奏"。至于前述的艇捐，"艇料业经报销，仍委

---

① 臧毂：《劫余小记》，《太平天国史料汇编》第 15 册，第 6885 页。
② 佚名：《广陵史稿》，《太平天国史料汇编》第 15 册，第 6856 页。
③ 佚名：《广陵史稿》，《太平天国史料汇编》第 15 册，第 6858 页。
④ 臧毂：《劫余小记》，《太平天国史料汇编》第 15 册，第 6885 页；同治《续纂扬州府志》，《太平天国史料汇编》第 15 册，第 6917 页。
⑤ 佚名：《广陵史稿》，《太平天国史料汇编》第 15 册，第 6819 页。

员在各州县勒捐肥己"① 等，不一而足。

再如詹启伦曾"请立营捐，自食其部"。得到许可后，詹"遂植旗牌刀箭于营次，舟税而人索"，乃至即便是逃民随身携带稻种之物，也必横抽厘征税，如若绕行，必执而捶罚，并罚输百十倍，人人皆呼其卡为阎王关。② 并且，詹所收入的营捐，"不隶乎粮台，兵饷自握，颇若藩镇然"。而当时主持扬州军务的李若珠也对其听之任之。③

尽管存在种种弊端，但包括厘捐在内的各种捐务，仍旧施行不废。盖因"军虚缺乏，全仗捐输"，是故捐事纷纷，单单是咸丰五年一年之中，就有"指捐、捐厘、捐亩、捐夫、捐赈米、捐艇炮、捐碾坊、捐军需、捐钞钱、捐树，共十大捐"，民不聊生。④ 其中，诸捐如捐厘、捐亩、指捐等，姑且有簿可稽，但也有不敷奖叙的捐输，如艇捐，百姓最为诟病。⑤

最后，除了征厘劝捐，清军还常常兼行一些非常规的筹饷手段，例如罗织罪名，强占商民私产以充军饷。⑥ 限于篇幅，不再赘述。

总的来说，厘金不仅是清廷东南用兵十年，王朝中兴的关键，也是扬州地区筹款筹防、对内自立、对外御敌的关键。

结语 万民伞下的"升平"景象

咸丰十年（1860）八月，新任江宁将军都兴阿奉命驻防扬州，督办江北军务。因攻守有方，太平军自此不再轻易进兵扬州。都兴阿也随之威望渐著，且因"较琦善尤和易，人爱戴之"。于是有一名贡生妄图诌谀都兴阿，乃纠集

---

① 佚名：《广陵史稿》，《太平天国史料汇编》第 15 册，第 6867、6879 页。
② 佚名：《广陵史稿》，《太平天国史料汇编》第 15 册，第 6834—6835 页。
③ 倪在田：《扬州御寇录》，《太平天国史料汇编》第 15 册，第 6835 页。
④ 佚名：《广陵史稿》，《太平天国史料汇编》第 15 册，第 6873—6874 页。
⑤ 咸丰五年十一月，托、雷、陈出示，以江面堵御唯仗焦山艇师各船，而现有"红丹拖罾不敷拨用，拟仿艇式造船，凡大小木料、钉铁、油麻，极为昂贵，所费不赀"，故劝巨商富户积极捐输。当月底，艇捐募齐。佚名：《广陵史稿》，《太平天国史料汇编》第 15 册，第 6872—6873 页。
⑥ 佚名：《广陵史稿》，《太平天国史料汇编》第 15 册，第 6855 页。

商民向都兴阿进献贡礼。都兴阿听闻此事后,派遣属下送去自己的令箭,晓谕众商户"此等赠伞、留靴积习,将军必不受,有借以科敛者,速令还其资"。^① 都兴阿的这种廉洁之举,大大加深了当地民众对他的信任。必须承认的是,一方面是战事趋于缓和,另一方面是都兴阿之德政、^② 军功,使得扬州地区的社会秩序大为安定,生产、生活、贸易等活动逐渐恢复。仪征士人程晫对此感受尤深,称"都将军保障江北,天、六投诚,邑人始苏"。^③

　　然而扬州地区社会秩序的重建,尤其是持续稳定,并非一人一时可达成。作为都兴阿左膀右臂的詹启纶也曾接到绅民进献的万民伞,恰可作为对照。那是在都兴阿到任的前一年,江北统帅德兴阿意图进攻六合,下令詹启纶率部从征。出征前,詹启纶的一名属下请求劫掠施家桥一带之后再行出发,詹启纶许之。消息传出后,有一位名叫陈崧万的当地居民,为阻止兵勇劫掠本地,借着自己新近与詹启纶结姻的关系,来到詹启纶的大营,将万民伞等物供奉给后者。詹启纶于是下令停止劫掠,不过为时已晚。后队虽然奉命返回,但是前队却已深入乡间来不及召回。更让人意想不到的是,这支不及召回的部队遭到了乡民的激烈抵抗,领队的军校甚至被杀死了。不过詹启纶既已接受了百姓的供奉,碍于情面,便也不再追责。^④

　　同样通过进献万民伞诡谀、劝退官军的,还有仙女庙的绅民。当时,降清不过月余的薛成良因饷银短缺而哗变,这样一支乱军,无不令人闻之色变。薛成良军原屯驻于江都九龙桥一带,哗变之后,一路向东,欲劫泰州粮台索饷。为免其途经仙女庙时祸乱一方,仙女庙绅民"急为鼓吹牌伞以媚

---

① 臧穀:《劫余小记》,《太平天国史料汇编》第 15 册,第 6890 页。

② 都兴阿抵达扬州之后,不仅严于律己,还对江北大营进行了严厉的整顿。他"以湘军法制勒诸部,凡五百人为一营,不足者补之,多者汰之,营立营官帮带,军书一至立起行,平居按日差操,弁勇无许出营次,工役樵采,不复一累民"。另外,他还尽散李若珠之亲卒,裁汰詹启纶部五千人,"扬州军始改色"。倪在田:《扬州御寇录》,《太平天国史料汇编》第 15 册,第 6836 页。

③ 程晫:《避寇纪略》,《太平天国史料汇编》第 15 册,第 6912 页。太平军每次进攻扬州,仪征必被兵火。官军"利则战场,钝则瓯脱,居民荒田不耕者恒数百里"。因此仪征成为扬州地区受战争影响最大的区域。

④ 倪在田:《扬州御寇录》,《太平天国史料汇编》第 15 册,第 6832 页。

之，乞无出此"。薛成良许之，乃转走邵伯埭。①

万民伞本具送别之意，无论是恭送，还是驱送，早已成为地方百姓在乱世中求得生存空间所惯用的一种生存策略，正所谓"凡德政匾等皆护照也"。② 战火停息之后，原有公共权力回归，社会秩序开始重建，但人们在战乱中所企盼的旧日盛况往往难以复还。因为相较于交战双方通过战争所直接带来的创伤损失，战后社会秩序的长期混乱，以及社会治理的长期缺失所带来的战后萧条，才是民间社会所面临的黑暗常态。

咸丰三年太平军初克扬州时，"富室迁徙"，贫者坐困，无不日夜盼望官军。待太平军撤退之后，官军未能迅速稳定社会治安，乱民肆虐，抢盗财物。仪征士人程畹家中即遭乱民抢劫，虽"一花、一禾、一书、一画，平时所爱玩者，靡不灰烬"，因而发出"贼已去时民尽盗，城方复后我无家"的哀叹。③ 直到太平天国运动覆灭的二十余年后，竹西古调复得轻弹。光绪十二年（1886），江都名士臧毂复览瘦西湖，见"湖上诸名胜如白塔晴云、小金山、莲花桥渐次修复，每当夕阳西下，箫鼓船归，仿佛升平景象"，④ 孰料已是返照之回光。

---

① 倪在田：《扬州御寇录》，《太平天国史料汇编》第 15 册，第 6833 页。
② 《论万民伞》，钟叔河编《周作人文选》，广州出版社，1995，第 464 页。
③ 程畹：《避寇纪略》，《太平天国史料汇编》第 15 册，第 6907—6908 页。
④ 臧毂：《劫余小记》，《太平天国史料汇编》第 15 册，第 6900 页。

太平天国战争初期清方医疗博弈与变迁

李 彬*

摘 要 太平军兴时，咸丰猜忌与徐继畬的报病，客观上加速了老病交加的林则徐死亡。继任的李星沅、赛尚阿、徐广缙与向荣、乌兰泰、达洪阿等人，以及基层官兵，常以伤病为由，在战争中为战责和争权夺利展开激烈的博弈。其中向荣部的报病和医疗，成为疲兵战时运作的一个缩影。但费伯雄医向荣案的说法漏洞百出，有待细证。政治军事中的复杂医疗话语博弈，凸显了活性"医疗政治史"研究的必要性。

关键词 太平天国 医疗政治史 林则徐 向荣

作为近代中国重要的历史节点，太平天国战争既是社会剧变的试验场，又是中国常态的参照物。从先秦至清代，中国军队在未现代化之前如何处理军内伤病，是古代史学者经常言及却不能细致呈现的问题，[①] 文献不足故也。丰富的太平天国史料，为学界解决这一问题提供了一个窗口。本文从医疗史的角度，集中梳理呈现太平军兴初期清军在战局、权力、群体和个体等诸多方面的相关史事，并进一步思考"医疗政治史"的意义，请学界指正。

---

* 李彬，江西师范大学讲师。

① 参见杨东梁、张浩主编《新编中国军事史》，人民出版社，1995。朱克文、高显恩、龚纯主编《中国军事医学史》，人民军医出版社，1996。

一　广西军兴与林则徐之死

广西太平军兴初期，即位不久的咸丰帝征调年迈多病的林则徐赴广西征剿太平军。不料林则徐旧疾多发，沿途医治不效，最终陨落于广东普宁。[1] 此段公案却引起了时人后世对林则徐死因的诸多议论。有关林则徐之死，有投毒说和病逝说。[2] 从相关史料和逻辑论证来看，"投毒说"捕风捉影并无实据，而"病逝说"基本是合理的。[3] 表面上看，林则徐病逝是因为他年老体衰，伤病积重难返，回天乏力，大限已降。不过结合时局认识，"病逝说"忽视了权谋斗争的催化作用。此段公案实与道咸党派之争有密切联系。姑论之。

林则徐任云贵总督后期，已年过花甲，一身顽疾，行动不便，从政已是勉强，遑论军旅倥偬。当时朝中已有人"闻林则徐两腿不能步履，衰病日增，恐其心虽竭力报效，而其病不能自由"，对起用林则徐颇多顾虑，对林康复带兵更不抱希望。[4] 林则徐对咸丰的起用命令，最先反应是详列医诊报告，变相地道出了自己病情严重，难以应急军务，需要长期静养。[5] 对林则徐的报病，咸丰帝却半信半疑，下令地方官查报。[6] 故地方督抚的奏报，对于是否起用林则徐至关重要。徐继畬经过"屡经面晤"林则徐，奏报咸丰帝说："臣查该员林则徐面貌虽形减瘦，言语精神尚觉健爽，惟一所称疝气未痊，委系实情。臣当谆嘱该员上紧调理，一待痊愈，即行遵旨进

---

① 杨国桢：《林则徐传》，人民出版社，1981，第482—483页。

② 来新夏编著《林则徐年谱长编》下卷，上海交通大学出版社，2011，第723—726页。

③ 吴格：《林则徐死因考辨》，《华东师范大学学报》1984年第1期；蔡理明：《林则徐死地、死因新证》，《福建论坛》1985年第4期。林则徐病逝说亦被林氏后人认可。

④ 《清史稿》卷363《穆彰阿传》，中华书局，1977，第11417页；中国第一历史档案馆编《清政府镇压太平天国档案史料》第1册，社会科学文献出版社，1992，第68—69页。后一套书每册出版时间不一，不一一标注。

⑤ 《清政府镇压太平天国档案史料》第1册，第66—67页；林则徐全集编辑委员会编《林则徐全集》第4册，海峡文艺出版社，2002，第544—546页。

⑥ 徐继畬：《复查林则徐病体疏》，《松龛先生全集·奏疏》，文海出版社，1977，第42—44页。

京，切勿延缓。"① 这等于告诉咸丰帝林则徐病情尚无大碍，而林则徐之前的奏报有不实之处，如此徐便置林于不利之地。② 消息一出，京中言官闻风讥评，乃至认为林氏之前称病话语系"传闻之言"，然后奏请咸丰帝"速发廷寄，催令林则徐作速任事"，防止林乞病退隐，"延误事机"。③ 咸丰帝听后，就不再提及林则徐的伤病了，反于林去世前连发三道催进令。④ 在皇帝的猜逼和同僚的不谅解下，林则徐无力辩解，"下忧焦灼，与日俱深……数月以来，服药不下百余剂"，不得不抱病启程，最终旧症并发，以死明志。⑤ 林则徐于公，实现了"苟利国家生死以，岂因祸福避趋之"的志向；于私也保全了清名，保护了亲友性命。

奇怪的是，为何徐继畲不完整、如实地呈报林则徐的病情，奏留林则徐，反而来了一句"林则徐面貌虽形减瘦，言语精神尚觉健爽，惟一所称疝气未痊，委系实情"，然后催促他"上紧调理"，从速启程。难道不知欲速则不达的道理吗？从徐继畲的奏折来看，徐对林的生命健康似乎并不真心关注，比较冷淡，乐得林则徐离闽外调。目前尚无史料了解徐继畲轻报的所有目的，但根据时局和二人的过往，徐继畲的轻报催促并不是无意的，似是有意为难林则徐。

林则徐卸任返乡后，遇到了英人制造的神光寺事件。林则徐主张对英强硬，就发动士绅民众，驱逐排外，给当时主政的闽浙总督刘韵珂和福建巡抚徐继畲造成了巨大的社会压力。颇有城府的刘韵珂、徐继畲主张先软后硬，既想防止"边衅"，又欲逼走英人。未料到其妥协阴制的路线，引起了以林则徐为首的强硬派官绅之激烈批评，被斥为"汉奸"，以致名声受损和政务不顺，而林则徐再次受到朝野官绅民众的高度赞扬。⑥ 这导致二人关系出现

① 徐继畲：《复查林则徐病体疏》，《松龛先生全集》，第 44 页；《清政府镇压太平天国档案史料》第 1 册，第 88—89 页。
② 来新夏编著《林则徐年谱长编》下卷，第 713—720 页。
③ 《清政府镇压太平天国档案史料》第 1 册，第 69 页。
④ 《清政府镇压太平天国档案史料》第 1 册，第 70、79、80 页。
⑤ 《清政府镇压太平天国档案史料》第 1 册，第 66 页；《林则徐全集》第 4 册，第 547—548 页。
⑥ 赵迎选：《徐继畲与英人租屋事件》，《晋阳学刊》1991 年第 2 期；俪永庆：《神光寺公案辨析》，《历史研究》1992 年第 6 期。

重大裂痕。徐继畬对在野林则徐发动士民围攻自己十分不满，曾在奏折中不点名地批评林则徐不能安分守己，"以目前之小事，不顾后日之隐忧"，准备弹劾林则徐阻挠和局。① 可见林徐二人当时关系之恶劣。只要林则徐继续待在福建，那么徐继畬妥协处理对外事务等必然受到掣肘。② 徐继畬要继续走妥协阴制之路，则必须压制甚至排挤以林则徐为首的强硬派。两方的争执，也让刚即位的咸丰帝看到了林则徐虽然退休在野，但对地方权势仍有很大的影响力。③ 而林则徐在神光寺事件中的积极运作，也似乎让外界误以为他身体尚健，仍有能力办事。咸丰帝外调林则徐赶赴广西平乱，客观上为徐继畬"调虎离山"赶走"政敌"、对外阴制提供了绝佳的机会。徐道出林病全部实情，无异于留林与己为难；而少报轻报林氏病情，既能照顾到咸丰帝的猜忌，完成王命，又能调虎离山，便于自己地方行政。"尤为闽大吏所忌"的林则徐被远调，则是福建妥协阴制派官员求之不得的事情。④ 尽管二人同为著名的爱国者，但维护国家利益的方式并不一样，因此最终采用何种方式势必导致话语权势之争。目前尚不清楚徐继畬是否主动起过"调虎离山"之类的念头，但是他与咸丰帝的互动，客观上促成了林则徐抱病启程。对老病交加的林则徐来讲，新皇猜逼和大臣排挤，无疑是死亡的重要催化剂。来新夏先生编著《林则徐年谱长编》述及刘韵珂、徐继畬与林则徐矛盾时，有语"（弹劾）恰因朝廷拟召用林则徐而不得不中止"之"恰"字用得颇妙。⑤ 殊不知此"恰"或许是当事人有意为之。徐继畬对朝廷正式起用林则徐实则有"助推之功"。福建督抚排挤林则徐，有阴阳两套办法：阳则公开弹劾挤走，阴则迎合新皇起用之意暗地外推。阳谋与林则徐等众官绅民众作对，成本太高，不易成功；阴谋则顺水推舟，极易成功。只不过后来的走向，也未称刘、徐二人之心意。刘、徐二人在神光寺事件中坚持阴制策略，没有在福建激起剧变，令清廷吃大亏，但终因汹汹舆论，先后去职，仕

① 来新夏编著《林则徐年谱长编》下卷，第712—713页。
② 来新夏编著《林则徐年谱长编》下卷，第714—721页。
③ 尹素敏：《从神光寺事件看徐继畬与林则徐对西方的认识差异》，《近代史学刊》2017年第2期。
④ 杨国桢：《林则徐传》，第455—456页。
⑤ 来新夏编著《林则徐年谱长编》下卷，第711页。

途坎坷，成为咸丰初年对外强硬政策的牺牲品，直接影响了后期的中外关系甚至第二次鸦片战争。[①] 而林则徐去世后，朝野震动，死后极尽哀荣，成为近代中国抵抗派代表，对近代中国对外关系思想影响深远。[②]

另外，林则徐抱病赴战，反映了帝制中国权力高层，对起用老迈官员的别样用心。战争是对身体和生命的巨大消耗，对老迈的人犹如催命符。明知故作者，心肠狠毒；不知而作者，愚而横也。林则徐晚年命不由己，不亦悲乎？

二 战争初期的患病请假医疗动态

军政权力的中下层对伤病医疗的态度则是另一番景象。长期以来，军中官兵普遍采用患病请假制度应对伤病。[③] 上级是否允准请假医疗则随机应变，颇具权谋。其内如何应对真病医疗、抱病参战、称病避战、诈病邀赏等千奇百怪的突发情况，尚不清晰。而太平天国战争为观测八旗绿营军如何利用请假医疗为己谋利，提供了绝佳的窗口。从中可知战时请假医疗从来不是单独存在的，与官兵的战略战术和利益博弈息息相关，存在非常复杂的面相。

李星沅为钦差时期，对官兵伤病医疗的处置因时而变。太平军兴，广西左江镇总兵盛筠自度大难将至，难以应付，乖巧地先期请假医疗，不料碰上新官上任的钦臣李星沅。李星沅看透了他抱病避战的行径，不仅不予理会，反而奏请朝廷杀鸡儆猴，使盛筠革职遭罚。朝廷借机整顿军风，让李星沅继续纠参其他托病避战者，树立权威。[④] 但对基层作战的伤病士兵，李则多次及时发布"延医治疗"的命令，以便聚拢兵心。[⑤]

不过清兵规模的萎缩，败仗的增多，将领间的争权扯皮，令李星沅愤懑

---

① 邵雍：《中国近代对外关系研究》，合肥工业大学出版社，2013，第 22—40 页。
② 《蒋廷黻中国近代史》，江苏人民出版社，2019，第 26—30 页。
③ 《清会典事例》（影印版）卷 615，见"患病"则例，中华书局，1991，第 964—968 页。
④ 《清政府镇压太平天国档案史料》第 1 册，第 110、258 页。
⑤ 《清政府镇压太平天国档案史料》第 1 册，第 184—185 页。

不已，在"瘴气"中旧病复发，又害怕落个养病避战的处分，不敢请假医疗，而是选择边指挥边应急医疗，"亟进养心理脾之剂"，结果"医治未见痊愈"，深受体内体外的双重煎熬。延宕无功的他一边向咸丰帝挑明自己的病情，一边发誓恪尽"血诚"。但咸丰对他的报病叫苦只淡淡地答复了一句"知道了"，在朱批中并不怎么提及令李星沅静养的事情，之后鉴于李重病难以主事，决心将李以"回籍养病"的名义撤下，改换赛尚阿为钦差。①

李自感时日无多，伤心之余，又对自己镇压无功，即将徒丧身命，颇为羞愧、不甘和不安，决心以死殉国。在报病时更吐露临终委屈："倘竟弥留，则臣竭力尽瘁，陨首瘴乡，不足塞责矣。北望宸极，伏沉涕零，不知所云。"②咸丰元年三月二十六日，李星沅猝逝广西柳州。③

对于李星沅的病和死，前线巡抚主将和背后皇帝的反应颇值得玩味。周天爵在李死后，上折说自己在李病重之时曾经问候看望，及时聘请医生高辰魁等人治疗，助其服用"清理之剂"，而李对其也是较为感激，诸多相托，更说年迈的自己疾病已经痊愈。④据此表面上来看，周李关系非常好。实际上李星沅之所以迁延无功，气闷疾甚，加速病死，有很大一部分原因是年迈气盛的周天爵不听节制，自搞一套，与老将向荣争权夺利，让李星沅备受掣肘，难以完成会战计划，以致渐无权威，气急病甚。⑤周天爵两面三刀，对身患重病但仍有影响力的钦臣李星沅当面慰问，"相对泣下"，但转身就向朝廷揭李星沅的短，领军自战，诿过于人。尤其是诿过于李星沅，甚至夸张地说失利"皆李星沅一人之过"。⑥相比于周天爵的阳顶阴制，李星沅在临终时未提及周的掣肘难管，甚至还夸周"素性朴忠"，似在为周的升迁抓权做铺垫，可能也是为了保护军中亲子，但也并未怎么提及周天爵宣称的"亲切"慰问关怀他的病，看来还是对周意有未平。⑦周炮制感人的医疗话

---

① 《清政府镇压太平天国档案史料》第1册，第295—296、433—434页。
② 《清政府镇压太平天国档案史料》第1册，第398页。
③ 《清政府镇压太平天国档案史料》第1册，第406页。
④ 《清政府镇压太平天国档案史料》第1册，第406页。
⑤ 崔之清主编《太平天国战争全史》第1卷，南京大学出版社，第137—138、145—146页。
⑥ 崔之清主编《太平天国战争全史》第1卷，第145页。
⑦ 《清政府镇压太平天国档案史料》第1册，第406—408页。

语，高度赞扬李的忠勇言行，保举李的后代，更特意点明自己也是抱病督战，可"鼻衄"等伤病又迅速痊愈。① 这或许一则反映了他内心的愧疚和不安，对李临终举荐投桃报李；二则是为了掩盖自己的劣迹，以恩树威；三则是为了向咸丰帝表明自己健康能干，可以取代李主导指挥。咸丰帝对李星沅深受掣肘、抱病督军、含恨前线颇为动容，下令厚葬厚恤，赏赐李母"人参十两"，以昭激励。对周报病痊愈，意图代李抓权，咸丰帝因前线暂无统摄，无可奈何，令周暂任钦差，"差自调摄"，可对周的急切意气仍不放心，谆谆告诫"切勿过形激愤"。② 尽管周天爵暂时得意，但作战无能无功，待赛尚阿到达后，咸丰帝还是令其回旧任当副手，其报愈抓权的意图终究还是落空了。③

第三任钦差赛尚阿及藩台姚莹到任后，却发现前线绿营官兵染患瘟疫，伤病形势严峻，颇损战力。据赛尚阿和向荣奏报，"各省调来之兵患病甚多"，为修复战力，只得允许伤病官兵暂为休养，而相关官兵借机调养医治的办法五花八门，"有随营医治者，有寄家留象州、武宣、桂平、平南等处医治者"。④ 但如此医疗，牵扯多人颇费周章。"此等兵在营就养，不但不能得用，转需人服侍，一人之病累及数人，况病后软弱，亦难冲锋冒敌"。⑤ 而据姚莹所言，军内报病严重得多。至咸丰二年秋初，"大将自巴向长刘李皆病外，副将自王绵绪以病乞假归省，安义王镇病在梧州，和春病重口眼全歪，尚在平乐博春……游击以下颇多，而不敢言病，至于兵丁则无日不有死者"。⑥ 之所以会出现如此军事医疗杂相，与清军屡战屡败，军心涣散畏战密不可分。⑦ "一人之病累及数人"的实质，其实是变相地利用疾病医疗避战自保。对于这些难以痊愈的疲软畏战士兵，赛尚阿不耐烦了，不想再浪费人力物力加以医护，决心以方便伤病兵勇"回籍医疗"的名义遣散疲弱，

① 《清政府镇压太平天国档案史料》第 1 册，第 407 页。
② 《清政府镇压太平天国档案史料》第 1 册，第 407 页。
③ 《清政府镇压太平天国档案史料》第 1 册，第 470 页。
④ 《清政府镇压太平天国档案史料》第 1 册，第 308 页。
⑤ 《清政府镇压太平天国档案史料》第 1 册，第 308 页。
⑥ 姚莹：《中复堂遗稿》，文海出版社，1974，第 3617—3619 页。
⑦ 崔之清主编《太平天国战争全史》第 1 卷，第 187—194 页。

另选精壮，以便谋划战役。①

在前线几个大将中，达洪阿、向荣等人的请假医疗话语和谋划是蛮有意思的。达洪阿奉命协助赛尚阿广西平叛，到达前线后却大摆资格，常以"感冒""疝病"等疾病医疗为由，对赛尚阿交代的助攻任务多不配合，成事不足败事有余，而且还诸多指责，意欲抓权主导，引起了赛尚阿、向荣、乌兰泰、巴清德等人的反感，急欲除之而后快。② 对钦臣和诸将的排斥，达则消极反制，声称病情变重，不仅跟赛要病假，而且还要到浔州调养。③ 赛对达的"任性轻率"早就颇为不满，深感"禁之无名，用之不可"，接到达的主动请假后，觉得正中下怀，马上奏请咸丰帝赶紧把他调走，省得再捣蛋。④ 咸丰帝听取了赛的意见，将达以养病为名调回京城，以免纠缠。⑤

向荣资历老，威望高，老谋深算，对战时何时报病疗养颇有城府。⑥ 在李星沅督战时期，向荣在前线实际主导军事，因受酷吏周天爵的震慑，较少奏病，勉力支持。到赛尚阿时期，由于战事反复，向荣奏病反制的次数开始增多。向荣奏病的对象，一是他自己，二是其手下。清军在向荣和乌兰泰的协作下，攻下双髻山和猪仔峡，对战太平军暂时掌握了主动权，故向荣意图乘胜追击，一鼓作气全歼太平军。但是巴清德妒忌向荣再立军功，牵制不前，令尚怒火伤肝，气病难行，不得不向赛奏病于营中休养，但却因此拖延清军攻势约 11 天，给了太平军喘息的机会。⑦ 此次向荣报病调养，绝非有意避战，而是被迫反制巴清德。赛尚阿予以谅解，挺向压巴，允向暂养后，再行组织攻击。⑧

不过向荣官村岭惨败后，被多方责难，权势受损，公开怨恨乌兰泰

① 《清政府镇压太平天国档案史料》第 2 册，第 308—309 页。
② 崔之清主编《太平天国战争全史》第 1 卷，第 221—242 页。
③ 《清政府镇压太平天国档案史料》第 2 册，第 209 页。
④ 《清政府镇压太平天国档案史料》第 2 册，第 208—209 页。
⑤ 《清政府镇压太平天国档案史料》第 2 册，第 242 页。
⑥ 《清史稿》卷 401《向荣传》。
⑦ 崔之清主编《太平天国战争全史》第 1 卷，第 233—234 页。
⑧ 崔之清主编《太平天国战争全史》第 1 卷，第 239—242 页。

驰援不力，导致二人矛盾由小变大公开化，从此水火不容，互相倾轧。对于二人的矛盾，赛尚阿和姚莹却选择挺乌冷向，令向愤恨不已。① 面临皇帝、钦差、大将和藩台的多方压制掣肘，向荣孤掌难鸣，选择称病疗养，还特意点明自己详细的病情，甚至还宣扬回梧州调治，请假二十余日，对赛乌攻势消极不配合，以退为进，阴图反制。② 由于手握重兵的向荣称病避战，赛乌南军攻势流产，内斗升级。赛尚阿在姚莹乌兰泰的怂恿下，不再谅解向荣称病原委，更不愿去辨识称病调治真假，而是向咸丰帝严参向荣称病避战。③ 咸丰帝对向荣称病避战并不同情，反给予革职留营处分，严肃警告。④ 向荣更加消极，接连称病。⑤ 姚莹则据此贬向扬乌，煽风点火，散播对向荣的不满，甚至撺掇赛尚阿拨向荣所率的北军部队，归乌兰泰统率。⑥ 向荣北军一时间纷纷称病避战自保。⑦ 待赛尚阿欲重整北军，宽谅部分将官后，部分将官则见风使舵，转移靠山，如长瑞等总兵马上说自己病根已除，即将痊愈。⑧ 北军将官为了凸显自己的价值，避免战败受责，在会战过程中普遍奏称抱病参战，或真或假，可谓心思机巧矣。⑨

尽管赛、乌、姚多方整顿，但是军中士气难复，几番折腾，屡战屡败，最终让太平军于永安成功突围北上。⑩ 赛尚阿节度不力，战败无功，难辞其咎，心急火燎，按医言需以清补之剂调养，但害怕落个称病避战的罪名，既不敢用峻剂医治，也不能静养，只能在营中大帐饮食起居中"时加调摄"。为减轻罪责，学习李星沅的策略继续抱病督战，声称"不敢自言疾病"，只

---

① 崔之清主编《太平天国战争全史》第 1 卷，第 288—310 页。
② 《清政府镇压太平天国档案史料》第 2 册，第 374—375 页。
③ 《清政府镇压太平天国档案史料》第 2 册，第 374—375 页。
④ 《清政府镇压太平天国档案史料》第 2 册，第 395—396 页。
⑤ 《清政府镇压太平天国档案史料》第 2 册，第 446—447 页；《清政府镇压太平天国档案史料》第 3 册，第 180 页。
⑥ 姚莹：《中复堂遗稿》，第 3915—3917 页。
⑦ 姚莹：《中复堂遗稿》，第 3927 页。
⑧ 姚莹：《中复堂遗稿》，第 3927 页。
⑨ 姚莹：《中复堂遗稿》，3927—3928、4002—4003 页；《清政府镇压太平天国档案史料》第 2 册，第 588—589 页；《清政府镇压太平天国档案史料》第 3 册，第 20、62 页。
⑩ 罗尔纲：《太平天国史》第 1 册，中华书局，1991，第 29—40 页。

要"一息尚存，不敢少懈"。① 咸丰帝对赛尚阿非常失望，失去了耐心，对其战时医疗策略反其道而用之，以便以赛尚阿养病为由将其换下，改用徐广缙。②

三　向荣与军内老病

清军永安失利前后，向荣再次复出领兵，抱病尾随追击太平军，后奉命组建江南大营，但战果了了。③ 这与向荣及其所部战时伤病医疗也有关系。主将向荣本人，年过花甲，经过在广西瘴乡近三年的苦战纠缠，已是老病缠身，但又不愿时刻抱病参战，不得不边打边养，成为拖延攻势、颓靡士气的重要因素之一。④ 对于向荣的称病拖延，自知下场不妙的赛尚阿，不忘旧恨，革职前狠狠地参劾向荣称病误军，欺诈冒功，意图拉个垫背，但对咸丰帝的影响不大。⑤ 新任的徐广缙对向荣则要两面手法。最先徐奏称向荣称病确有苦衷，予以些许谅解，意图拉拢向荣为己所用。⑥ 但是向荣不为所动，说疾病难以速痊，要长期调养，甚至还威胁辞官回乡，其实想要更大的权力。徐广缙不吃这一套，直接奏参向荣托病避战，请皇帝将其发配新疆。⑦

这迫使向荣抱病启程，"沿途调理"，上书自辩。向荣的自辩，颇具心思。他将战功和伤病合起来报告，煞是感人，其实是想告诉咸丰帝他自己作战有功，但因此伤病缠身，并非无故捏病，间歇调理是理所应当的。⑧ 向荣再次得到了咸丰帝的大体谅解，可受命组建江南大营后，始终没有多少突

---

① 《清政府镇压太平天国档案史料》第 3 册，第 177—182 页；《清政府镇压太平天国档案史料》第 3 册，第 228—229 页。
② 《清政府镇压太平天国档案史料》第 3 册，第 180—181 页。
③ 纪振奇：《清军江南大营研究（1853—1860）》，博士学位论文，华东师范大学，2007。
④ 《清政府镇压太平天国档案史料》第 3 册，第 384—385 页。
⑤ 《清政府镇压太平天国档案史料》第 3 册，第 414—416 页。
⑥ 《清政府镇压太平天国档案史料》第 3 册，第 384—385 页。
⑦ 《清政府镇压太平天国档案史料》第 3 册，第 454、485 页。
⑧ 《清政府镇压太平天国档案史料》第 3 册，第 495—497 页。

破。这主要是其手下军心懈怠，称病者比比皆是，难以聚拢会战所致。对称病医疗者，向荣区别对待。对初次请假调理的官兵，向荣为安抚军心，一般都会允可给予假期，或在附近民房医养，或延医营中治疗，而对病重垂危的将官则会做个顺水人情，奏请将其革职回籍医疗。另在战时为医治火伤官兵，会特意调买拔毒散。据吴煦观察，向军暑夏发给"暑药"，寒冬则置办"冬衣"，"多方体恤"，可以说医疗保障比较充足。[1] 但不少官兵仍钻请假医疗的空子，托病久假不归，往往三四个月不见踪影，甚至干脆开溜，迫使向荣以托病避战为名，对其严参革职。但是坏风气已起，屡犯屡参，屡参屡犯，令向无可奈何。[2]

而向荣自己也已伤病缠身，腿肿足疾，药不离身，难以上马督战，无法指望早已疲敝的绿营兵，只能依靠尚敢言战的张国梁部。[3] 不过，向荣即便有了张国梁也回天乏力。这位老将终因江南大营的溃败，痛感"上无以报君父，下无以对生灵"，难逃罪责，日夜寝食难安，终于触溃新旧伤病，病情恶化而绝。[4]

现在学界对于向荣之死尚有疑惑，有病死说，有自杀说。笔者认为向荣病死说比较可靠。为什么？诚如崔之清先生的评价，向荣并非无能之辈，而是个饶有谋略、心理素质极强的人，不会轻易言死，但历经奔波，已是衰残之身，却是事实。张集馨曾亲处向荣大营，耳闻目睹"向荣老病交侵，不下山者已经两载……每晚向帅于薄暮后，即见如鼠如狐者千百成群，积压枕籍，终夜不能成寐。而形体渐次支离，因谒宁国寺拈香上匾，焚疏祈祷"，认为此是向荣死前征兆，"衰气已承，恐（向荣）将登鬼箓"。看来向荣死前已是顽疾缠身，神志已损，服用医药难起大效，可仍不甘心，以致烧香拜佛，祈祷延寿。[5] 甚至直到所部溃败至丹阳，向荣转发咯血之症，仍寻来孟河派名医生费伯雄为其医治，止血后酬谢费三品顶戴，还为其题写匾额

---

① 太平天国历史博物馆编《吴煦档案选编》第3辑，江苏人民出版社，1983，第221页。

② 《向荣奏稿》，参见中国史学会主编《太平天国》（7），上海人民出版社，1957，第39、68、165—166、171、183、192、233—234、332—340页；《太平天国》（8），第469页。

③ 《太平天国》（7），第217—218、340页。

④ 《太平天国》（8），第669—674页。

⑤ 张集馨：《道咸宦海见闻录》，中华书局，1981，第171—173、187页。

"费氏神方"。由此可见向荣当时心情尚好,求生颇切。① 可不久向荣便病死。张集馨观言:"(向荣)遭此大创,愤急病发,自谓英名扫地,重负委任,旋即奄逝。"②

向荣虽声名扫地,但医治向荣咯血的费伯雄,却因此得名,其医治向荣经历也成为孟河费氏医派崛起的重要资本。③ 今人赵艳说,费伯雄被张国梁请到丹阳大营后,待了十多天,使"向病霍然",治好了向荣的咯血症。④ 不过,笔者对此段战时医案存有怀疑。联系向荣的身体医疗史及他人观察来看,此说存有矛盾和漏洞。最大的问题是费伯雄治疗向荣的详细过程并不清楚,难以核实费氏用药是否对症。另外,既说费伯雄把他治好,又何来不久后的"愤急病发"?看来后人所谓费伯雄治好向荣之说,可能不过是一厢情愿,有夸张之处。或许是费伯雄仅仅用药物暂时止住了向荣的咯血,暂减病痛,让老病已久的向荣误以为自己大好,然后费伯雄匆匆离去,实际上并没有根除向荣旧病,以致后来复发,猝逝军营。如果费伯雄走得晚一点,治不好元气已损的向荣,恐怕就名声扫地了。故学界不可过于相信费伯雄治愈向荣之说,还需再考。

当战争由广西发展到长江流域后,清军惊惧,从上到下,告病请假避战者层出不穷。其中最有名的当属湖北巡抚龚裕。太平军攻入湖北时,龚裕紧急奏病开缺回籍疗养,带头逃跑,对湖北防务起到了非常恶劣的影响,引起了咸丰帝的极度恼恨。咸丰帝决定杀一儆百,对其革职严惩。同时对地方官兵大量请病避战误事高度警惕起来,于咸丰二年(1852)五月二十日严令各地"嗣后统兵大员有临阵脱逃或托病迁延致误军机者,着该大臣督抚等一经查明确实,即行据实参奏,请旨正法;其参游以下各员,如有逃避畏葸,以致失地丧师者,着一面奏闻,一面即于军前正法,以肃军律,不得巧为开脱,致启徇纵之渐"。收紧了战时请假医疗制度,严化核查,正法威逼,对减刹奏病开溜的颓风还是起到了一定的震慑作用。⑤ 不过即便如

---

① 赵艳:《费伯雄生平考》,《西部中医药》2012 年第 2 期。
② 张集馨:《道咸宦海见闻录》,第 173 页。
③ 《翁同龢日记》第 2 册,中华书局,1988,第 946—947 页。
④ 赵艳:《费伯雄先生年谱》,《中医文献杂志》2011 年第 2 期。
⑤ 《清政府镇压太平天国档案史料》第 3 册,第 265—266、296、320—321、326、337、346 页。

此，这对振兴早已腐朽的八旗绿营作用不大。据时人观察，无论江南大营还是江北大营的经制兵，普遍吸食鸦片，"志懦气堕"，习气已深，骄横残民，难以言战。① 随着战争的持续和勇营的崛起，清廷应急变制，为清军医疗的革新和应变提供了新的机遇。

四　结语

在求新图变的时代下，我们习惯了以近代制度和技术的标准，来凸显历史的"变相"意义，而忽略历史的"常相"现实。其实，质变性的"变相"并不能代替量变性的"常相"，成为历史的主流。表面来看，太平天国战争初期清军的医疗运作，并无新奇之处，甚至乏味无趣，但这却是制度和技术未近代化之前的常态模板，是传统军队认识和应对伤病的一般经验。不了解这个常态，就不了解变动的稚嫩和困境。与"走出中世纪"的理想期待相反，"重返中世纪"却是传统中国无法回避的历史惯性。

战争的主要目的和矛盾，决定了官兵的健康整体处于次要地位。传统军队没有孕育出完善的医疗体制，以致战时医疗具有强烈的应急性、残缺性及低效性。制度技术的残缺落后和环境的动荡，导致战时军内医疗之效果多属空谈。身处其中的上下官兵心知肚明，如何利用伤病在复杂的势态中争取优势地位，就成为主流，而真正的军事医疗反倒成为次要。这就是从先秦至太平天国战争中，为何王朝军队的医疗话语看着似是而非，以借病言他者为主。

战争状态下不同个体和群体，对如何处理身体疾病充斥着多种利益考量，是一般医疗社会史不常见到的情景。林则徐病逝史事，向我们展示了中央与地方不同派别，在派遣老迈多病官员奔赴战场时的复杂利益考量。战争对老迈病员来说不啻于催命符，至于在其中谁是催命者，谁是保命者，探破人物背后的心理隐屈，则颇费周章，非综合联系不得要旨。

战争初期清军内部上至钦差大臣、统兵大员，中到一般将官，下到基层

---

① 陈继聪：《忠义纪闻录》卷 3，光绪壬午年刻版，第 14 页。

兵勇，往往将自身的伤病医疗嵌入军内日常运作和权力博弈之中，颇具权谋性。战时军内报病的真假，在诸多因素影响下，时而变得扑朔迷离，令考实难度加大。但有一点是确定的，个体或人群无论出于何种目的的行为，本质上都是利己行为。衰朽之军为了自存和争利，在战时常有高频率的报病行为。二者互为因果，彼此纠缠，乃持久战的兵家大忌。这是后世兵家谋士在对待老迈将官和衰弱军队时必须慎重的事情。另外，参与其中的医家，却有反其道而用之的面相。

针对目前方兴未艾的医疗社会史研究，我们必须深入进去，细化研究。其中医疗政治史和军事医疗史，对研究军政活动与身体医疗的互动，深化拓展政治史，深化医疗史，颇有意义。医疗史只有学习政治史对人的活性分析，进而深入到人物的"生命史"，才能获得长久的生命力。[1] 而政治军事史则要不断开拓新的角度，由碎而立通，才能流水不腐，走得更宽。

---

[1]　余新忠：《追寻生命史》，北京师范大学出版社，2021，序言。

新中国成立初期对太平天国的评价

——以《人民日报》为中心的考察

魏　星[*]

摘　要　新中国成立后，中国共产党人进一步确立了以唯物史观为基础的评价体系，对太平天国等重大历史事件重新给予了正面评价，肯定了太平天国的革命精神，并客观指出了太平天国失败的经验教训，以及它对中国近代史产生的深远影响。这一时期在全社会范围内展开了积极的宣传，各地随之开展了各类纪念活动。通过国家话语的重构，太平天国的革命形象得到了塑造与广泛的传播。

关键词　新中国成立初期　太平天国运动　《人民日报》

太平天国运动是近代史上的重大历史事件，深刻影响了中国社会近代化的进程。在学界既有研究中，对太平天国运动这一段史实及太平天国领袖人物的相关研究著述颇丰。在新中国成立初期对太平天国的评价与宣传方面，学界较多沿用固定语系，整体研究较为概括与简练，且多为史学史研究综述性质。祁龙威《五十年来太平天国史研究的一条主要经验——实事求是》、[①]夏春涛《二十世纪的太平天国史研究》均从史学研究的角度探讨了1949—1964年太平天国史研究的蓬勃发展。[②]顾建娣在《洪秀全评价变化与史学思潮嬗变》中考察了洪秀全评价的三个阶段，其中1949—1976年为美化、神

---

[*]　魏星，南京晓庄学院研究员。

① 祁龙威：《五十年来太平天国史研究的一条主要经验——实事求是》，《清史研究》2001年第3期。

② 夏春涛：《二十世纪的太平天国史研究》，《历史研究》2000年第2期。

话化的阶段。① 本文着力于新中国成立初期对太平天国的评价与传播，以及社会层面的支持与反馈、国家话语体系对于革命形象的塑造过程，以厘清太平天国革命形象建构的史实进程及其深远影响。

一 新中国成立后对太平天国的评价与其背景

早在 20 世纪三四十年代，中国共产党人就开始关注太平天国这一中国近代史上规模最大的农民起义，将太平天国诸领袖看成农民起义的英雄。从 1935 年 12 月至 1939 年 12 月，毛泽东发表了《论反对日本帝国主义的策略》、《五四运动》、《青年运动的方向》及《中国革命和中国共产党》等一系列文章，明确指出太平天国战争是正义的农民战争，并且将太平天国运动纳入中国资产阶级民主革命的过程。在毛泽东看来，传统社会中"从秦朝的陈胜、吴广、项羽、刘邦起，……元朝的朱元璋，明朝的李自成，直至清朝的太平天国，总计大小数百次的起义，都是农民的反抗运动，都是农民的革命战争"，只有这种农民的阶级斗争、农民的起义和农民的战争，才是历史发展的真正动力。②

1946 年 9 月，共产党人信心满怀地指出，斗争胜利必然属于革命路线。自鸦片战争百年来，人民战争持续发展高涨，已形成"一条反帝反封建的人民革命路线"。其中太平天国运动与义和团运动、辛亥革命等属于第一阶段革命斗争，"前仆后继的反抗外国侵略者及其走狗"，却总是战败而告停顿。直到共产党成立后，"革命路线获得英明的领导，革命旗帜为之焕然一新……这才使得人民革命路线具备了胜利的基本条件"。③

随后共产党人又在不同场合多次重申百年来的革命路线和革命传统，再次肯定了太平天国运动的历史地位与革命意义。共产党人强调，"自太平天国以来，经过辛亥革命以至一九二五年至一九二七年大革命的不完全的革命

---

① 顾建娣：《洪秀全评价变化与史学思潮嬗变》，《史学理论研究》2020 年第 3 期。
② 《中国革命和中国共产党》，《毛泽东选集》第 2 卷，人民出版社，1991，第 625 页。
③ 《中国人民必须争取最后五分钟的胜利》，《人民日报》1946 年 9 月 16 日。

传统，则已由在一九二七年以后继续坚持革命的中国共产党所继承和发扬光大。中国人民在中国共产党的领导之下，不但继承了过去的不完全的革命传统，而且正在用完全新式的革命斗争建立着自己的完全革命的新传统，也就是革命的法统"。①1949 年春，解放战争胜利在即。在纪念五四运动 30 周年的宣传中，太平天国运动和鸦片战争、戊戌变法运动、义和团运动、辛亥革命运动一起，作为旧民主主义革命时期的"可歌可泣的人民运动"，再次受到了肯定。②共产党人也更加强调太平天国抵御外国列强的斗争精神，将其塑造成中国历史上农民革命最高峰的光辉形象。

1949 年 9 月 30 日，政协第一届全体会议通过了在天安门广场修建人民英雄纪念碑的决定。纪念碑碑文为毛泽东亲撰、周恩来手书，深切缅怀了自1840 年以来为了反对内外敌人、争取民族独立和人民自由幸福的历次斗争，以及为之奋斗牺牲的人民英雄们。由此可见，太平天国运动被列入自鸦片战争以来的中国历次反帝反封建革命斗争，"从太平天国革命，辛亥革命，对日抗战，到人民解放战争"，③一脉相承，得到了充分的肯定与纪念。

新中国成立以后，国内外面临的社会形势也促进了对太平天国运动的肯定与宣扬。1950 年 6 月，中央人民政府委员会第八次会议通过了中华人民共和国土地改革法。随后在全国范围内开展了轰轰烈烈的土地改革，农民革命运动顺理成章地受到追捧与认同。"中国农民阶级，对于封建土地所有制，在封建时期各朝代中，曾经不断举行过反抗，而以太平天国的规模为最大。但是，在过去，中国农民阶级由于没有正确的领导，并没有能够解决土地问题。"历史证明，只有共产党人领导的土地改革运动"才有了正确的途径"，才会取得最终的胜利。④在这一点上，太平天国运动无疑提供了很好的经验与借鉴。另外，在国际范围内，抗美援朝战争开始后，更需要在全社会掀起反帝反封建的爱国热情，以激发全国人民的昂扬斗志。从 1951 年 1月起，"加强对人民群众的爱国主义教育在全国各地的报纸上成了共同的主

---

① 《关于废除伪法统》，《人民日报》1949 年 2 月 16 日。
② 陈伯达：《五四运动与知识分子的道路》，《人民日报》1949 年 5 月 4 日。
③ 《中国人民政治协商会议第一届会议各单位代表讲话》，《人民日报》1949 年 9 月 22 日。
④ 《为实现全中国土地改革而斗争》，《人民日报》1950 年 6 月 30 日。

题"，各报特地增设了以唤起爱国主义为目的的小专栏，宣传中国人民革命斗争的传统，类似"太平天国的爱国英雄""五四爱国运动"这样的专栏深受读者欢迎。[①] 正如当时报纸所宣传，在中国近代史上，"美国也是一贯侵略我国的。主要的事实可举出以下几项：……一八六二年，美国驻上海总领事指示美人华尔等与英人共同组织军队，帮助满清政府镇压太平天国革命运动"。[②] 回溯太平天国时期，英勇的太平军曾多次打败清政府与英美勾结组建的常胜军，其革命斗争精神无疑具备了重要的现实意义与激励色彩。

更重要的是，新中国成立初期科学辩证的唯物史观成为指导各项研究工作的中心思想与指南，以此为契机，厘清了许多史实，做出了相应的论断，为研究工作树立了正确的导向。其中尤以对太平天国的评价具有代表意义。至1951年初，太平天国的革命斗争精神得到了官方的正式认可与正面评断。1951年1月11日，正值太平天国金田起义100周年纪念，《人民日报》头版头条刊发胡绳的评论文章《纪念太平天国革命百周年》。该文指出太平天国的革命性质是旧式的农民战争，但是"在新的历史条件之下，太平天国除了担负起反对封建势力的任务之外，已经担负起反对外国资本主义侵略势力的任务了"，所以它是没有先进阶级领导的农民战争所发展到的最高峰。而太平天国之所以失败，除了各种主观的原因之外，更重要的是"在中国既已进入了半殖民地半封建的时代，如果没有工人阶级的领导，甚至像太平天国这样规模宏大的革命运动，也丝毫动摇不了重压在中国人民身上的反动势力"，单纯的农民战争必然走向失败的结局。文章还指出太平天国、辛亥革命，直到五四运动，都是"中国农民和各被压迫阶级的人民为解除身上的封建主义与帝国主义的镣铐而向内外敌人进行的斗争"。文章最后指出，"历史证明，只有用马克思主义思想武装了的工人阶级才能够充分地发动农民大众的革命积极性，……得到了伟大的胜利"。[③] 这篇文章充分肯定了太平天国的革命性质，客观分析了它的失败原因，明确了它的历史地位和革命传统，基本奠定了新中国成立以来关于太平天国历史问题的评价体系。

---

① 《谈宣传爱国主义的小专栏》，《人民日报》1951年3月11日。
② 《怎样认识美国（宣传提纲）》，《人民日报》1950年11月5日。
③ 《纪念太平天国革命百周年》，《人民日报》1951年1月11日。

二　各地太平天国纪念活动的开展

与此同时，1951 年前后在全社会范围内展开了纪念太平天国起义百年的各项筹划活动，并通过搜集太平天国文物、举办史料展览、编纂相关书籍在文化艺术等社会领域进行宣传与普及。

在文化文物方面，通过搜集太平天国文物、举办史料展览等活动，进行广泛宣传与传播。1950 年 7 月，政务院发布命令，要求全国各级人民政府普遍征集一切有关革命的文献与实物，其范围包括"五四以来新民主主义革命为中心，远溯鸦片战争、太平天国、辛亥革命及同时期的其他革命运动史料"。① 同时，文化部文物局拟在 1950 年内筹备成立革命博物馆，并登报征集革命文物史料。随后各省市人民政府文教机关，革命文物保管收集委员会为配合国立革命博物馆之成立，开始搜集各种革命文物。② 例如故宫博物院自 1949 年底就着手将原有的古物、文献、图书三馆分别增辟成立新的陈列室。其中文献馆增辟了"革命史料陈列室"，收罗了从太平天国到辛亥革命的革命文献和实物，包括"两面宝贵的农民起义军的旗子"。③ 上海革命文物收集委员会 1949 年 12 月成立后，至 1950 年初已征集革命文献史料多种，其中较为重要者有中央博物馆移交的太平天国大玉玺两方，"尚有太平天国洪秀全的座椅等遗物"正在接洽征收中。④ 宁波市征集革命文献实物委员会也征集到太平天国西王玉印景生一幅。皖南人民文化馆派员分组深入皖南各地农村，进行革命文物和历史文物的采集工作，至 1951 年 3 月已采集到太平天国文物资料多种，包括太平军武器、印信、史料、攻城壁画等。⑤

1950 年 12 月 19 日，为了纪念太平天国金田起义一百周年，并启示中

---

① 《政务院发布命令　普遍征集革命文物》，《人民日报》1950 年 7 月 14 日。

② 王毅：《筹建革命博物馆　文化部文物局征集文物史料　各省市已收到革命文物一批》，《人民日报》1950 年 2 月 21 日。

③ 柏生：《北平的图书博物工作》，《人民日报》1949 年 9 月 14 日。

④ 《上海革命文物收集委员会征集革命史料多种其中有太平天国玉玺等物》，《人民日报》1950 年 2 月 7 日。

⑤ 《文化生活动态》，《人民日报》1951 年 3 月 6 日。

国人民近百年来继续不断的革命斗争，北京图书馆与北京大学文科研究所联合在北京图书馆举办"太平天国革命史料展览"，内容是根据太平天国革命的发展过程，就已搜到的资料分为太平天国金田起义、军事发展、建设、衰败等四个阶段展出。

1951年1月11日《人民日报》第一版刊登了一幅《太平天国金田起义》画作，称其"描写一百年前的伟大的农民革命"。该画稿为李宗津所作，他曾南下广西桂平金田起义遗址采风，创作了太平天国金田起义的系列画作。后入选为人民英雄纪念碑8幅大浮雕题材之一，由雕刻家王丙召雕塑而成。

《人民日报》发表纪念太平天国金田起义一百周年社论后，在全国各地掀起了纪念和宣传太平天国的热潮。1月下旬起，为纪念太平天国，发扬中国人民反帝反封建的革命传统，上海市于20日起举行革命文物展览会。南京文化界为纪念这一"伟大的革命运动"，曾邀集耆老20余人，座谈太平天国革命故事，搜辑口碑资料。[1] 当年10月，华东军政委员会文化部文物处、上海市历史博物馆与南京市文教机关合办的纪念太平天国起义百周年展览开幕，展出地址选定为太平天国天朝宫殿遗址。展览开幕两个月间就接待各地群众多达90余万人次，受理群众意见564条，[2] 受到社会各界普遍欢迎和高度关注。1952年12月，邮电部发行了太平天国金田起义百年纪念邮票，共4枚，两种图案，并于1955年1月10日再版。其中《金田起义》邮票描绘了洪秀全领导贫苦农民在金田起义时的场景，展现了太平天国"为实现'天下一家，共享太平'的政治理想而英勇战斗"的革命风貌。[3] 广西太平天国文史调查团也在太平天国革命起源地紫荆山金田村等地搜集到许多珍贵的文物和历史资料。[4]

在社科教育和史学研究方面，通过修订教科书、编辑学术刊物等形式，重新界定太平天国的革命性质，厘清太平天国领导人物的评价问题、对外关系、失败经验等经典论题。1949年12月，范文澜《中国近代史》完成了修

---

① 《沪宁纪念太平天国一百周年》，《人民日报》1951年1月22日。
② 罗尔纲：《生涯六记》，贵州人民出版社，1991，第83页。
③ 谢宇主编《新中国专题邮票艺术鉴赏：军事、体育卷》，原子能出版社，2007，第8页。
④ 《搜集太平天国的历史资料》，《人民日报》1955年1月28日。

订本，该版本以历史唯物主义的研究方法作为指导思想，在太平天国运动章节部分，吸收了最新的研究资料与新发现的太平天国文书，"对史实的考证和分析，都比旧版完善"。①

1950 年 10 月 1 日，《新建设》改为学术性月刊后第 1 期正式出版。作为新中国成立后出版最早的综合性学术期刊，《新建设》得到了毛泽东、朱德、董必武、张澜等人的创刊题词，是 50 年代在国内外有重大影响力的学术刊物。② 该刊辟有专著、译文、书评、学术文摘、学术简讯等专栏，其中一个重要栏目，即为纪念太平天国特辑。《新建设》第 3 卷第 1 期这个特辑包括范文澜《金田起义一百周年纪念》、刘桂五《百年前的人民武装组织——太平军》、王忠《太平天国革命人民如何对付外国侵略者》3 篇主题文章。《人民日报》专门刊登了介绍《新建设》这一期的评论文章，并特地指出，"在人民解放战争获得全面胜利的今天，纪念人民革命的先驱者——太平天国，是有重大意义的"。③

1951 年 1 月，《人民日报》介绍了史学界先后出版的《太平天国史稿》、④《太平天国前后广西的反清运动》、⑤《太平天国革命运动论文集——金田起义百周年纪念》、⑥《太平天国史料辨伪集》、⑦《太平天国史料》⑧ 等几本关于太平天国的著作，认为这些著述"给研究太平天国史的人提供了许多有价值的资料"。通过这些相关著作、考证及史料的收集，可见"新旧史学家都在努力用历史唯物论这个科学的方法来研究中国的历史问题"，"中国的历史学者，就以这样比较丰富的研究成果贡献这个伟大的革命运动发轫的百年纪念"。⑨ 这一时期，以太平天国为题材的中国近代史书籍甚至

---

① 周生：《读范著"中国近代史"订正本》，《人民日报》1949 年 12 月 14 日。
② 陈矩弘：《新中国出版史研究（1949—1965）》，上海交通大学出版社，2012，第 220 页。
③ 《介绍〈新建设〉三卷一期》，《人民日报》1950 年 10 月 12 日。
④ 罗尔纲：《太平天国史稿》，开明书店，1951。
⑤ 谢兴尧：《太平天国前后广西的反清运动》，三联书店，1950。
⑥ 华北大学历史研究室编《太平天国革命运动论文集——金田起义百周年纪念》，三联书店，1950。
⑦ 罗尔纲：《太平天国史料辨伪集》，商务印书馆，1950。
⑧ 北京大学文科研究所、北京图书馆编辑《太平天国史料》，开明书店，1950。
⑨ 史学进：《介绍几本新出的关于太平天国的书》，《人民日报》1951 年 1 月 14 日。

被苏联作家翻译出版，成为那个时期中苏文化交流的见证。① 当年 8 月，南京市还成立了太平天国起义百年纪念史料编纂委员会，以罗尔纲为首进行编纂太平天国文献和资料的工作。②

1952 年 2 月，为了提供中国近代史研究的资料，配合大学课程的改革，《人民日报》重点介绍了中国新史学研究会筹备会，该会组织了中国近代史资料丛刊编委会，准备编印一套"中国近代史资料丛刊"，将中国近代史分成鸦片战争、太平天国、东捻西捻、回变、洋务运动、中法战争、中日战争、戊戌变法、义和团、辛亥革命、北洋军阀、五四运动等 12 个题目，每个题目为 1 种，包含史料 100 万—120 万字。③ 其中《太平天国》为该丛刊的第二种，受到了中国史学会的高度重视，编辑委员包括徐特立、范文澜、翦伯赞、陈垣、郑振铎、向达、胡绳、吕振羽、邵循正、白寿彝等人，学者云集，阵容之强大可谓空前绝后。1952 年下半年起全 8 册陆续出版。该丛书运用了阶级分析的方法处理史料，采用了以革命史大事为主的框架范式。在该丛书的序言中，称太平天国革命运动"实行了各种革命政策，发动了广大农民为推翻封建的土地制度而斗争，并且担负起反对外国资本主义侵略势力的任务"，表现出"中国人民的光荣的革命传统和崇高的爱国主义"。④

1950 年 9 月 17 日，第一届全国出版事业展览会在北京北海公园揭幕，该展览系统陈列了从鸦片战争直到新中国成立的各个历史阶段所出版的书刊，在展览开幕的报道中特别介绍道，"太平天国是近代中国人民第一次大革命，农民建立了自己的政权，也出版了自己的书籍"。⑤ 太平天国题材的文艺作品也如雨后春笋蓬勃发展。1951 年 4 月上海举行春节戏曲竞赛，评话《太平天国》等 6 部戏曲因"比较突出地紧密地配合当前的政治任务，

---

① 《巩固中苏友谊加强文化交流　苏大量出版我国书籍》，《人民日报》1951 年 2 月 13 日。
② 罗尔纲：《太平天国资料的发掘、编纂与出版》，《人民日报》1961 年 8 月 20 日。
③ 《出版动态》，《人民日报》1951 年 2 月 11 日。
④ 中国史学会主编《中国近代史资料丛刊·太平天国》，上海人民出版社，1957，"序言"第 1 页。
⑤ 《新中国出版事业的成长与发展　记出版事业展览会》，《人民日报》1950 年 9 月 21 日。

发扬了爱国主义精神,迅速而直接地反映了现实,帮助观众对目前形势有了进一步的认识"而获得荣誉奖。①

三 太平天国革命形象的确立与影响

经过数年的宣传与传播,太平天国的革命形象逐步奠定了坚实的基础,并通过记忆建构与社会宣传,农民起义的反抗斗争精神以国家话语的权威形式得到了确立,并得到了社会民众的普遍关注与赞同。

至 1956 年 1 月 11 日纪念太平天国起义 105 周年之际,范文澜在人民日报发表文章,再次充分肯定了"太平天国革命的英雄们所表现的伟大的革命精神,中国人民是永远引以自豪的"。他还着重指出"在太平天国革命运动里,中国农民曾经表现了高度的革命气魄和爱国主义精神"。而在新中国全面建设中,"中国农民队伍,在伟大的中国共产党领导下,发扬优秀的革命传统",开展社会主义农业现代化建设,"这一事件,不仅对中国革命的历史,而且对全人类革命的历史,都将起着非常重要的作用"。②

1956 年 10 月,经文化部批准,南京正式成立太平天国纪念馆,《人民日报》、新华社等均刊发了长篇报道,介绍了太平天国纪念馆的主题陈列与主要文物资料。③ 国有纪念馆的成立,以国家话语的形式公开表彰和纪念太平天国,确立了太平天国这一历史事件的重要地位。同时,一并将孙中山领导的资产阶级革命,视为"上承太平天国革命传统,下开新民主主义革命的先河",从而形成太平天国、辛亥革命、新民主主义革命这一一脉相承的革命路线。④ 1958 年 4 月 23 日,人民英雄纪念碑建成,该碑"是我国自古以来第一座最大的纪念碑"。⑤ 为了纪念和具体而又形象地表现先烈们的伟大事迹,并留存千古,首都人民英雄纪念碑兴建委员会决定在纪念碑上以汉

---

① 《国内文艺动态》,《人民日报》1951 年 4 月 8 日。
② 范文澜:《纪念太平天国起义 105 周年》,《人民日报》1956 年 1 月 11 日。
③ 《南京成立太平天国纪念馆》,《人民日报》1956 年 10 月 4 日。
④ 邓初民:《孙中山先生在中国近代史上的地位 纪念孙中山先生诞辰九十周年》,《人民日报》1956 年 11 月 11 日。
⑤ 《英雄们永垂不朽 人民英雄纪念碑建成》,《人民日报》1958 年 4 月 23 日。

白玉刻制巨大的革命历史浮雕。这 8 块大浮雕和 2 块装饰浮雕的题材经过了精心挑选与慎重选择，后最终确定。从碑身东面起，按历史顺序往下瞻仰。第一幅浮雕为"虎门销烟"，第二幅浮雕即为描写 1851 年太平天国的"金田起义"。在这幅浮雕上，"一群拿着大刀、梭镖、锄头、土炮起义的汉、僮族人民的儿女，正风起云涌地从山坡冲下来，革命的旌旗在迎风飘扬。太平天国是中国民主主义革命的序幕，它提出政治、经济、民族、男女四大平等的口号，严重地动摇了满清皇朝封建统治的基础"。①

在此之后，学术界对于太平天国革命性质、土地纲领、土地政策等若干历史问题的争鸣经历了大起大落的发展阶段，一度偏离了唯物史观的科学立场，过度强调阶级斗争的观点，而沦为政治旋涡中的批判工具。直至 20 世纪八九十年代方逐步回归学术本源。尽管如此，在新中国成立初期，在唯物史观的指导下，对太平天国的历史评价基本秉承了科学客观的理性立场，并在随后的数十年中产生了深远影响。

首先，太平天国的革命精神发挥了重要的爱国主义教育功能。新中国成立初期，面临国内外严峻的形势考验。尤其是抗美援朝战争的爆发，更加暴露出以美国为首的西方列强对于新中国的封锁与打压。而当年太平天国的农民领袖们领导太平军，与美国将领华尔指挥的常胜军英勇作战，屡次打败对手，令人奋发激昂。在这一时期宣扬和肯定太平天国反侵略的革命斗争精神和光辉形象，极大地鼓舞和激发了中国人民，增强了民众对于抗美援朝战争胜利的信心与决心。而国有专题太平天国纪念馆的成立，成为重要的社会教育基地。后改为太平天国历史博物馆，更是国家话语将太平天国革命形象这一既定主体进行反复表达与肯定的明确体现。太平天国的专题历史博物馆数十年来发挥了文博场馆独特的社会教育功能，并成为重要的爱国主义教育基地。在新时代文旅融合发展的大背景下，更成为历史知识普及与青少年社会教育的窗口与阵地。

其次，太平天国对于土地问题的关注和解决土地问题的尝试，为新中国的土地改革运动提供了一定的借鉴。中国是一个传统的农业大国，新中国成

---

① 周定舫：《人民英雄永垂不朽　瞻仰首都人民英雄纪念碑》，《人民日报》1958 年 4 月 23 日。

立伊始，国内经济一穷二白，土地改革运动迫在眉睫。太平天国运动颁布了纲领性的《天朝田亩制度》，表现出"农民在封建制度压迫下对于土地的革命要求"，这也使它有别于传统意义上的农民起义，而达到了前所未有的高度。太平天国领袖们终究"只能从农民阶级的狭隘眼光出发，陷于空想的农业社会主义"。① 尽管如此，他们的探索与实践仍然值得关注与借鉴。

最后，太平天国作为旧式农民战争的最高峰，其经验教训值得关注与重视。太平天国非常重视农民土地问题，还从政治上广泛动员和依靠农民阶级，在革命初期一定程度上得到了后者的支持，调动了农民阶级的积极性。而太平天国后期的衰亡，也与失去了农民阶级的支持有关。如何保护农民利益、动员农民参加地方政权建设，从而确立稳固的社会基础和政权根基，是中国历史上任何一个政权取得成功的关键所在。中国历史王朝更迭的所谓"周期定律"，本质上是由能否处理好农民问题而引发的，在这一点上，太平天国运动的经验教训无疑具备了深刻的现实意义。

"为了拯救民族危亡，中国人民奋起反抗，仁人志士奔走呐喊，太平天国运动、戊戌变法、义和团运动、辛亥革命接连而起，各种救国方案轮番出台，但都以失败而告终。中国迫切需要新的思想引领救亡运动，迫切需要新的组织凝聚革命力量。"② 在近代中国历史上，从鸦片战争、太平天国、辛亥革命到抗日战争、解放战争胜利，中国革命精神一脉相承。而中国共产党自诞生以来就充分肯定了包括太平天国在内的各种救国方案体现的革命斗争精神，肯定了他们为了寻求民族的出路而进行的艰辛探索与不懈努力。

---

① 《中国近代史资料丛刊·太平天国》，"序言"第 1 页。
② 习近平：《在庆祝中国共产党成立 100 周年大会上的讲话》，《求是》2021 年 7 月 16 日第 14 期。

萧一山与太平天国典制研究

何　鑫[*]

摘　要　清史专家萧一山对太平天国典章制度研究有着较大贡献。早年他在《清代通史》中对这一问题的书写主要局限在介绍层面，且所见资料有限，但 1932 年萧氏赴欧访学，搜集了大量原始的典制文献后，研究得以精进。加之抗战全面爆发后，他的民族革命史观逐渐成形，此后其太平天国典制书写发生了较大转变，并于赴台后的修订版《清代通史》中最终呈现。根据史料，学者自身之进步和史观的转变均是其影响因素。

关键词　萧一山　太平天国　典制　《清代通史》　《清史大纲》

提及萧一山，多数人会想起其是 20 世纪中国重要的清史研究专家，代表性著作为《清史大纲》和《清代通史》，后者被视为清史领域的经典著作，流传甚广，影响较大。萧一山自认为研究中国近代史的学者，只是其对"近代史"的上限定为明清鼎革之际。[①] 但无论撰写清史还是近代史，太平天国均为绕不开的重大事件。萧一山对太平天国史研究有开创性的贡献，这不仅在于他著作中对太平天国历史的撰写，同时也在于其 20 世纪 30 年代赴欧洲寻访大量海外太平天国史料。[②] 而萧一山太平天国研究最有特色的部分之一，则是他投入了大量心力的太平天国典章制度研究，他所搜集史料亦大

---

* 　何鑫，南京大学中华民国史研究中心助理研究员。
① 　萧一山：《清史大纲》，经世学社，1944，第 1 页。
② 　关于此问题笔者有另文《萧一山的太平天国史研究与叙事》。

多与此相关。① 前人对萧氏的研究，尤其是史料搜集方面的贡献已有一定关注，但尚无专门针对此问题的全面论述。笔者认为，典制研究是萧一山太平天国史研究的重要特色，对萧氏太平天国典制研究及其前后变化进行梳理，可以系统性地考察萧一山的太平天国研究情况，并从中窥见其史学观念的演进。本文将以萧一山的太平天国典制研究为对象，对此加以全面阐释，以期完善萧一山史学研究及太平天国史学史研究。

一　《清代通史》与萧一山对太平天国典章制度的早期认知

《清代通史》是萧一山的成名作，② 上卷早在其于北大学习时期即已出版，至 1930 年前后，下卷由北平文史政治学院以演讲稿的形式刊行，太平天国部分即为下卷第二册的主要内容。综观 20 世纪二三十年代出版的整部《清代通史》，萧氏此时并未形成系统性的史观，其著作仍以对清代政治、事件和社会各方面的叙述为主。由于深受传统史学的影响，萧一山对清代典

---

① 关于此问题的直接研究成果不多，可见田园《萧一山与太平天国史料》，《淮阴师范学院学报》（哲学社会科学版）2009 年第 2 期，第 222—2258 页；祁龙威《萧一山与太平天国文献学》，《太平天国史学导论》，学苑出版社，1989，第 23—28 页；吴善中等《太平天国史学述论》，社会科学文献出版社，2013，第 8—10、21—22 页。间接有所涉及的有萧一山研究论著中的张光华《萧一山史学研究》，博士学位论文，南开大学，2009；李森《萧一山的史学理论及实践》，硕士学位论文，淮北师范大学，2014；汪效泗《论萧一山的史学成就与特色》，《史学史研究》2005 年第 1 期。太平天国史学回顾方面的有夏春涛《二十世纪的太平天国史研究》，《历史研究》2000 年第 2 期；刘浦江《太平天国史观的历史语境解构——兼论国民党与洪杨、曾胡之间的复杂纠葛》，《近代史研究》2014 年第 2 期；顾建娣《洪秀全评价变化与史学思潮嬗变》，《史学理论研究》2020 年第 3 期；华强《太平天国研究 90 年述评》，《广西师范大学学报》（哲学社会科学版）2001 年第 4 期等。

② 《清代通史》的主要版本有二：一是 20 世纪二三十年代由中华书局出版的《清代通史·上卷》《清代通史·中卷》和 1930 年前后（原版未署时间，笔者根据内容和萧氏之经历估算）以"北平文史政治学院演讲稿"的名义印行（但并未公开出版）的《清代通史·下卷》。其中上卷和中卷在其在大陆时期曾经再版，但内容变化不大；另一是萧一山赴台后经全面修订并由台湾商务印书馆股份有限公司于 1962 年重新出版的《清代通史》5 册，内容相比原版已有了较大变化。目前大陆出版的《清代通史》是引进的台湾商务印书馆版本，为区分和避免误用版本，特在此说明。

章制度予以重点关注，如论述努尔哈赤开国，他便叙述了此时的"政治之组织与法制"，着重关注满洲政权的内部组织和刑罚制度。① 而对于皇太极登基称帝后的时段，萧氏的论述更加系统完善，此时之典章制度已经不仅限于军事组织（包括八旗制度）和政治建设（官制、法制、考试等），也包括文化教育、生活习俗、民族关系及此时关外之经济状况。② 在清军入关后的部分，萧一山对典制的论述更为完整，除前述内容之外，还增加了中央政府组织、地方制度（行省、东北西北边疆、藩部和土司等）、科举等方面的内容。③ 而关于清代统治时期重要的政策和制度变化（如军机处设立、改土归流等），萧一山也进行了关注和书写。④ 对典制的关注是中国史学的优良传统，萧氏在继承这一传统的基础上，着重在清史的书写中予以发挥，这也成了他清史研究的一大特色。

而《清代通史·下卷》中，萧氏太平天国的书写始于洪秀全之生平，终于太平天国之覆灭，行文中着重关注的也是事件的叙述。但在叙事之中（天京内讧事件的描述之后），萧氏专列一章对太平天国典制进行研究论述。此部分内容相当全面，不仅包括军事制度、职官、礼制、刑罚、科举、经济制度、文书（公牍、凭照、文字）等，也包括了太平天国颇为重要也极具特色的宗教制度。彼时萧一山所见的太平天国史料及史书相当有限，而该部分得以完整地呈现，已颇为不易。

作为《清代通史》的一部分，军事制度方面自然要展示太平军与清军在军制上的不同之处。萧氏全面论述了太平军的军事编制、军目、军册、军规、工兵营、水师营、新老军、童子军、征兵制度、军旗徽章、兵法等诸多方面的内容。⑤ 如前辈学者所言，善于用"表"是萧一山史学的一大特色。⑥ 而这一特色在军事方面体现得尤为明显。在军事编制部

---

① 萧一山：《清代通史·上卷》第 1 编，中华书局，1923，第 45—47 页。
② 萧一山：《清代通史·上卷》第 2 编，第 32—50 页。
③ 萧一山：《清代通史·上卷》第 3 编，第 89—172 页。
④ 萧一山：《清代通史·上卷》第 4 编，第 71—77 页。
⑤ 萧一山：《清代通史·下卷》（二），北平文史政治学院演讲稿，时间不详，第 82—106 页。
⑥ 陈其泰、张爱芳：《现代史家对史表的成功运用——以萧一山〈清代通史〉为例》，《人文杂志》2013 年第 11 期。

分，萧氏详细介绍了太平军中的官制，并配合文字列举了"太平军卒总数表""军目式表""军册式表"等。① 在军规部分，他全文引用了"定营规条十要""行营规矩"，② 作者本人虽未进行解读评析，但亦可从中看出太平天国对军队的制度性要求。在征兵制度方面，萧一山认为太平军"征兵法皆出之于强迫，每克一城，对于强壮之丁，皆驱之归馆"，并详细描述了将这些被俘壮丁强迫为军的过程。③ 在军队旗帜方面，旗帜的区分不仅是军队的标志，也体现了太平天国领导层内部森严的等级区分。④ 而至于"兵法"，则主要包括太平军颇具特色的阵法（牵线阵、螃蟹阵、百鸟阵、伏地阵）、营垒驻扎方式（夹江为营、夹河为营、浮筏为营、阻山为营、夹市为营、据村为营、望楼、城上板屋、土墙壕沟、重壕重墙、木桩十字竹签等）。⑤ 这些作战和驻扎方式大多与传统兵法不同，为太平军所特有，因此萧氏认为太平天国首事诸王"非草莽英雄所可比拟"。⑥

职官制度是中国传统史学中典制研究的重要内容，对于太平天国职官制度的研究亦为其典制研究的重中之重，也占据了最多的篇幅。萧氏首先介绍了太平天国自东王以下的十六等官制，随后则是朝内官制、宫内官制、守土官、乡官和女官的情况。⑦ 相比传统职官，太平天国的政权有其特点。首先在政权方面，萧氏笔下，天京内讧之前太平天国政权掌握在东王杨秀清之手，"朝内刑赏生杀，各官升迁降调，皆得专决，奏明天王行之"。⑧ 行政中枢则在东殿及其之下的六部。其次是王侯爵位方面，获得封号的王侯数目庞大，萧氏总结的《王侯表》中，将起事早期的东王杨秀清、西王萧朝贵列

---

① 萧一山：《清代通史·下卷》（二），第 82—89 页。
② 萧一山：《清代通史·下卷》（二），第 89—91 页。
③ 萧一山：《清代通史·下卷》（二），第 94—96 页。
④ 太平军旗帜依照主官职位，在旗色、形状、字心、旁饰、尺寸等方面皆有严格区分。见萧一山《清代通史·下卷》（二）《太平军旗帜表》，第 97—98 页。
⑤ 萧一山：《清代通史·下卷》（二），第 102—105 页。
⑥ 萧一山：《清代通史·下卷》（二），第 102 页。
⑦ 萧一山：《清代通史·下卷》（二），第 106—140 页。
⑧ 萧一山：《清代通史·下卷》（二），第 108 页。

为一等王，南王冯云山、北王韦昌辉列为二等王，翼王石达开、"天德王洪大全"① 列为三等王，秦日纲、胡以晃为四等王。而在天京内讧事件之后，英王陈玉成、忠王李秀成为一等王，洪仁玕等洪秀全的 4 位族弟等共 6 人为二等王，12 人被封为三等王，被封为四等王且列出姓名或爵位的有 47 人。② 而其他官制方面，则介绍了丞相、检点、指挥、将军、总制、监军、军、师帅、旅帅、卒长、两司马等文武官职，并通过表格展示了其概况。③ 在"宫内官"部分，亦同样地对官名职级、人数等进行了详细的记载。关于地方制度，萧氏论述了太平天国"府—州县—军"的行政区划建制，并考证了对应的守土官和乡官的职级等情况。④ 而太平天国颇具特色的"女官"制度，除列表表示女官与其他职级直观的对应外，萧一山指出其设置目的是男女分营，"一面预防逃亡，一面便于布教"。⑤ 在描述官制的同时，他也在"附言"中详细论述了女官制度的情形。⑥ 在这一部分，除描述之外，萧氏罕见地发表了评价："女官之置，为千古创闻，洪氏之教，男女平等，宜有此设，即科举不废女子，亦本斯旨也。惜利未著而害先生，不久解散矣。"⑦ 这可以代表此时他对太平天国男女关系的认知。除上述与政治体制和官员有关的诸多方面之外，在礼制方面，萧氏亦有所涉及，主要包括宫室、朝仪、仪卫、舆马、服饰、历法等方面。⑧

宗教是太平天国相比于其他起义和政权的重要特点，萧一山对此也予以

① 关于洪大全此人是否存在及其史实，史学界产生过较大争议，有学者对其身份和在太平天国早期发挥的作用持质疑的态度。相关研究可见罗尔纲《洪大全考》，《太平天国史事考》，三联书店，1979，第 75—186 页；彭泽益《关于洪大全的历史问题》，《历史研究》1957 年第 9 期；蔡少卿《关于洪大全的身份》，《历史研究》1979 年第 6 期等。但萧一山自始至终均坚持洪大全为太平天国的重要领袖，在其 20 世纪 40 年代以后的《清史大纲》和台版《清代通史》等论著中，更是认为太平天国是天地会反清革命的延续，而洪大全是其中的关键人物。
② 萧一山：《清代通史·下卷》（二），第 110—114 页。
③ 萧一山：《清代通史·下卷》（二），《太平天国职官表》，第 116—119 页。
④ 萧一山：《清代通史·下卷》（二），第 135—136 页。
⑤ 萧一山：《清代通史·下卷》（二），第 136 页。
⑥ 萧一山：《清代通史·下卷》（二），第 138—140 页。
⑦ 萧一山：《清代通史·下卷》（二），第 138 页。
⑧ 萧一山：《清代通史·下卷》（二），第 140—163 页。

了关注。该部分虽然更多关注教规和宗教仪式，但在开头，萧氏也对太平天国的宗教给出了自己的总体论断。首先，他认为太平军所信仰之宗教为天主教："（太平天国）所信仰者，并非中国固有之宗教，盖两粤八闽众多天主教。"① 宗教名称采信的是"上帝会"的说法。② 而至于宗教本身，萧氏着重关注了太平天国的宗教文献，不但列举了 21 种文献名称，而且全文引用了《原道觉世训》《天条十款》《三字经》等，以原文加深读者对于太平天国宗教理念、规则及对幼儿传教的理解。③ 在太平军特有的宗教仪式上，萧一山最先提及的是颇具故事性的"天父下凡"。这一制度引发了太平天国内部的权力斗争，萧氏亦承认"东王杨秀清即恃此术以独揽大权，秀全始或假借利用之，继则为其挟制，不能自拔矣"。④ 但同时，对于"天父天兄下凡"所遗留的文献，萧一山仍作为太平天国宗教研究的重要资料予以抄录，⑤ 并以此作为窥见当时太平天国宗教情况的依据。在宗教仪式方面，他着重讲述了礼拜和讲道理（即宗教宣传）。宗教制度部分虽篇幅不长，但萧氏以专节论述足见其重视程度，其内容虽不面面俱到，但已可见诸多宗教生活的制度和细节，是这一领域重要的开创性研究之一。

在太平天国内部另一个有特色的制度是科举。作为一个有宗教色彩的农民政权，它的科举制度与传统王朝自然有所不同。且洪秀全反清的主要导火索即是屡试不第，创始人冯云山亦有类似经历，而太平天国建立政权后亦兴办科举就稍显矛盾。萧一山意识到是"太平诸王，深恶清政，而对于科举尤为甚"。但科举既后又重新推行，他认为："迨克武昌，农工商民率多归之，而士人独否，因翻然有开科举之意。"⑥ 故兴办科举有"收拾民心"之

① 萧一山：《清代通史·下卷》（二），第 140 页。
② 太平天国所信仰宗教之名称学界有所争议，以往学界曾习惯称之为"拜上帝会"，但亦有学者指出"拜"及"拜会"为动词，该会名为"上帝会"。相关研究可见夏春涛《"拜上帝会"说辨正》，《近代史研究》2005 年第 5 期；夏春涛《"拜上帝会"说再辨正》，《福建论坛》（人文社会科学版）2009 年第 2 期。
③ 萧一山：《清代通史·下卷》（二），第 143—150 页。
④ 萧一山：《清代通史·下卷》（二），第 151 页。
⑤ 萧氏引用了《天父下凡诏》两则和《天命诏旨书》的部分内容。见萧一山《清代通史·下卷》（二），第 151—159 页。
⑥ 萧一山：《清代通史·下卷》（二），第 179 页。

意味。虽科举开设，然施行起来"规模草创，笑端百出"。[1] 虽然如此，萧一山还是详细记载了科举的各方面情形，如试士规制、试题等，初步向读者和学界呈现了太平天国短暂的"科举"样貌。

经济制度在萧一山的清史书写中占有非常重要的位置，在太平天国部分也不例外，首先被提及的就是田亩（即《天朝田亩制度》）。在 20 世纪的太平天国史研究中，《天朝田亩制度》及太平天国的土地问题占据着非常特殊的位置，萧一山也较早地关注了此文献。彼时萧氏认为该制度代表的是太平天国统治者的"大同思想"。[2] 在引述了该制度的主要内容[3]后，他评价："此种制度之精神，极合近世所谓社会主义。土地、金钱不为私有，衣饭同享，劳苦与共。使当时太平王，展此怀抱，则洪氏匪特为我国民族革命家，抑亦十九世纪中之社会革命家已。惜十余年之建国，戎马仓皇，未遑图治，此议亦徒托理想。其后又渐魔于帝王思想，置平等自由之真理于不顾，故终及于败也。惟精神所聚，大同之理，终有不可磨灭者。"[4] 在论述典制时，萧一山较少发表议论，但此处却对《天朝田亩制度》本身大加赞扬，认为其有自由平等的大同理念，与社会主义颇为相近，仅因太平天国时间过短且洪秀全自身腐化才沦为一纸空文。这已经是相当高之评价。但此时萧氏或因所见文献不全，或因自身尚未深入思考，对该制度本身的设计缺陷并无认识。除田亩外，萧氏关于太平天国经济制度的介绍还包括贡献、劫掠、没入、科派、交易、口粮、仓库、币制、权衡等方面，[5] 虽篇幅不长，但内容全面，读者可从中窥见当时太平天国政权统治下的经济制度概况。

综合早期《清代通史·下卷》的太平天国典章制度部分，此时的萧一山所见资料相当有限，但仍尽其所能地全面论述了此时太平天国政权所颁行的各项制度的概况，已殊为不易。但此时的典制研究，大多无制度原文佐

---

[1] 萧一山：《清代通史·下卷》（二），第 180 页。
[2] 萧一山：《清代通史·下卷》（二），第 182 页。
[3] 在此部分，萧氏说明在《太平旨准颁行诏书总目》中有此篇目，但其参考的是程演生在巴黎国立东方语言学校图书馆抄录的《太平天国史料十种》。
[4] 萧一山：《清代通史·下卷》（二），第 183 页。
[5] 萧一山：《清代通史·下卷》（二），第 185—190 页。

证，史料方面缺失较多；萧氏的撰述以叙事为主，议论篇幅较小；对于制度的考察较为侧重制度本身而非实际的执行情况，论述长于叙事而较少评价或总结。但该书毕竟成书时间较早，处于晚清史和太平天国史领域的草创阶段，在此后的研究中，一些问题得以逐步完善。

二　海外访史与典制研究的深化

萧一山是民国时期典型的"从政学者"。1932 年，萧一山在蒋介石的资助下出洋考察。① 他"奉考察文化之命，来欧洲旅英经岁，费时七个月，始尽读博物院东方部之藏，择要摄录，了无遗珍"。② 此行他收获颇丰，最主要的成就便是寻访海外太平天国史资料（主要馆藏地为大英博物馆东方部），而这些史料大多与典制相关。

萧一山此次考察的主要成果于 1936 年结集出版为《太平天国丛书·第一集》（共 10 册），丛书影印收录了 21 种太平天国印书，包括《天父上帝言题皇诏》、《天条书》、《太平诏书》、《太平礼制》、《太平军目》、《太平条规》、《癸好三年新历》、《辛酉十一年新历》、《劝学诗》、《太平救世歌》、《诏书盖玺颁行论》、《天朝田亩制度》、《天情道理书》、《御制千字诏》、《行军总要》、《天父诗》、《醒世文》、《王长次兄亲目亲耳共证福音书》、《钦定士阶条例》、《幼主诏书》和《钦定英杰归真》。这些印书大多来自大英博物馆，其内容不仅包括文书制度本身，亦大量涉及法制、礼制、军制、历法、宗教、教育、土地、官制等诸多方面，丛书的很多内容均可在《清代通史·下卷》中找到对应部分，是对其前期研究的有力补充。

除《太平天国丛书》外，《太平天国诏谕》和《太平天国书翰》也是萧氏海外访史的重要成果，亦为太平天国有关文书的重要合集。1935 年出版的《太平天国诏谕》收录了"太平天国诏、旨、示、谕、手批、路凭等，附李鸿章苏州杀降文告，凡二十一件"，这些文件"物均存英国不列颠博物

---

① 蒋介石：《致教育部部长朱家骅电》，1932 年 6 月 25 日，台北"国史馆"藏"蒋中正总统档案"，典藏号：002-010200-00068-023。
② 萧一山辑《太平天国丛书》第 1 集第 1 册，国立编译馆，1936，"序"第 9 页。

院东方部，盖星使传教士所获，用以捐藏于书馆者也"。① 书中不仅收录了洪秀全、幼天王、杨秀清、洪仁玕等人的多篇文献，而且附上部分文件原版之影像，颇具史料价值。1937 年出版的《太平天国书翰》则收录了石达开、李秀成、洪仁玕等的有关文献 16 篇，大都为太平天国政权与外国人往来的文件。萧氏认为："此书虽仅寥寥十余篇，而于太平天国对外之关系，以及英人交通往来之状况，则颇有所贡献。"② 此外，萧氏亦于国内刊物上发表过一些其搜集的太平天国文献，如 1936 年在《国闻周报》上刊载单篇文献《李秀成致其子侄谆谕》并作跋。③ 1935—1937 年的《国闻周报》《逸经》等杂志分别连载了其《太平天国史料并跋》《英国政府蓝皮书之太平天国史料》等系列文章。1937 年他以"非宇"的笔名在自己创办的《经世》杂志上连续三期刊发的《太平天国兵册》，抄录于大英博物馆东方部的戈登文书，共三卷，④ 可作为考察太平军官制、兵数等内容的重要参考。

以上所述之史料搜集工作，不仅极大地推进了萧氏自身之学术，而且对后世产生了重大影响，获得了学界的高度认可。当时学者谢兴尧认为："历年以来抄回太平史料之人，如程演生等，均不如萧一山先生所抄之富。"并盛赞道，"余以数小时之力，粗阅一过，叹为至宝，真胜读十年书矣。盖每一天均有其极重要之价值"。⑤ 新中国成立后诸位"太史"专家亦从萧氏之史料中获益良多。祁龙威指出："萧一山对太平天国文献的搜集、编纂、考释和辨伪等方面的功绩，是不可低估的。"⑥ 夏春涛认为："在海外搜访太平天国文献贡献最大的是萧一山教授。"在 1949 年之前的阶段"萧一山、郭廷以、简又文、罗尔纲、谢兴尧等人筚路蓝缕，是该专题研究成就卓著的第一代学者"。⑦ 吴善中认为："萧先生为太平天国印书的收集做出了重要的贡献，大

---

① 萧一山：《太平天国诏谕》，国立北平研究院总办事处，1935，"序"第 1 页。
② 萧一山：《太平天国书翰》，国立北平研究院史学研究所，1937，"序"第 2 页。
③ 萧一山：《李秀成致其子侄谆谕并跋》，《国闻周报》第 50 期，1936 年，第 29—32 页。
④ 非宇录《太平天国兵册·卷一》，《经世》第 1 卷第 11 期，1937 年，第 65 页。
⑤ 谢兴尧：《萧一山所藏太平文献阅读记》，《太平天国丛书十三种》，北京瑶斋丛刻本，1938，第 41—43 页。
⑥ 祁龙威：《萧一山与太平天国文献学》，《太平天国史学导论》，第 23 页。
⑦ 夏春涛：《20 世纪的太平天国史研究》，《历史研究》2000 年第 2 期。

力推动了国内相关研究，后人对太平天国印书的研究，仍多建立在萧一山奠定的基础之上。"① 而《太平天国诏谕》《太平天国书翰》等史料的出版，"奠定了以后太平天国史研究的史料基础，也确定了萧一山在太平天国史研究中极其重要的地位"。② 这样的高度评价足见学术界对萧氏史料搜集贡献的认可。

而资料毕竟要为研究服务，萧一山所做的工作不仅仅是拍照影印了事，在回国后他对相关资料认真进行考释，为重要篇目逐篇题跋，并作了一些考证文章。这些序、跋"丰富了太平天国文献学的宝库，介绍了欧美各国收藏太平天国印书的情况、订正了前人的错误、严肃认真地辨伪、驳斥谬妄、考释、辑佚补缺"。③ 除此之外，它们也是考察萧氏太平天国制度史研究演进的重要依据。这些题跋大都收录于萧氏的文集《非宇馆文存》中，每篇包含文献的卷数、篇幅、形成日期、馆藏地、馆藏编号、其他馆藏情况、清廷文献对应情况、文献简介、版本校勘等。其中考证部分最可体现其特色，萧氏于《清代通史·下卷》撰写时所参考的文献主要为清廷史料，同时参考了少量当时已获得的海外文献（如程演生在巴黎国立东方语言学校图书馆抄录的《太平天国史料十种》等），故此处之校勘确有明辨前期谬误之重要作用，有利于厘清史实，进一步推进太平天国史尤其是其制度的研究。

而在此后，随着政局的迅速变化，萧一山的史学观念也发生了重大转变，其史学著作从传统的叙述转变为"民族革命史观"指导下的全新书写。在这一转变之下，太平天国从单纯的晚清重大事件变为接续天地会等反清组织的"民族革命壮澜"。具体到作品上，他的史学文本从偏重"纪事"转变为增加诸多"论"的内容，而制度作为其中的重要一环，也成为论述"民族革命"的辅助工具。此时代表性的成果为 1944 年出版的《清史大纲》。该书后又以《清代史》和《中国近代史概要》的名字出版，被学界普遍视为萧氏代表作。在该书中，太平天国有专门一章，章名即为"民族革命之

---

① 吴善中：《太平天国史学述论》，第 10 页。
② 吴善中：《太平天国史学述论》，第 10 页。
③ 祁龙威：《萧一山与太平天国文献学》，《太平天国史学导论》，第 24—26 页。

壮澜"，① 内容包括太平天国革命之背景、太平天国之前驱、太平天国之兴亡和太平天国革命的影响四部分，原书共 300 多页，但内容并非如《清代通史》那样全面细致。

为突出"民族革命"的线索，萧氏用大量笔墨描述了太平天国"前驱"——天地会及其与太平天国的关系，对起义的背景和起义前期的论述多于对太平天国统治概况的论述，故书中并无与典制直接相关的内容，部分描述有所涉及，但多为"论"而非"史"（各项制度中仅对军事组织进行了专段的描述，②《天朝田亩制度》史论结合地进行了大量书写，③ 其余均简要提及或直接评论）。如在论述太平军早期起义势如破竹时，他指出："太平军的公产制度，禁止财物私有，平等制度，上下都称兄弟，也是使一般穷苦老百姓欣欣向往之一种原因。"④ 在论述天京内讧时，他也指出了制度上的原因："天王称万岁，东王称九千岁，西王八千岁，南王七千岁，北王六千岁，翼王五千岁，奏事时，东王立在陛下，其余则跪在陛下，并须到东王府请安议事，跪呼千岁，这和初起时结盟同宗的意义，已经不合。"⑤ 在宗教方面，萧氏认为早期其仅为对贫民的"诱惑"，⑥ 但后期，洪秀全的上帝崇拜则由"神权假借"变为"疯狂的迷信"，并在引述《李秀成自述》的内容及天京断粮、洪秀全令人食露的例子后评论道："如此荒唐可笑，焉得而不失败呢？"⑦ 此类的制度描述，多为太平天国兴衰成败论述之辅助。

而在"太平天国革命的影响"一节中，萧一山则肯定了一些制度的积极意义如规定男女一律平等、解放奴婢、禁绝娼妓、考试有女科、任职有女官、乡官民选等"已经含有民权主义的要求了"。⑧ 至于《天朝田亩制度》，萧氏依然维持了高度评价。他除了引述孙中山《民族主义》第四讲认为这就

① 萧一山：《清史大纲》，第 163 页。
② 萧一山：《清史大纲》，第 181—182 页。
③ 萧一山：《清史大纲》，第 190—193 页。
④ 萧一山：《清史大纲》，第 182 页。
⑤ 萧一山：《清史大纲》，第 183 页。
⑥ 萧一山：《清史大纲》，第 179—180 页。
⑦ 萧一山：《清史大纲》，第 184—185 页。
⑧ 萧一山：《清史大纲》，第 189—190 页。

是一种"共产制度"之外，亦分析了此种进步制度产生的原因："我们从社会背景上看，洪秀全代表贫农阶级的，中国社会在嘉庆以后，人口和土地不均平，已成最严重的问题，他们目击身受，知道一般贫农最大的痛苦，是耕者不能有其田，所以他们要迎合群众的心理，来创造一个有饭同吃，有衣同穿，有钱同使，无处不均匀，无人不饱暖的理想社会。"同时这一观念也受到基督教的影响。① 虽然该制度并未得以施行，但萧一山认为这不仅为"古今哲人所梦寐以求"，孙中山的"平均地权"学说也深受其影响，更"给欧洲共产主义以不少的鼓励"，故"太平天国在世界革命史上，自然是有它相当的地位"。② 萧氏笔下太平天国革命的影响分为民族革命、政治革命和社会革命三部分，而社会革命之节几乎全文论述《天朝田亩制度》。影响世界革命之说固然有所夸张，但亦可见萧氏对此制度的盛赞程度。

从赴欧洲访问考察史料到抗战期间，是萧一山史学演进的重要阶段。欧洲之行搜集的大量史料成为他学术精进的重要基础，而抗战全面爆发后形成的民族革命史观则是其史学叙述转变的方向。至于典制层面，赴欧所搜集的史料多为太平天国官方的制度性文件，它们不仅成为萧一山日后深化太平天国典制研究的主要史料依据，而且造福后世，为此后"太史"的发展做出了重要贡献。全面抗战期间萧氏的主要著作《清史大纲》是其民族革命史观形成后的主要作品，太平天国在其中被视为民族革命的"壮澜"，而典制则作为这一"壮澜"叙述的注脚融入其史学书写之中，成为革命过程的影响因素和考察其意义的重要视角。

三 《清代通史》的修订与太平天国典制书写的最终形态

抗战胜利后，萧一山最终从"坐而言"变为"起而行"，由从政学者最终弃学从政，成为国民党政权的高官，1948 年赴台。在此之后，其并未出版新的专著，仅有一些文章篇目继续发表。但 1962 年，全新修订的《清代

---

① 萧一山：《清史大纲》，第 190—192 页。
② 萧一山：《清史大纲》，第 192 页。

通史》（5 册）由台湾商务印书馆股份有限公司再版问世，这也是《清代通史·下卷》首次正式面世（1930 年前后的《清代通史·下卷》为北平文史政治学院演讲稿本刊印，并未公开发行）。相比早期的《清代通史》，此版本在保留原有基本结构和内容的基础上进行了大幅度修订，除了内容的大量扩充外，主要的变化即是加入了民族革命的叙述线索，并修正了诸多与此不符的叙述和表达，太平天国部分亦是如此。原本的太平天国史书写仅为"天国起灭"，但此时已作为"革命壮澜"予以完整书写。具体到典制部分的描述也是在他系统搜集海外史料之后的重新书写，在充分史料支撑下的再研究值得格外关注。

首先，在结构上，相比北京文史政治学院演讲本的太平天国部分将典制置于天京变乱章节之后、天国式微章节之前的"插入"做法，此修订版将"太平天国典制述略"单列为一章，置于下卷第一编（太平天国之始末）的最后，[①] 篇幅相比原版也稍有缩短。[②] 总体的研究对象虽并未发生变化，但在结构上，也将原有的七节（军制、职官、宗教、礼制、刑制与科举、经济、文告）调整为三节（军政制度、文官制度、经济制度），整体上更加精简。

其次，虽然相关论述更为简略，但此时的典制书写除原有的介绍之外，更具研究性，注重考证，且更加突出史论结合。

具体到军事方面，篇幅比原版大幅压缩（从 23 页压缩至不足 5 页，笔者推测很多内容的简略是因此时原始文献大都已公开出版，并无大量原文引用和照列图表的必要），内容也几乎为重新撰写。萧氏开篇即指出军制在太平天国的重要地位："太平天国以军属人，以军统政，大有军国制度之风，故军制为一切基本组织。"[③] 同时他认为太平军的军事编制制度仿自周官，"盖洪大全之规划也"。[④] 在内容上，萧氏结合新发现的《太平军目》中的

---

① 萧一山：《清代通史》（3），台湾商务印书馆，1962，第 332 页。

② 北平文史政治学院版共 116 页，台湾修订版仅有 70 页。

③ 萧一山：《清代通史》（3），第 332 页。

④ 萧一山：《清代通史》（3），第 332 页。洪大全之身份史学界持质疑态度，但萧氏此处之表达仍意在坚信太平天国为天地会事业之继承者。

军旗等方面之规定,① 对原有依据《贼情汇纂》的内容进行了修正和补充。该部分对原有着重书写的军目式、各兵种、征兵、军规、兵法等方面仅简要提及,但却以大量篇幅引用时人所留之其他史料作为旁观佐证(如汪士铎《乙丙日记》《李秀成供状》等),② 可见此时研究之色彩较叙述更浓。

在官制方面,萧氏仍将职官(北平文史政治学院版称"朝内职官")、③ 宫内官、乡官、女官单列分别研究。在总体上,萧一山认为"太平政制,殊无可称,因其于设官分职之义,封赏锡爵之荣,全无分别",尤其是后期"职同恩赏之名,纷繁冗滥,不可胜纪,反不如初制之仅有丞相侍卫军师名称简单,员无废事耳"。④ 总之,"太平官制,大都以军领政,以人为治,殆无法规可言,其曼衍错综,名器混淆,自古以来所未有也"。⑤ 这种对冗官和滥封爵位的负面评价贴近史实,确为太平天国后期政治制度混乱的一大症结,也可见萧氏之研究相比青年时期已大为成熟。在具体内容上,与军制部分相类似,此处并未大量援引原文和列表,而是分列了各个王府的下属职官。⑥ 在宫内官(原版为宫廷给事与同职官表⑦)、乡官(原版为守土官、乡官)部分,⑧ 与原版的较大区别亦是不再列举此类官制与其他官制的对应关系,而是结合多方史料进行了更多考证,在此基础上,他的评价和认知亦大幅推进。他认为乡官制度也源自《周礼》,为仿古改制。⑨ 但定性则与《清史大纲》中所指"乡官民选"符合民权主义⑩不同,此时萧一山的总结是"乡官制度虽近似现代之民权自治原则,然太平诸人全未谙西洋情状,亦未受基督教影响,其思想仍由中国之传统的乡治而来。秦汉之

---

① 《太平军目》,太平天国壬子二年(1852)新刻,萧一山辑《太平天国丛书》第 1 辑第 2 册,第 27—96 页。
② 萧一山:《清代通史》(3),第 334—336 页。
③ 萧一山:《清代通史·下卷》(二),第 108 页。
④ 萧一山:《清代通史》(3),第 334—336 页。
⑤ 萧一山:《清代通史》(3),第 340 页。
⑥ 萧一山:《清代通史》(3),第 117—340 页。
⑦ 萧一山:《清代通史·下卷》(二),第 119 页。
⑧ 萧一山:《清代通史·下卷》(二),第 134 页。
⑨ 萧一山:《清代通史》(3),第 344 页。
⑩ 萧一山:《清史大纲》,第 189—190 页。

乡三老，县三老皆由选举，而清代之乡长、族长乃至里正、保甲，固无一不
由于推选也"。① 此处他已不再为渲染太平天国的革命色彩进行"现代民权"
的附会，说明其学术在抗战之后仍有所精进。同样的，在女官问题上，原版
《清代通史·下卷》和《清史大纲》均盛赞其"男女平等"，② 此时萧氏已
充分意识到其局限，认为太平军定都南京之后的女官制度不仅无实际意义，
且"夫妻咫尺天涯，无法团聚，而民怨沸腾，势所必然。何况诸王征色选
美，假此便利，暧昧淫毒之害，亦有未免哉"。③ 这里他认为女官已是太平
天国典制中的负面因素。

宗教方面是萧一山海外访史收获较多的领域，也一直是他太平天国史书
写的重点内容。再版《清代通史》时，虽然篇幅较前期版本仍有所压缩，
删去了天父下凡、礼拜、《三字经》及幼学诗等内容，但萧氏对太平天国宗
教的认知较此前已相当深入。他首先做出了太平天国"以民族主义而兴，
以神权主义而败"的论断，并认为太平天国"宗教色彩重于民族意识"④
（原版仅认为"太平天国以宗教立国，宗教重于军事"⑤）。在此处，萧氏
考察了太平天国宗教的重要来源《劝世良言》。与原版相同的《天条书》部
分不仅列其全文，而且结合《劝世良言》、《旧约·出埃及记》和《天父
诗》等文献进行综合研究，并探讨宗教条规与刑罚之关系。⑥ 在"讲道理"
部分，萧一山在考证文献同时亦肯定了同为"太史"学者的简又文所作
《太平天国典制通考》的学术价值。而盖棺定论时，萧一山认为："洪秀全
所创之宗教，本欲同中西文化而一之，其初见甚伟，奈行之不久，即变本加
厉，又迷信神权，不顾人理，学不足以济才，此其所以败也。"⑦ 此论断延
续了《清史大纲》中之脉络，仍认为选择宗教不如选择继承传统文化，是
为洪秀全失败之主因，相比原版《清代通史》，此部分仍是"论"处更多，

① 萧一山：《清代通史》（3），第346页。
② 萧一山：《清代通史·下卷》（二），第198页；萧一山：《清史大纲》，第189页。
③ 萧一山：《清代通史》（3），第346页。
④ 萧一山：《清代通史》（3），第349页。
⑤ 萧一山：《清代通史·下卷》（二），第120页。
⑥ 萧一山：《清代通史》（3），第354—358页。
⑦ 萧一山：《清代通史》（3），第363页。

观点更明，研究更深入。

关于各杂项制度，礼制方面，修订版仅论及称呼、服饰、朝冠、朝仪。关于政权内部称呼的研究直接得益于《太平礼制》原文的发现。① 而原书列于礼制之下的历法则单独成节，相比原版的简单列举原文，② 内容几乎均为考辨。萧氏总结此前学者关于天历研究的三种主要说法（按照认定天历与阴历、阳历的关系，分为田中萃一郎、谢兴尧的"相同说"，郭廷以、罗尔纲的"异说"和董作宾、简又文的"先同后异说"），并指出"以上三说，均有相当之证据与理由，然以余考之，则以第三说为是"。③ 关于典制部分的重新书写，以此处的考证色彩最为突出。在考试制度方面，在科举方面，萧一山改变了原版关于洪秀全对开科取士态度转变的论述，仅一句"洪秀全为一累试不第之秀才，尝愤然欲自开科取士，既建都南京，即果行之"。④ 这样，洪秀全对科举不满的表达方式就由"废"转而为"自立"。

至于经济制度，最先被提及的仍是田制。前文已述萧氏一直对《天朝田亩制度》盛赞有加，修订后的新版《清代通史》总体上仍维持此基调，但观点上亦有所修正。在内容上，萧氏大量引用了其抄录的原文后，⑤ 仍肯定其"天下大同"的理念，但也指出了"此新田制，虽有社会主义公有之特色，然缺漏甚多"，如有受田而无退田、婚娶满月费用归公而丧葬归私、仅供应劳动者之粮食而衣住行无从解决、提供的口粮恐难以充饥，授田时间、好坏田的区分、如何备荒等问题"皆无明确规定"。⑥ 上述问题均为制度设计存在的缺陷，而非仅仅是认为制度并未实施成为一纸空文，这说明萧氏已意识到这一制度的缺陷，并不一味赞扬。更进一步的是，萧一山亦指出"太平天国所实行之田政，则是照旧交粮纳税"，并对其实际情形进行了论

① 萧一山所见之原件藏于不列颠博物院东方部，编号：15298b17，见萧一山《太平礼制·跋》，1933 年 8 月，萧一山辑《太平天国丛书》第 1 辑第 2 册，第 21 页。

② 萧一山：《清代通史·下卷》（二），第 171—175 页。

③ 萧一山：《清代通史》（3），第 378 页。

④ 萧一山：《清代通史》（3），第 368 页。

⑤ 原文《天朝田亩制度》，太平天国癸好三年（1853）新刻，原本藏不列颠博物院东方部，编号：15297d25，萧一山辑《太平天国丛书》第 1 辑第 4 册，第 104—126 页。

⑥ 萧一山：《清代通史》（3），第 382—383 页。

述。制度研究不仅关注到文本规定本身，也关注到其实施运作之情形，是他制度研究的一大进展。此外，他关于太平天国贡献、海关、贸易、粮食等方面的研究也有所精进。

而在制度内容的篇幅之外，修订后的《清代通史》相比原版的一个重大特点即是大幅增加了"论"的内容，出现了对太平天国革命失败原因总结及影响论述的专门章节。此处更多是继承了《清史大纲》的结构和基本框架，但内容更为丰富翔实，从中亦可考察制度在太平天国成败中的地位及对后世的影响。在"洪秀全失败之原因"方面，萧氏列举了"思想之矛盾、神权之迷信、智识之浅薄、人才之缺乏、外国之干涉"五个方面，其中前二者皆与宗教相关。思想方面，萧一山指出问题不仅是信仰选择的错误，也包括思想内容之混乱。洪秀全一开始便选择了宗教而非儒家作为其指导思想，但此二者存在交织部分，许多内容均可找到儒家传统的影子。"秀全既以儒理解释上帝教，而不准人读孔孟之书；既对士子谓开卷有益，斐然成章，又不准宫内人看古书。凡此皆思想矛盾，以致行为乖张，安得而不失败哉？"① 关于宗教，除典制处的否定认识外，他进一步认为洪秀全的宗教目的即为巩固人心，"此原为历代开国者妄造谶纬之术，不足为异"，② 甚至直接给出了"精神错乱之神权迷信"的负面定性。③ 可见萧氏对太平天国宗教的负面评价和《清史大纲》一脉相承，程度则有所加强。

而在影响方面，萧氏仍同《清史大纲》一样列为"对于民族革命之影响、对于政治革命之影响、对于社会革命之影响"三类，对应孙中山三民主义中的"民族、民权、民生"三部分。在"政治革命"之中，萧氏改变了对太平天国平等的赞颂和"已包含有民权主义的要求"的认知，④ 而是认为洪、杨"对政治改革、民权主义亦有其主张与见解，惟主张不能贯彻，见解又太浮浅，故成就颇为有限"。⑤ 文中的笔墨则更多用于描绘太平天国

---

① 萧一山：《清代通史》（3），第 300 页。
② 萧一山：《清代通史》（3），第 300 页。
③ 萧一山：《清代通史》（3），第 304 页。
④ 萧一山：《清史大纲》，第 190 页。
⑤ 萧一山：《清代通史》（3），第 3234 页。

政权森严等级对平等的破坏和诸王的荒淫无度，并认为其对政治革命的影响是"两者相较，胜负立决"①的反面参考。而社会革命的论述主体亦集中于《天朝田亩制度》。和《清史大纲》相同，此处依然引述孙中山的论断肯定其"共产主义"属性，并认为这一制度不仅影响中国，而且影响世界，"当时与马克思信徒以相当之刺激和鼓励"，②进一步地，萧一山认为《天朝田亩制度》更多地有着中国传统平等思想的影子，这与典制章节中着重指出这一制度的缺陷和不足有着基调上的偏差。两者结合自然可以完整地呈现萧氏对太平天国田制的全面认知，但此处毕竟在论述太平天国之于社会革命的重要意义，且孙中山对《天朝田亩制度》盛赞不止，为契合太平天国与"民生主义"的关系，此种偏差亦足可理解。

总之，在台湾修订再版的《清代通史》是萧氏晚年史学研究的主要成果，对比其与早期版本的异同可见其史学、史观的演变情况。在太平天国典制方面，相比原版《清代通史·下卷》，虽书名一致，但位置做了调整，内容几乎重写且比原版大幅缩减，研究层面因史料的丰富得到了大幅提升，文中"论"的成分明显增加，考证占据大量篇幅。相比 1944 年的《清史大纲》，其观点不再单一地采取是或者非的立场，而是更为立体全面。

四　结语

萧一山作为近代清史研究的主要开创者，其太平天国研究亦起步较早，在学术界占有重要地位，而萧氏一直重视典章制度在历史中的作用，在他的太平天国史书写中也不例外。正如学界所认可的那样，萧一山对太平天国典制研究的最大贡献在于史料的搜集，1932 年他赴欧洲访学期间拍摄的大量文献成为此后太平天国史研究的重要史料依据。在史学书写上，他也对太平天国典章制度多有关注。

萧一山的早期太平天国史研究为北平文史政治学院讲稿版《清代通

---

① 萧一山：《清代通史》（3），第 327 页。
② 萧一山：《清代通史》（3），第 328 页。

史·下卷》的相关章节。此时萧氏的典制史书写以介绍为主，文中大量引用所见原文或图表，力图向读者展示制度之原貌，"史"的叙述占据绝大部分，而"论"的篇幅相当稀少。而此时学界可利用的太平天国史料相当有限，此书虽对典制的论述相当全面，但内容并不足够翔实。作为早期作品，亦从中可见萧氏早期史学的叙述风格。

而旅欧之后，萧氏的太平天国研究取得长足进展。在系统地获得了与典制有关的太平天国原始文献后，他对文献进行整理出版并逐一作跋。随着抗战的全面爆发，萧氏的民族革命史观逐步形成，并逐渐成为其中国近代史叙事的主要线索和指导思想。在此史观下，1944 年出版的《清史大纲》将太平天国作为"民族革命之壮澜"加以书写，典制在其中则从属于这一叙事框架，书中并未对典制详细论述，而认为其是影响太平天国成败的重要因素。

萧一山赴台后主要精力用于政治活动，但其晚年亦修订再版了《清代通史》。其中的太平天国典制部分在原版的基础上重新撰写，加入了大量"论"的内容，虽然篇幅有所缩短，但书中结合多方史料进行大量考证，足见萧氏在史料丰富后学术的精进。而相比前期作品，萧氏此时对一些典型制度的评价更为全面立体，最终成果也代表着其对太平天国史的最终认识。

究其一生，萧一山的学术发生了重大演变，其中既有自身学术研究深化的因素，有史料发现带来的促进作用，亦有史观转变造成的重大影响。太平天国典章制度研究在这一转变过程中特点最为突出，从动态角度观察史家对同一叙述对象的叙述演变，似可作为考察史学史的一种视角。

档案整理及考证

沧浪钓徒其人其事小考

张铁宝　杨涛*

摘　要　沧浪钓徒是《劫余灰录》一书的作者，该书以杂记文体多视角地记述了 1860 年 5 月起太平天国二破清军江南大营，乘胜东征常州、无锡、苏州，占据苏南、浙北等地，尤其是苏州地区的政治、军事、经济、人物及事件等诸多情况。作为当时人记当时、当地事的稿本，对考察和研究太平天国时期苏南、浙北的史事具有一定的参考价值。经细致考证，该书作者真人应为晚清时期苏州评弹艺人马如飞。

关键词　沧浪钓徒　马如飞　《劫余灰录》

《劫余灰录》是一部稿本，有两万余字，署沧浪钓徒识，真实姓名不详，著于清同治八年（1869）仲冬月下浣，现藏南京图书馆历史文献部。20 世纪 50 年代初发现于苏州，60 年代初《太平天国史料丛编简辑》第 2 册据以著录而广为学界知晓。然自其发现至今约 70 年来，沧浪钓徒的真名及其事一直不为人知。

笔者在查阅文献史料的过程中，无意中获悉活跃于晚清时期的苏州当地著名评弹艺人马如飞曾自号沧浪钓徒。那么，《劫余灰录》的作者沧浪钓徒与署号沧浪钓徒的马如飞会否是同一个人呢？

第一，从生活年代看，据前者书中自称，1860 年 6 月 2 日太平天国东征占据苏州，仓促间他被困城中 50 余日，后携眷出城至常熟虞山，又遭遇弟妇和母亲的相继病亡。秋间常昭失守，匆忙渡江去江北，"嗣此流离于道

---

* 张铁宝，太平天国历史博物馆研究员；杨涛，南京市博物总馆副研究馆员。

路者屈指三年"。1863 年 12 月清军收复苏州后,他才由上海返归故里,"旧居瓦砾,暂赁一椽容膝"。直到同治八年十一月乃"痛定思痛,不堪回首,即以所见所闻录之以左,……借此作座右之铭亦无不可"。篇后有载:"处治世不知乱世,年远事湮,俟吾子侄长成,偶见此录,如见其事,亦令知当日流离之苦。"可知在《劫余灰录》完稿时的 1869 年 12 月,他的子侄辈尚未"长成",或处乱世年龄尚小,甚至未曾经历乱世,才有俟之"长成,偶见此录,如见其事,亦令知当日流离之苦"的感慨和期望。按照中国人旧时一般 20 年为一代估算,《劫余灰录》完稿之日,其子侄辈既未"长成",年龄当小于 16 岁,其时他的年龄应在 40 岁上下或偏上一些。而据李峰主编的《苏州通史·人物卷》中《马如飞传》载,马氏约生于清嘉庆二十二年(1817),卒于光绪五年(1879)。[①] 若是,时年 52 岁,是时其子侄都未成年,推测的年岁似乎稍大了些。但不论如何,两者的生活年代均重叠在道光、咸丰、同治时期,即生活在同一个年代是没有任何疑问的。

第二,从居地郡望看,前者在书中多次提及苏州是"吾郡",称苏州为"故里",通篇记事都是以苏州城为中心展开的,可以确定其为苏州人。而后者马如飞则是苏州吴县(与苏州同城)人,落第秀才。其父马春帆为苏州知名弹词艺人。马氏幼承家学,耳濡目染,刻苦钻研弹词艺术,并在其父说唱艺术的基础上有所提升和创新,说、唱、弹才艺得到了充分展示,一举成名为评弹业界的"小书之王"。其一生的活动轨迹几乎都是在苏州,生于斯,长于斯,成名于斯,死于斯,在晚清苏州地方史上留下了多彩的一笔。所以说《劫余灰录》作者与马如飞的居住和主要活动地域都是在苏州,两者同属于苏州人也是没有任何疑义的。

第三,从著述笔迹看,由于客观条件的限制,能够比对的手稿复印件图只有 8 页,数量偏少,内容零乱,字迹稍显模糊,给鉴定增大了难度。即便如此,通过对《劫余灰录》3 页手稿图以及苏州戏曲博物馆藏疑似马如飞说唱词脚本的 5 页手稿图进行比对后,还是获取了一些有价值的信息。图 1 至图 3 分别是《劫余灰录》自序之首页、尾页和正文首页,通篇楷书,笔迹

---

① 李峰主编《苏州通史·人物卷》(中),苏州大学出版社,2019,第 341—342 页。

略显拘谨，没有涂改，应是定稿后的誊清本。图4至图8均疑似马如飞说唱词脚本。其中图4有"湘妃竹合宫商调"句；图5有"宝钗宝玉永团圆，独把潇湘妃子瞒"句；图6提及陈氏与方氏恩怨，方穷陈富；图7有"伍余元不昧天良，□余时富珍朱塔"句；图8有"却说大千世界中有座虚无山，上有缥缈峰，平坦处有老僧结庐趺坐，渴饮一瓢泉水，饥食数粒松仁"句。且图4至图7均为稍带楷韵的行书，笔锋流畅，有少量涂改，似为唱词脚本，图8为楷书，字迹工整，没有涂改，应是说词脚本。此三种字体笔迹，表面看存有差异，仔细辨识又内含一些联系（图4至图8均藏于苏州戏曲博物馆）。因为一个人长期形成的书写习惯，随着时间的推移写不同字体或许会有所改变，但其字的笔锋走势或某些字的固有写法还是会有所保留的。例如，图中的三种笔迹就有不少字的捺笔拖得稍长；图2与图4、图8中出现的"隐"字非常相似；图2与图4中的四个"小"字如出一辙，中间的竖钩笔画都是直下不带钩；图2、图3与图8中的八个"于"字均写成简体字的"于"，而不是繁体字的"於"，且简体"于"字的两横一竖钩写法完全一样；尤其是图1与图7中的两个"向"字，框内的"口"都写成"厶"，不写"口"，而不同图中出现的"尚""问""高"等类框内带口的字都一律写"口"而不写"厶"。此外，1934年5月出版的由张元贤主编的《咪咪集》第1卷第3期第11、12页，分别刊有一帧文字手稿照片，照片下方注明是"名家马如飞先生真迹"。[1] 其一为马如飞致女婿王石泉函片，内容说莲生自沪来苏，收到腌肉一方，并命其去伊祖母处请安事。附言提及苏州三皇会工程浩大，望其积极劝捐，而临顿路中小日晖桥的关帝行宫修建急需用款等，落款写"愚马吉卿拾片"。其二为马如飞代光裕社公所司董写的"捐摺草稿底"，内容是"吴中自粤逆蹂躏，诸庙宇百无二三之存。今临顿路中小日晖桥向有关帝行宫不堪坍塌，吾等不忍坐视，是以募捐绅商士庶解囊□助，泐石垂名"事，落款写"司董马如飞、许殿华、王石泉、赵湘洲、姚士章全募"。从内容分析，两手稿应写于清同治后期或光绪初年。其笔迹均同于前述的图4至图7。值得注意的是，该两件手稿中都出现了"向"字，手

---

① 《名家马如飞先生真迹》，《咪咪集》第1卷第3期，1934年。

稿一有"向伊祖母处请安"和"可向朋友或当局人家劝捐";手稿二有"今临顿路中小日晖桥向有关帝行宫",而这三个"向"字与前述图1、图7中"向"字的写法完全一致,框内"口"都写成"厶"而非"口"。1934年距马如飞离世只有50年左右,时间接近,且两件手稿的落款都写明是"马如飞(吉卿)",笔迹相同,真实可信,毋庸置疑。这就为今鉴定马如飞笔迹提供了一个非常有力的旁证。由此可见,前述用于比对的该八页图中的笔迹之所以有所不同,或许与著述的不同时间、不同字体以及当时各自的环境、心情和需求等多种因素有关。尽管这些笔迹还有待于条件成熟时发现更多高质量手稿进行全方位比对后,才能得出更为准确、权威的结论,然就现有信息而言,仍可以倾向性地认定它们中有一部分应是同一个人在不同时空所写的,而这个人很可能就是同署号沧浪钓徒的马如飞。

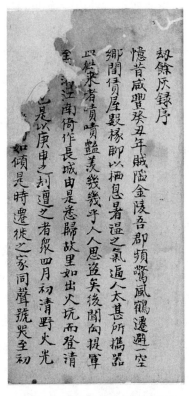 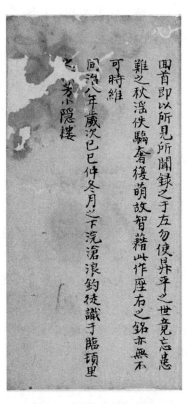

图 1　《劫灰余录》自序首页　　　　图 2　《劫灰余录》尾页

刼餘灰録

道光咸豐之間彗星屡見星出西北而光射東南長亘半天固知有刀兵之刼所謂人事應于下天象見于上也嘉慶年間吳中地震之後至道光二十年夜分地震時六月二十日也其後屡震更甚者咸豐二年三月初九黄昏時大震明日午刻復震始則有風從西北起繼則犬聲……不安坐立人皆眩暈矣而衆則齊聲求太平

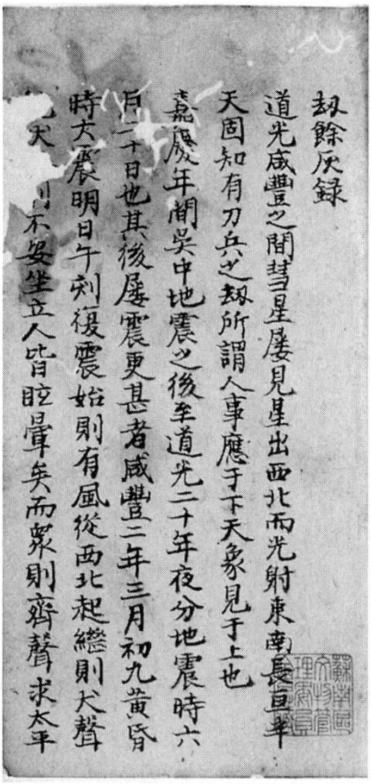

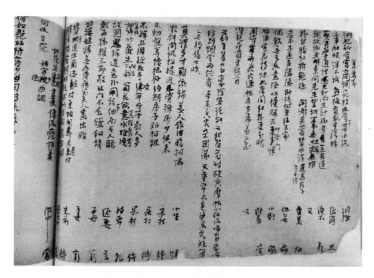

图 3　《劫灰余录》正文首页

图 4　疑为马如飞说唱词脚本（1）

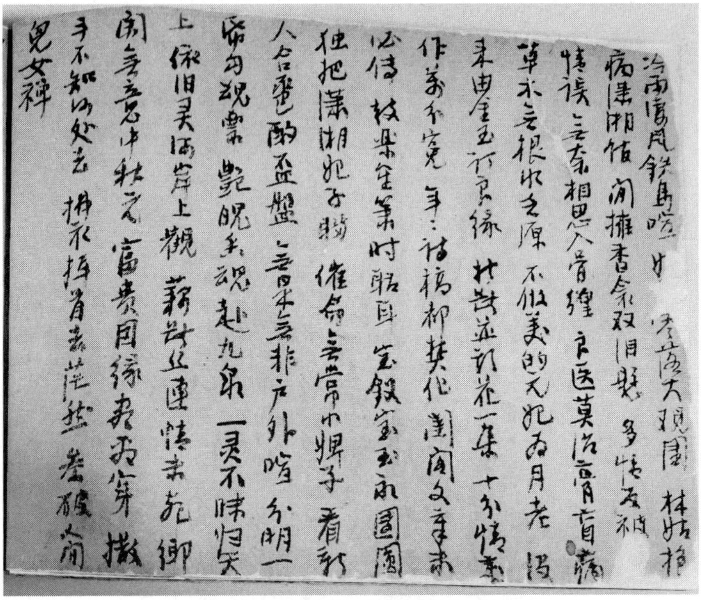

图 5　疑为马如飞说唱词脚本（2）

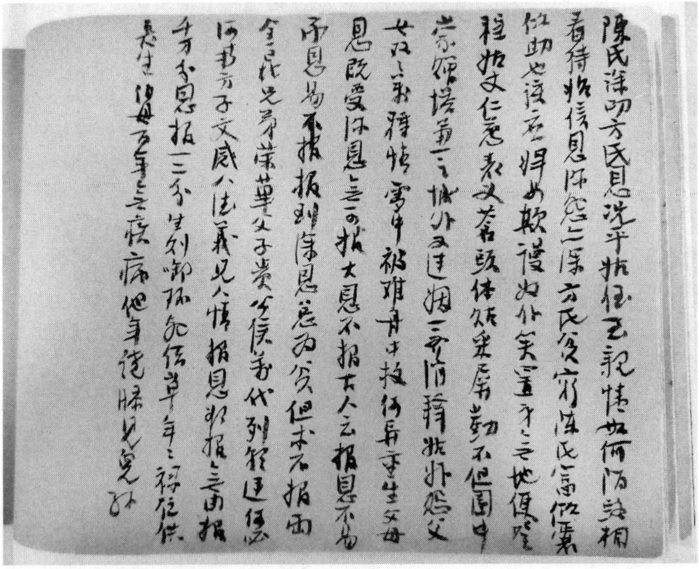

图 6　疑为马如飞说唱词脚本（3）

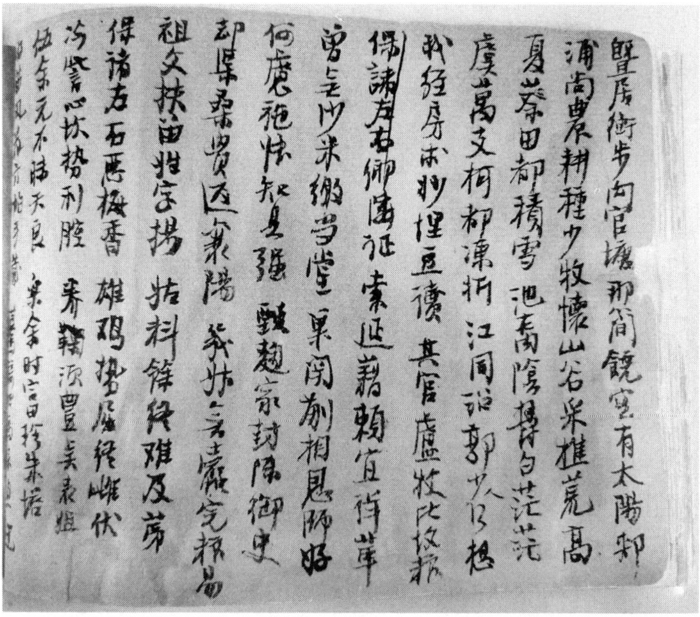

图 7　疑为马如飞说唱词脚本（4）

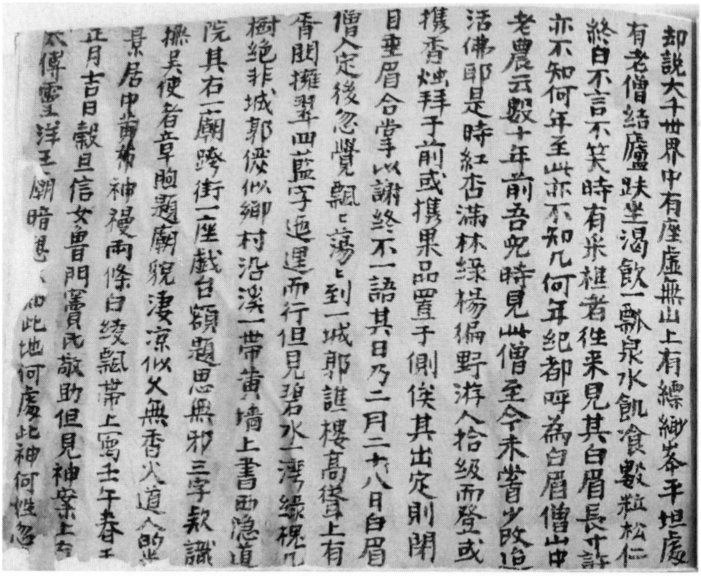

图 8　疑为马如飞说唱词脚本（5）

　　第四，从著书地点看，《劫余灰录》作者自序称，该书完稿于同治八年（1869）仲冬月下浣"临顿里之□芳小隐楼"。临顿里应在临顿路或其附近，今位于苏州市姑苏区内。据《苏州通史·人物卷》载，马如飞同治四年在苏州临顿路小日晖桥堍重建了遭战乱毁掉的评弹公所"光裕社"，并被推举为公所司年。① 由于史料的缺失，目前尚无法证实在此同时，马如飞是否就居住在光裕社公所从事着评弹说唱词的创作和演出等一系列艺术活动，但按常规分析，这种可能性是不能排除的。而《劫余灰录》作者沧浪钓徒是在同治二年底苏州复后从沪返苏，见"旧居瓦砾，暂赁一椽容膝"，后于同治八年在临顿里"小隐楼"著《劫余灰录》。在此期间，署号沧浪钓徒的马如飞同治四年在临顿路小日晖桥堍重建光裕社，从艺或居住。在一个不大的临顿里及临顿路，同时居住、活动着两个号称"沧浪钓徒"的人，这种机缘就大大提高了两者实为同一个人的概率。正因为如此，到了同治八年十一月，他才会在公所或其附近自住的所谓"小隐楼"以"所见所闻"完成了可"作座右之铭"的《劫余灰录》，署"沧浪钓徒识"。

　　承上所述，在同一个年代、同一个城市苏州的同一个地点临顿里（路），同时居住、活动着两个均号称沧浪钓徒的底层文化人，他们同时还有着某些相同的书写习惯以及类似的笔迹。凡此种种，当然不是仅仅用偶然的机缘巧合所能解释通的。将这些一再的"巧合"叠加在一起，不难看出，此《劫余灰录》的沧浪钓徒，就是彼号沧浪钓徒的马如飞，两者其实是同一个人。他在经历过那段刻骨铭心的战乱后，痛定思痛，以自己的亲身经历和所见所闻撰写了《劫余灰录》，署号沧浪钓徒。其之所以署其号而非姓名，应与中国传统的姓氏名号称谓文化有关。旧时文化人一般除取姓名外，成年后还会取表字以及据个人志趣、喜好甚至官爵、郡望等另取别号，不论是他称还是自称，又多习惯以字或号行于世，用以表示各自敬讳身份的认同。马如飞取号"沧浪钓徒"，原因或与苏州沧浪亭有所关联，而钓徒者或为双关语，既暗喻传统文人隐世之情结，一如所谓著书于"小隐楼"意，又当打趣喜好垂钓亦未可知。

---

　　① 李峰主编《苏州通史·人物卷》（中），第 342 页。

搞清楚这一点，不仅能破解《劫余灰录》作者的真实姓名，还可以据此稿本与现存疑似马如飞说唱词脚本手稿进行比对鉴别，以确认其中究竟有多少是马如飞的手稿。同时《劫余灰录》有助于了解马如飞在咸同时期的人生经历，填补那个特殊年代其生活轨迹的一些空白。

马如飞（约 1817—1881），本名时霈，字吉卿，号沧浪钓徒（或说号沧海钓徒，误），江苏吴县（今苏州）人。约生于清嘉庆二十二年（1817）。自幼蒙习儒学，却科举不售，终为落第秀才。稍长改习刑名，曾在江苏巡抚衙门当过库房誊录之类书吏。其父马春帆为苏州知名弹词艺人，擅说《珍珠塔》。约在其十七岁时父卒，家境日见艰困。后从表兄桂秋荣学习弹词，并承其父《珍珠塔》等类弹词书目，登台献艺，说唱才艺天赋得到充分展示，名声渐显，一举成长为与王石泉、赵湘洲、姚士章并称的评弹界"四大金刚"之首。

马如飞成名后，一改以往弹词开篇为下手所唱、用以定场、无足轻重的旧规，"自撰开篇，或咏一人，或记一事，有首有尾，各成起讫，复以声调之美，词藻之工，乃大见流行"。[①] 同时虚怀若谷，认真听取听客对弹词情节、词句诸意见，借助自身文化优势，对其父留下的《珍珠塔》等脚本几经润饰修改、加工提升，增加说教内容，使之结构更为严谨，说唱词更趋工整，平仄更加协调，演唱时朗朗上口，抑扬顿挫，极富演出效果。马如飞一时间红遍江浙，被誉为"小书之王"。

咸丰三年二月（1853 年 3 月）太平天国占领南京，消息传至苏州，风声鹤唳，一日数惊。马如飞率家人出城至乡间租屋暂避，风声过后返城中老宅。咸丰十年四月（1860 年 5 月）太平天国东征苏、锡、常，6 月 2 日克苏州，他被困城中 50 余日，后携眷出城去常熟虞山。其间久病的弟妇和母亲先后病亡，买薄棺葬于郊外。秋间常昭失守，又匆匆渡江去江北，自此流离于途凡三年，辗转至上海。同治二年十月（1863 年 12 月）清军收复苏州后，其由沪返归故里，旧居已成瓦砾，不得已赁屋栖身。

同治四年马如飞在苏州临顿路小日晖桥堍重建了遭战乱损毁的评弹公所"光裕社"，并被推举为公所司年。他在主持光裕社期间制定的职业《道

---

① 《弹词家马如飞》，《新闻报》1947 年 6 月 2 日。

训》，得到公所成员的共同遵奉。《道训》规定，社内学徒出师，先由其师带领遍谒同道，便可列名公所内"说书花名"的小牌，学成后领《出道录》，再名列"大牌"。入行后要与同道相互研学，谦虚待人，不得以低俗秽语取悦听客，伤及雅道。其创办的每年底在公所举行"会书"的评弹会演，约期三天，与会艺人各选拿手的优秀片段参演，由同行共同评定优劣，推动了评弹艺术的发展。

马如飞一生注重职业道德，讲究行业规范。同道业者不论相识与否，凡在外埠相遇，他必留宿请餐，赠予路费。其制订的同道联谊之法，倡导从艺者每到一码头，凡后来者必拜同业先至者，次日先至者则回拜后来者。因从业艺人外出演出要时刻防火防盗，他还发明了一种随身携带的"太平袋"，一旦遇警，可速将所有行装塞入袋中安全离去。

同治八年（1869）十一月，马如飞以太平天国战乱中的所见所闻，在临顿里"小隐楼"著《劫余灰录》，署号"沧浪钓徒"。是时，他的子侄辈尚未成年。

中晚年的马如飞说唱艺术更臻成熟，他根据当时的读书吟诵声调并汲取乡间民歌中的小调音乐，独创出一种节奏明快、爽利清劲的声律唱调，世称"马调"，大大影响了弹词唱腔的发展，成为苏州弹词中与"俞调"齐名的基本唱调之一。其特点是一字接一字，一句快一句，"连唱数句，有汪洋恣肆之慨，非衷气特盛不能胜"，[①] 但凡大段篇节一口气唱下来，如断线珍珠落玉盘，连绵不断而韵味不绝，令听客拍案叫好。

据说，马如飞说唱的经典《珍珠塔》有三种内容稍异的脚本，临场演出会根据不同听客说唱不同的脚本。如场中文人听客多，说艺术最高的一部；如场中工商界人多，说普通的一部；若场中乡村农民多，则说通俗的一部。虽然场次或有不同，却场场群情激奋，往往台上声情并茂娓娓说唱，台下各类听客随声入戏皆大欢喜。同治中期任职江苏巡抚的丁日昌，曾在道前街按察使司衙门前的万象春书场听马如飞说书，马氏演出中还特意强调忠孝节义，备受赞赏。

---

① 《弹词家马如飞》，《新闻报》1947 年 6 月 2 日。

马如飞约卒于光绪五年（1879），所著有《南词必览》、《杂录》、《梦史》及《劫余灰录》等传世。生前曾助女婿王石泉编演《倭袍》，使之成为弹词传统书目之一。其诗作 800 余首，编创的弹词开篇数以百计，大多收入《南词小引初集》。传人有子马一飞，外孙王绶卿，徒杨鹤亭、姚文卿、余莲生、钟伯泉等十余人。①

---

① 马如飞生平之事主要参照李峰主编的《苏州通史·人物卷》中李东鹏撰《马如飞传》（第 341—342 页）调整、改写，特此说明并致谢。

胡林翼致潘祖荫未刊信札笺释

李文君*

　　摘　要　故宫博物院藏有胡林翼致潘祖荫信札 7 通，作于咸丰十年至十一年（1860—1861），此前从未公开刊布。这些信札包含了丰富生动的细节，对补充并丰富《胡林翼全集》的内容，研究清军与太平军在安徽的战局、曾国藩与胡林翼相互协调与共同决策，研究胡林翼屡次邀请郭嵩焘出山的情形，均有一定的价值，值得我们去深入研究。

　　关键词　胡林翼　潘祖荫　郭嵩焘　曾国藩　太平军　未刊信札

　　故宫博物院藏有胡林翼致潘祖荫信札 7 通，是 20 世纪 50 年代从国家文物局调拨入藏的，此前从未公开刊布。现以时间为序，将其一并整理，并进行简单笺释，以惠学林。

一　胡林翼与潘祖荫

　　寄信人胡林翼，字贶生，号润芝，一作咏芝，湖南益阳人。道光十六年（1836）进士，选翰林院庶吉士，散馆授编修。道光二十年，选江南乡试副考官。道光二十六年捐知府，分发贵州。咸丰元年（1851）补授贵州黎平知府。咸丰三年率黔勇入鄂，与太平军作战。咸丰四年补授贵州贵东道，八月调补湖北按察使。咸丰五年正月补授湖北布政使，三月署理湖北巡抚。咸丰六年补授湖北巡抚，并赏戴头品顶戴。咸丰八年加太子少保衔。咸丰十一

---

　　* 李文君，故宫博物院故宫学研究所研究馆员。

年（1861）八月廿六日卒于湖北巡抚任上，谥文忠。

收信人潘祖荫，字伯寅，号郑盦，江苏吴县人。大学士潘世恩之孙，咸丰二年探花，咸丰六年以翰林院编修的身份入值南书房。历任国子监祭酒，工部、户部、礼部侍郎，刑部尚书，工部尚书兼管顺天府尹，军机大臣等职，加太子太保衔，卒谥文勤。潘祖荫是著名的金石学者与收藏家，编有《攀古楼彝器款识》，辑有《滂喜斋丛书》《功顺堂丛书》等。

胡林翼与潘祖荫，从家世来看，二人均出身于科第世家。胡林翼之父胡达源为嘉庆二十四年（1819）探花，潘祖荫的祖父潘世恩为乾隆五十八年（1793）状元。从科名来论，胡林翼为道光十六年（1836）二甲二十九名进士，此科的会试正考官是潘世恩，从此，胡林翼正式成为潘世恩的门生，故潘祖荫在书信中称胡林翼为"世伯"。① 从履历来看，胡达源与胡林翼父子，均曾任翰林院编修，潘世恩、潘祖荫祖孙二人，还有潘世恩的次子、潘祖荫的二伯父潘曾莹也出身于翰林院。从个人情感来说，胡林翼的好友郭嵩焘曾入值南书房，与潘祖荫为同寅，通过郭嵩焘的引荐，潘祖荫虽未与胡林翼谋面，但对其印象极好，尤其是在营救左宗棠的过程中，二人通力合作，配合默契。不过，二人的交往只维持了不长的时间。胡林翼年长潘祖荫18岁，从道光年间开始，就外放贵州，当时潘祖荫尚未成年，自然谈不上交往；潘祖荫入仕之后，胡林翼一直在湖北带兵，二人直接交流的机会也不是很多；等潘祖荫在朝中渐渐崭露头角，仕途一路看好时，胡林翼业已故去。在短暂的交往期间，胡、潘二人一南一北，主要通过书信交流。细读这些信札，从中可发现不少生动的细节，让我们对胡、潘二人有了更深入的了解。

除合力营救左宗棠一事之外，目前学界还未有人就胡林翼与潘祖荫的关系进行专门研究。公开刊布的胡林翼致潘祖荫信札，也仅有《胡林翼未刊往来函稿》一书收录的咸丰十一年四月初七日的1通，因体例关系，编入此书时进行了删节，信札内容并不完整。② 后来这通信札又被

---

① 杜春和、耿来金编《胡林翼未刊往来函稿》，岳麓书社，1989，第424页。
② 杜春和、耿来金编《胡林翼未刊往来函稿》，第266页。

《胡林翼集》收录，内容同样不完整。① 其实这通信札的原稿，就收藏于故宫博物院。除此之外，再未见有胡林翼致潘祖荫信札的刊布。胡、潘二人，均为晚清名臣，在此背景之下，故宫博物院所藏这 7 通信札，就显得尤为难得。

二 信札笺释

从内容来看，故宫博物院所藏胡林翼致潘祖荫信札，作于咸丰十年（1860）至十一年，当时胡林翼任湖北巡抚，潘祖荫在京以大理寺少卿的身份在南书房行走。从笔迹来判断，7 通信札中，胡林翼亲笔 2 通，他人代笔 5 通。为便于笺释，笔者根据其主要内容给每通信札归纳了一个小标题。

（一）感谢赠书

伯寅仁兄大人阁下：郭筠仙姻丈书来，敬承惠赠《阮刻十三经》《皇清经解》二种，琅嬛旧帙，何幸蓺杖分光，感荷云情，岂有涯涘！惟仁兄大人宏识伟抱，经纬古今。前闻左祖一呼，具见心忧天下，匡济艰危，扶持忠良之大义。凤凰一鸣，英咸百和，使以阁下才略肩天下巨任，提挈柄枢，以绵七圣之厚泽，以继先师之志，事于无穷，则东南之贼不足平矣！林翼勉力戎事，病骨支撑，马革之志，无复自惜，亦不复更萌退避妄想。吴越、巴蜀均为楚北剥肤之患。皖江水陆马步五六万人，月亏资算十（万）以上，近日积欠至百余万两，饥溃堪虞。涤帅督吴，亦是剥极而复，否极而泰之机，惟受命于覆军之后，兵力、饷力皆形不足耳！下游贼情既无所顾忌牵缀，势必悉数并力西犯。鄂疆内地空虚，恐为吴祸之续，尚待竭蹶弥缝耳！道远无可将意，奉上白金百两，尚冀哂存为幸，敬请台安。世愚弟制胡林翼顿首，五月廿六日英山营次。

---

① 《胡林翼集》第 2 册，胡渐逵、胡遂、邓立勋校点，岳麓书社，2008，第 821 页。

此信作于咸丰十年五月廿六日,从笔迹来判断,此札为他人代笔。咸丰九年(1859)十二月初六日,胡林翼自蕲州移营英山县城南,以统筹推进皖西的防务,^① 此信即作于英山大营。"制",指在丁忧守制期内。咸丰八年七月,胡林翼之母去世,胡林翼扶柩回籍。该年十一月,因清军在三河之战中被太平军击败,朝廷下令胡林翼"夺情",署理湖北巡抚,带兵进驻黄州。^② 至咸丰十年十月,二十七个月的守制期满(服阕),此后胡林翼的自称前始不用"制"字。郭筠仙,指郭嵩焘,湖南湘阴人。道光二十七年(1847)进士,曾以翰林学士身份入值南书房,与潘祖荫为同寅。咸丰十年四月,郭嵩焘与王闿运等人结伴离京南下,^③ 五月抵汉口。当时,胡林翼本人不在武昌,湖北巡抚衙门"治席相待"。原计划与王闿运同赴曾国藩大营的郭嵩焘接到胡林翼的书信,得知妻子病重,遂决计先返回湘阴老家。^④ 潘祖荫的赠书,即是托郭嵩焘带到湖北巡抚衙门,再转寄到英山大营胡林翼手中的。"阮刻十三经",指阮元主持刊刻的《十三经注疏》。《皇清经解》亦由阮元主持刊刻,是汇总清代学者解释儒家经典的一部大型丛书。"左祖一呼",指咸丰十年闰三月,潘祖荫应郭嵩焘之请,上疏营救左宗棠之事。^⑤ 胡林翼与左宗棠关系密切,在营救左宗棠的过程中,胡氏发挥了关键的作用。^⑥ "七圣",指从顺治到咸丰的七位清帝;"先师",指胡林翼的座师潘世恩,病逝于咸丰四年;"东南之贼",是对太平军的蔑称。"吴越、巴蜀"一句,指当时太平军势力大盛。东面由李秀成部再次攻破清军江南大营,进占常州与苏州;西面石达开所部进入四川。身为湖北巡抚,胡林翼除督师之外,更需要为湖北、安徽境内的清军筹备粮饷。"涤帅督吴",指咸丰十年五月,以绿营兵为主的江南大营第二次被攻破,朝廷再无兵可调,不得已一改抑制湘军的策略,正式任命曾国藩为两江总督,命其以钦差大臣的身份督办江南军务。因江宁与安庆俱在太平军手中,曾国藩选择皖南的

① 《胡林翼集》第 1 册,第 599 页。

② 《胡林翼集》第 1 册,第 681 页。

③ 梁小进主编《郭嵩焘全集》第 8 册,岳麓书社,2012,第 316 页。

④ 梁小进主编《郭嵩焘全集》第 8 册,第 326 页。

⑤ 潘佳:《潘祖荫研究》,博士学位论文,复旦大学,2013。

⑥ 陶用舒:《左宗棠和胡林翼》,《益阳职业技术学院学报》2005 年第 3 期。

祁门作为行辕所在地。① 作为曾国藩的坚定支持者，胡林翼既为其高兴，也为兵饷不足、太平军再次组织西征武昌而忧心忡忡。

（二）皖南战局

> 伯寅仁兄世大人阁下：八月十八日接展手函，俯仰中外，利病了然，佩服无已。夷情凶狡，骄悍异常，非圣明英断，终使战抚两局颠倒是非，虽有善者，亦束缚于天荆地棘之中，而手足皆不得展，何以集事？涤帅征军甫集，不能救宁国于危，竟以十二日失陷。从此平吴关键管钥已失，闭塞于前，贼势将据山守险，终岁不与涤军求战，而分悍股以蚕食浙西，并求逞于皖北，图扰鄂疆。豫捻又复西出，欲逞饥鹰之志，腹地又须设防。现在饥军乏食，怨声雷动，筹兵尚易，筹饷实难，楚师不以挫败，必以饥溃。骆公入蜀，湘事必危；骆公不入蜀，蜀事更难言。顶踵腹心，无一可恃。弟以病躯扶此病局，即不为祝宗祈死，岂复自惜其身耶！筠仙由鄂返湘，近想家食，弟拟约之来营，必求相助为理也。近日患头风，不能多字。手此，即颂台安。弟制胡林翼顿首，八月廿四日。

此信作于咸丰十年八月廿四日。从笔迹来判断，此札为他人代笔。"夷情凶狡"，指英法联军北上，从大沽口登陆之事。作此信时，胡林翼等人还不知咸丰帝已于八月初八日离京，北狩热河，② 八月廿二日至廿三日，英法联军焚毁了圆明园等事。③ 乘曾国藩立足未稳，八月十二日，太平军攻占安徽宁国府驻地宣城。④ 宣城是皖东南进入江浙的门户，太平军占据宁国府，可保证天京的安全，可向西威胁曾国藩行辕驻地祁门，也可分兵略取浙西，与捻军配合进攻皖北，甚至是湖北。捻军的活动，又危及京畿腹地的安全。胡林翼苦于缺饷，多方筹措。骆公，指骆秉章，咸丰十年七月，因

---

① 郭卫东：《转折之地：曾国藩在祁门》，《安徽史学》2014 年第 3 期。
② 张剑整理《翁心存日记》，中华书局，2011，第 1548 页。
③ 张剑整理《翁心存日记》，第 1552—1553 页。
④ 《曾国藩全集》第 2 册，岳麓书社，2011，第 579 页。

石达开出走天京后，率部分太平军从贵州"窥伺川疆"，朝廷调湖南巡抚骆秉章入蜀督办军务，并准其带部分湖南练勇入川。[1] 本来，朝廷拟调左宗棠入川，并就此征求胡林翼与曾国藩的意见，曾、胡二人建议将左宗棠留在安徽，协助曾国藩。胡林翼向朝廷推荐广西巡抚刘长佑入川，朝廷最后选择了骆秉章。[2] 郭嵩焘回湖南后，胡林翼屡邀其赴幕府任职，都被郭氏谢绝。[3]

（三）皖南遇挫

> 伯寅仁兄大人阁下：奉书备感忠愤，勉力岁寒，力持大节忠说之言，择其关社稷安危之大，在献替之，不在数数也。我朝七圣心传，以爱育蒙古为第一义。今之从政者或不得七圣之深心，又以意见气焰凌轹外藩，更不知致敬尽礼，以结其欢心。尚望启沃圣明，以厚国本而树大藩。不战必不能抚，稍示坚忍，何必着急。公已洞鉴其隐情，明悉其大纲矣！涤帅事机颇滞。左公八月誓师，行十日而为江西所留，以南康警变也。宁国、广德皆失，阻遏东师，无进兵之路，亦无用武之地。弟前言由溧阳、宜兴进兵之策，又成画饼。吴民云霓之望，如楚人之望叶公，殊为负之。涤帅久闲废，部伍最少，人才亦星散。夏间奉命，始稍稍召集，而事机已迟钝矣。皖北分去兵勇，自春至秋，万七千余人，欠饷又四月有余。窃计吴亡而楚必随之。公期望太深，中心惭负。头风苦剧，执笔则殊苦涔涔也。疆宇日蹙，宵旰多忧，断不可以病陈，惟当竭力苦撑耳！手肃，再请台安。名心叩，廿五日寅刻。

此信紧接前一封，作于咸丰十年八月廿五日。从笔迹来判断，此信为胡林翼亲笔。英法联军在大沽口登陆后，强力主战的蒙古亲王僧格林沁率领的蒙古骑兵一再败绩，主和派大臣埋怨僧格林沁轻易开战，触怒了英法两国，咸丰帝不得已革去僧格林沁的亲王爵位。胡林翼认为"爱育蒙古"

① 《胡林翼集》第 1 册，第 663 页。
② 梅英杰：《胡文忠公年谱》，文海出版社，1968，第 242—245 页。
③ 梁小进主编《郭嵩焘全集》第 8 册，第 351 页。

为国家的第一要义，出于维护国家长治久安（国本）的考虑，应善待外藩蒙古，结其欢心。至于英法联军，"不战必不能抚"，只能以战求和。潘祖荫入值南书房，是天子的近臣，希望他有机会能向咸丰帝说明这一道理。英法联军长驱直入京城，迫使咸丰帝北狩，最后驾崩于热河，时人普遍认为这均由僧格林沁轻易开战引起。郭嵩焘的看法就很有代表性。九月十四日，郭嵩焘接胡林翼信，"知僧邸已溃至东直门外。据京信所言，僧邸方多行无礼，以激夷人之怒，而所部孱弱之兵，乃不足资一战"。① 廿八日，郭嵩焘得知都城失陷之信，"痛悼无已。僧邸之罪，杀之不足蔽辜矣"。② 相较郭氏的书生意气，胡林翼"爱育蒙古"的看法，就通脱很多，这与他常年带兵筹饷，深知其中甘苦的经历不无关系。左公，指左宗棠，当时以四品京堂候补的身份，奉命组建"楚军"，协助曾国藩，进入江西等地与太平军作战。当年七月，安徽广德州为太平军攻陷，③ 八月，宁国府城又陷，清军东进收复浙西的计划被迫搁置。胡林翼计划从广德北上，经溧阳、宜兴进兵苏南的策略，也失去了作用。曾国藩刚上任，正在召集部伍，搜罗人才，在皖北作战的多隆阿与李续宜等人，急需军饷，这些都得靠拖着病体的胡林翼协调苦撑。

（四）对外议和

伯寅世仁兄大人阁下：十月廿三日接奉手书，具谂赤诚为国，谏草时焚，古大臣正色立朝，风义可钦。夷议成于仓猝，后患方长。惟祝警跸回銮，聪明独宣，法天行之自强不息，旁求硕辅再造中兴，尚可及时补救也。涤帅与弟筹师入卫，皆奉诏停止。帝念东南急图恢复疆土，不惜皮币珠玉以委外夷。宜何如竭力东征廓清江表，而饥师坐困，无丝毫尺寸之功，惭恨填胸，自容无地。涤帅驻祁门，季高于九月始以新军来会。而自徽、宁踵陷，岭险皆封，东师从此窒步。石逆又由粤西融县窜扰湘南，入城步、绥宁，扑武冈而趋宝庆。骆帅入蜀之师，闻尚留滞湘

---

① 梁小进主编《郭嵩焘全集》第 8 册，第 356 页。
② 梁小进主编《郭嵩焘全集》第 8 册，第 357 页。
③ 《曾国藩全集》第 23 册，第 651 页。

中。刘霞仙已入其幕府为军咨祭酒。筠仙尚卧故山，必欲强之入营，以匡不逮，已遣弁专迎矣。此颂台安。愚弟胡林翼顿首，十月廿六日。

此信作于咸丰十年十月廿六日。从笔迹来判断，此札为他人代笔。"夷议"，指在热河的咸丰帝指示留守的恭亲王奕訢代表中国与英法两国分别签订《北京条约》，英法联军退出北京。胡林翼希望在热河的咸丰帝能早日回銮京城，以安定人心。英法联军北上时，朝廷曾下诏让两江总督曾国藩与湖北巡抚胡林翼进京勤王，现在和议已成，曾、胡可不必入京，专心与太平军作战。[①] 继广德州与宁国府之后，八月太平军又攻占徽州府驻地歙县，[②] 曾国藩行辕所在地祁门也岌岌可危。季高，指左宗棠。石达开所部从广西融县攻入湖南城步、绥宁，直趋武冈与宝庆。骆秉章所率入川湘军，还没有成行。霞仙，指刘蓉，湖南湘乡人，应骆秉章之邀，入其幕府，与石达开部作战。胡林翼一直想邀请郭嵩焘出山，还派出武官洪世绅、易政铭二人带自己的亲笔信和聘金赶赴湘阴，恭请郭氏出山，但还是被郭氏婉拒。[③]

（五）救援安庆

伯寅世仁兄大人阁下：除夕前一日折弁回，持读惠缄，知奉寄之件已荷赐纳，辱承记注。肫挚不遗在远，感愧并深。此间桐、霍各援贼自客冬先后击退，狗逆系念皖城眷属，屡犯枞阳镇，冀解皖围。复求援于徽、宁、金陵，纷纷北渡。月初以枞、皖积潦不涸，水陆严防，度不得逞，仍遁回庐江，驱遣各捻逆由舒、六绕道光、固，窥伺楚疆。而狗逆大股复集桐城，筑垒峙粮，为持久计。此路多、李两军或能御之，惟虑趋重北路，分途内犯，则防不胜防耳！涤公淮阳师船，岁前即可竣工。现闻三伪王一主将同集皖南，祁门廿里外皆贼，幸有唐桂生背城之捷，鲍春霆复以数千人走悍贼六七万，军威颇振，贼锋顿挫。然群贼尚集建德，祁门犹警，江北之行，刻间当难定期。弟病四月矣，前于腊初稍

① 陶海洋：《1860年夏秋间胡、曾对援京的不同态度》，《安徽史学》1996年第1期。
② 《曾国藩全集》第23册，第746页。
③ 梁小进主编《郭嵩焘全集》第8册，第373页。

痓，旋由英山移营太湖，危笃日增。刻下气喘神耗，右胁痞块垒然，呼吸牵痛。医者谓由思虑过伤之故，非静养不能速痊，然终不敢以此自陈也。肃泐奉答，祗请台安。世愚弟胡林翼顿首，新正廿一日。

此信于咸丰十一年（1861）正月廿一日作于安徽太湖县行营。从笔迹来判断，此札为他人代笔。胡林翼正月二十二日所上《恭谢实授湖北巡抚疏》中写道："去年十月，旧疾复作。十二月从英山拔营太湖，冒雪前进，沿途中寒，气喘痰逆，右胁痞块沉痛，昼夜呻吟，数月之久，未见痊可。据医云：心脾受损，药力难期速效。合无仰恳天恩，赏假一月，俾臣在营调养。"与此信所述内容大致吻合。① 作为封疆大吏，每遇年节，需给同年同乡京官赠送节礼，潘祖荫收到节礼后，作书向胡林翼致谢，胡氏作此信回复。自咸丰十年夏开始，曾国藩与胡林翼实行围点打援战略，派曾国荃部与杨岳斌部从水陆两路围攻安庆，多隆阿部与李续宜部在安庆外围，与前来救援的太平军作战。为解安庆之围，太平军派出南北两路援军，拟西征武昌，迫使湘军回撤救援。一路以忠王李秀成、辅王杨辅清、侍王李世贤、定南主将黄文金（三伪王一主将）为首，沿长江南岸西进，经皖南、江西进入鄂东南；一路以英王陈玉成为首，从长江北岸经皖北入鄂东。结果，北岸的太平军在桐城、霍山失败，他们一面向南岸的徽州、宁国、金陵等地求援，一面又联合捻军，拟从舒城、六安绕道河南的光州与固始，再进攻鄂东北。陈玉成本人则纠集大军，准备再次进攻桐城。南岸的太平军在曾国藩行辕的祁门附近，为鲍春霆与唐桂生所败。因建德、祁门的太平军还未完全退去，曾国藩无法到江北与胡林翼会商进军事宜。唐桂生，指副将唐义训，湖南湘乡人，后任安徽皖南镇总兵。鲍春霆，指湖南绥靖镇总兵鲍超，四川奉节人，后任浙江提督。

（六）肃清可期

伯寅世仁兄大人阁下：四月初旬接到二月望日来函，领悉壹是。敝

---

① 《胡林翼集》第 1 册，第 715 页。

恙于三月来渐次就痊，三月吐郁血十日，淤尽去而遂平复。药虽迭进，似非尽医家力也。涤帅兵少，不及三万，复欠饷五个月，颇望鄂中协济。鄂饷又欠六个月，楚其为吴之续矣。午帅必不能制苗练，恐剿抚俱无下手处。郭筠仙坚不出山，已请希庵奉调，未知何如？壬秋、秋农俱未来此。弟抱病危笃，军谋不藏，狂飙骇浪，震惊千里。所幸病时僵卧待毙，不能强行一步，苦意株守，饷需久绝，若一摇足，则必为金陵何、和二帅之续耳！刻下揵挂之力日强，盗贼之气亦日衰，尚可为也，肃清可期。并以附闻，复请台安。弟胡林翼顿首，四月初七日。

此信于咸丰十一年四月初七日作于安徽太湖行营。从笔迹来判断，此札为他人代笔。此信的部分文字先后收入《胡林翼未刊往来函稿》①与《胡林翼集》，②但内容并不完整，仅收入从"四月初旬接到二月望日来函"到"壬秋、秋农俱未来此"一段，文字上亦间有出入。据此可知，故宫博物院藏品应为此信的原稿。书信开始写道，接到潘祖荫"二月望日来函"，潘氏的这封信被收入《胡林翼未刊往来函稿》一书中，特予转引，以便与胡氏的书信对读。潘氏书信内文如下："润之宫保世伯大人阁下：接奉赐书，具承垂注殷拳，莫名感篆。敬惟履绚集福，荣戟迎禧为祝。清恙现延何人诊视？恐军中一时不得其人，不如不服药为中医。实深系念，尚祈随时示及，以慰悬系。回銮又改廿五，恐再有后命耳。侄京寓栖迟，清闲藏拙。南中时有书来，知沪渎旌旗，不过为河上逍遥之举（胡林翼批：兵少不及三万，饷欠五个月，颇赖鄂中协济，鄂饷又欠六个月，楚其为吴之续矣）。涤帅大军一日不下，则苏、常永无恢复之望，奈何！僧邸自去冬屡挫，军威已损，捻逆若再北犯，真防不胜防；并闻有苗叛象已形，午丈有不能控制之势（胡林翼批：必不能制），杞人之忧，正未有艾。伏祈时画尺书，盼切。匆匆泐复。即请崇安。伏惟垂察，不备。世愚侄潘祖荫顿首，二月十五日。闻郭筠丈坚不出山（胡林翼批：已请希庵奏调，未知如何），壬秋、秋农诸君

---

① 杜春和、耿来金编《胡林翼未刊往来函稿》，第266页。
② 《胡林翼集》第2册，第821页。

子想现在幕府也（胡林翼批：未来）。祈示及为慰。又及。"① 对比两信可知，胡林翼代笔者给潘祖荫的复信，除一般性的客套寒暄之外，主要是针对潘信提出的问题进行回答。胡林翼本人对潘信的批注内容，全部被代笔者移入复信。这可能是当时的一个惯例：胡林翼对友人来信进行批示，代笔者再根据批示草拟回信。在此信中，胡林翼主要批示了以下几个问题。一是管辖吴地的两江总督曾国藩兵少饷缺，希望湖北方面能协济粮饷。二是以钦差大臣、漕运总督的身份督办安徽军务的袁甲三（午帅），面对皖北苗沛霖一部的反复无常，必然无法应对。三是郭嵩焘认为自己已向朝廷请假，不在朝中任职，如果进入疆臣幕府，会给别人留下他希望依靠军功晋升的印象，故再三谢绝胡林翼的邀请。② 此次胡林翼特地委托安徽按察使李续宜（希庵）上奏朝廷，以正规的程序奏调郭嵩焘入其大营。不过，郭嵩焘还是没有答应。③ 四是告知潘祖荫，王闿运（壬秋）与严咸（秋农）并未在其幕府。秋农，指严咸，字受安，湖南溆浦人，咸丰七年（1857）中举人，年仅 17 岁，曾与王闿运等同入肃顺幕府，后入浙江巡抚左宗棠幕府。④ 何、和二帅，指太平军第二次攻破江南大营，两江总督何桂清逃跑，江南大营负责人、江宁将军和春自戕之事。不过，胡林翼对未来也表现出乐观的态度，认为当前局势"尚可为也"，太平军"肃清可期"，果不出胡氏所料，当年八月，清军攻下安庆。

（七）盛邀郭氏

再启者：筠仙因斟雉公于请假，时微词中伤，坚不来营。正月撰稿代希帅奏调，稿词皆实话，此林翼之笔也，得旨允行，如再高卧不起，非中旨特召，殆将终身于考槃矣。贱恙得张仲救治可活，刻下吐血之症，每日只一二次，军事稍定，或可养息。涤帅兵少饷竭，如望其平吴，其德望至诚，足以维系忠义，兴感士气，特力量太薄，乞公谋之。

---

① 杜春和、耿来金编《胡林翼未刊往来函稿》，第 424 页。
② 梁小进主编《郭嵩焘全集》第 13 册，第 43 页。
③ 梁小进主编《郭嵩焘全集》第 8 册，第 398 页。
④ 黄濬著，李吉奎整理《花随人圣庵摭忆》，中华书局，2008，第 717—722 页。

手复。名心叩，初九日。

此信紧接前一封，于咸丰十一年四月初九作于安徽太湖行营。从笔迹来判断，此信为胡林翼亲笔。为让好友郭嵩焘协助自己，胡林翼几次对其盛情邀请，均被郭嵩焘以自己是请假在籍的官身为由回绝。不得已，胡林翼委托李续宜上疏朝廷，请旨奏调郭嵩焘。从此信可知，李续宜的奏疏实由胡林翼亲笔撰拟，可见他对邀请郭嵩焘一事的重视。不过，在胡林翼生前，郭嵩焘还是没有离开家乡。胡林翼在当年八月廿六日病逝后，十月郭嵩焘作挽联云："论才则弟胜兄，论德则兄胜弟，此语吾敢承哉？召我我不赴，哭公公不闻，生死乖违一知己。世治正神为人，世乱正人为神，斯言公自道耳！功昭昭在民，心耿耿在国，平生期许此纯臣。"郭嵩焘自注云："公尝谓吾兄弟，以德言之，则依兄弟为次，以才言之，则依兄弟颠倒为次。又尝言：世将治，则天上正神降生为人，世将乱，则世间正人死忠死义，没而为神。"[1] 上联的"召我我不赴"，即是指胡林翼几次招郭嵩焘入幕之事。

三 余论

从本文所述的 7 通信札来看，5 通为他人代笔，胡林翼亲笔者仅 2 通（第 3 通与第 7 通），且都是在代笔信写成之后，由胡林翼再亲笔附信作为补充的（第 3 通为第 2 通的补充，第 7 通为第 6 通的补充）。原因一是胡林翼公务冗杂，二是其健康状况一直堪忧，所以对一般友人的普通信件，都由幕僚根据其批示代笔，遇有重要信件，才会亲自动笔。就内容而言，他人代笔的书信四平八稳，寒暄问候之外，多一般性地通报前敌战局与军情，对潘祖荫好友郭嵩焘的行迹，也时有涉猎；亲笔书信则情真意切，将自己对朝政的看法，与郭嵩焘的惺惺相惜，对曾国藩的极力推崇，自己每况愈下的身体状况，都陈述得十分细致。从这 7 通信札中，我们可以看到一个以大局为

---

① 梁小进主编《郭嵩焘全集》第 8 册，第 469 页。

重，在母亲去世后被迫"夺情"，不顾自己日渐羸弱的病体，毅然决然统率军队、筹措粮饷、协济友军、广纳贤才、苦撑时局的晚清高级官员形象。这些信札，对补充并丰富《胡林翼全集》的内容，对研究咸丰十年至十一年清军与太平军在安徽的战局、曾国藩与胡林翼的相互协调与共同决策，以及胡林翼屡次邀请郭嵩焘出山的情形等，均有一定的价值，值得我们去深入研究。

晚清嘉兴石门县门牌研究[*]

——兼与浙江省其他县比较

熊　彤[**]

摘　要　浙江省博物馆藏有一批清代门牌，涉及遂安、石门、德清、兰溪、汤溪、桐庐、鄞县、尚虞（上虞）、金华、武义、永康、东阳等地，这批同治年间门牌为了解太平天国前后浙江各县门牌版式、内容等情况提供了珍贵的实物资料。其中又以石门县门牌数量最多，包括清政府颁发9件，太平天国颁发12件。本文主要以此为例，将太平天国时期石门县门牌与浙江各地门牌进行对比，并将其与太平天国运动后清政府颁发的门牌予以比较，进一步了解晚清的门牌政策和执行情况，管窥清政府与太平天国在社会治理方面的异同。

关键词　太平天国　石门县　门牌　浙江省博物馆

门牌保甲制度是旧时政府进行社会管理的重要措施之一，它起源于宋元时期，明代逐渐成形，清袭明制，并不断完善固化。太平天国也建立了自己的门牌制度。早在1853年7月的天京就设立了门牌，随后在控制区域内进行推广，统一发放，张贴门首，以备稽查。学界有关清代门

---

*　山东省社科规划研究项目"中国传统礼法思想及其现代性研究"（项目编号：21CZXJ02）阶段性成果。

**　熊彤，浙江省博物馆副研究馆员。

牌的研究成果，① 主要是以门牌实物为研究对象，有的梳理了清代门牌保甲制度的起源及演变，有的对太平天国门牌进行考证，有的考察太平天国门牌户籍制度的特点，还有的探讨了太平天国门牌发放目的、作用、收费情况等，认为后期门牌制度越来越完善。至于太平天国与清政府的门牌版式、内容和门牌政策及执行情况有何异同，目前尚未见人著文。本文主要以浙江省博物馆藏晚清嘉兴府石门县门牌为例，并结合其他文献资料进行梳理及比较研究，从中管窥清政府与太平天国在基层社会治理和控制方面的特点与异同。

一　浙江省博物馆藏清代门牌概说

浙江省博物馆藏有清代门牌 85 件组，其中包括清政府颁发的 65 件，太平天国颁发的 18 件，以及两册太平天国门牌抄底簿。馆藏最早的清代门牌为乾隆五十四年（1789）门牌，最迟的为宣统元年（1909）门牌，大多为同治和光绪年间门牌；范围涉及遂安、石门、德清、兰溪、汤溪、桐庐、鄞县、尚虞（上虞）、金华、武义、永康、东阳等地。这些门牌来源不一，绝大多数为旧藏，一部分为征集购买，还有一部分由浙江省文物管理委员会拨交而来，兹整理为表 1、表 2。

表 1　浙江省博物馆藏清代门牌一览

单位：件组

序号	颁发者	地点	数量	备注
1	清政府	遂安	9	
2	清政府	石门	9	6 件同治年间，3 件光绪年间
3	清政府	兰溪	21	

---

① 代表性研究成果主要有刘永长《介绍太平天国门牌的新史料》，《历史研究》1957 年第 10 期；王兴福《关于太平天国门牌的若干问题》，《浙江学刊》1989 年第 5 期；章义平《从新发现的良民牌析太平天国在安徽实施的门牌户籍制度》，《安徽史学》1990 年第 2 期；张铁宝、吴瞻《新见太平天国早期门牌考》，《中国文物报》2007 年 12 月 26 日；闫鸣《门牌保甲与清代基层社会控制——以清代门牌原件为中心的考察》，《南京大学学报》（哲学·人文科学·社会科学版）2013 年第 2 期。

续表

序号	颁发者	地点	数量	备注
4	清政府	汤溪	3	
5	清政府	桐庐	1	
6	清政府	鄞县	1	
7	清政府	金华	1	
8	清政府	武义	4	
9	清政府	永康	15	
10	清政府	东阳	1	
11	太平天国	石门	12	
12	太平天国	德清	1	
13	太平天国	尚虞	4	
14	太平天国	武义	1	
15	太平天国	东阳	2	2册若干门牌的抄底簿
合计			85	

表2　浙江省博物馆藏同治年间门牌一览

单位：件组

序号	地点	时间	数量	备注
1	兰溪	同治十三年（1874）	21	
2	石门	同治年间	6	同治三年2件，同治六年2件，同治七年1件，1件仅写"同治年"
3	桐庐	同治十二年	1	
4	东阳	同治十三年	1	
5	汤溪	同治年间	2	
合计			31	

从表1、表2可见，石门、武义、东阳门牌既有清政府颁发的，也有太平天国颁发的，通过比较可以看出两者的异同。清代石门县门牌相对其他县而言，馆藏数量最多，包括太平天国颁发的12件，清政府发放的9件，其中同治年间门牌6件，时间最接近太平天国时期。因此，下面将太平天国时期石门县门牌与其他县门牌进行对比，并将其与太平天国战后清政府颁发的门牌予以比较，从而管窥两者之间的异同。

二 太平天国石门县门牌与浙江各地门牌比较

浙江省博物馆藏有 18 件太平天国门牌原件和两册门牌抄底簿,发放地分别是石门、德清、尚虞、武义和东阳等县,其中石门县 12 件,占太平天国门牌原件数的 67%。

石门县隶属嘉兴府。1860 年 6 月 15 日,太平军占领嘉兴,由陈坤书、陈炳文等镇守。随后,清军展开反扑,但遭到太平军将士的英勇反击。8 月嘉兴被清军围困,9 月李秀成率兵从杭州赶去,嘉兴最终解围。9 月 8 日,侍王李世贤进军石门,大破清军;9 日,太平军占领石门,斩杀清知县李宗谟;11 日,太平军占领桐乡;18 日,再次占领嘉善;19 日占领平湖。这样,太平军乘势攻占了嘉兴府石门、桐乡、嘉善、平湖、海盐等县和重要城镇。

占领嘉兴后,朗天安陈炳文于"太平天国庚申拾年捌月"(1860 年 9 月)发布"劝嘉兴士民赶紧输粮纳贡钧谕",指出"现在地方安静,毫无惊惶,为此特颁钧谕,仰尔子民士庶人等,可以赶紧放胆归原乡,各安恒业,诚心向化,输粮纳贡,投册报名,本爵自当给发门牌张挂,以免兵士滋扰,并一面严禁兵士,毋许下乡滋扰"。[①] 陈炳文是忠王李秀成部将,1858 年封朗天安,1861 年攻克浙江余杭后升朗天义,1862 年封听王。另外,太平天国悦天安黄章桂部武军政司刘某在嘉兴新塍镇也发布晓谕,劝四民迅速投诚纳贡。

太平天国最早由北王韦昌辉于 1853 年 7 月在天京颁行门牌,居住者必须持有门牌。[②] 发放门牌的做法随后在其他控制区域内推行,如 1860 年陈炳文的钧谕中明确提到"发门牌张挂"。1861 年侍王李世贤部将李尚扬攻下

---

① 罗尔纲、王庆成主编《太平天国》(3),广西师范大学出版社,2004,第 72 页。

② 中国历史学会主编《太平天国》(3),《贼情汇纂》记载:"贼中初无门牌之设,癸丑六月(1853 年 7 月),讹言有官兵混入江宁城,举国若狂。韦贼始倡议设立门牌,逐户编查。以尺许白纸,先书伪官名姓,次列给役之散贼,后列伪年月,钤盖韦贼伪印。印旁编号,以'天父鸿恩广大无边'八字,每字千号,每贼馆各一张。若门牌无名或未领门牌者,均指为妖杀之。"(上海人民出版社,1957,第 237 页)

汤溪后，下令"安民，令逃避者速行回里，给以门牌，每户各一，每一门牌纳银币二圆"。① 可见，在控制区安抚四民、发放门牌进行管理成为太平军的基本政策。

浙江省博物馆藏太平天国门牌时间均为"太平天国辛酉拾壹年"（1861）和"太平天国壬戌拾贰年"（1862）这两年，并未见此后年份的门牌。而据《花溪日记》所载，同治二年（1863）三月，"宁城又遍分门牌，每二百廿五，后复捐派百出，米亦飞涌，每石七千，人更不济"。② 至少1863年太平军在海宁还是发放门牌的，只不过目前未见于馆藏。或与当时的战争形势有关，从1863年开始，太平军在浙江不断失利：1863年2月汤溪失守，继而太平军放弃龙游、兰溪；3月太平军先后退出金华、武义、永康、东阳、义乌、浦江等地；9月太平军退出临安；12月平湖、乍浦、海盐失守。1864年1月嘉善被攻陷；2月海宁、桐乡失守；3月嘉兴、杭州、余杭先后失守；4月武康、德清和石门被攻陷；之后，湖州地区失守，至9月25日，太平军全部退出浙江。由于战事不利，1863年后太平天国发放的门牌数量自然有限，现世存量更是稀少。

在此之前的1861—1863年，太平天国发放门牌比较频繁，这从《花溪日记》中多次提到"又欲分门牌"可以看出。咸丰十一年（1861）"五月初，又欲分门牌，写人丁，每牌乙元四角，每人日征廿文，每灶日一百，行灶五十"；③ 七月"初六日，嘉贼欲换新门牌，寻衅，沈塘（荡）镇池阿三以人尽穷困无力更换为辞，贼忽掳数百人而去"。④ 同治元年二月初十日，花溪"又欲分门牌，逼写三图人丁"；⑤ "四月初一日，花溪局遍分门牌，我图九十余张，每纸两元五角，催索甚紧"。⑥ 同治二年三月，"宁城又遍分门

---

① 《民国汤溪志》卷1《编年》，黄灵庚、陶诚华主编《重修金华丛书》（85），上海古籍出版社，2014，第63页。
② 海宁冯氏：《花溪日记》卷下，太平天国历史博物馆编《太平天国史料汇编》（23），凤凰出版社，2018，第10035页。
③ 海宁冯氏：《花溪日记》卷上，《太平天国史料汇编》（23），第10013页。
④ 海宁冯氏：《花溪日记》卷上，《太平天国史料汇编》（23），第10020页。
⑤ 海宁冯氏：《花溪日记》卷下，《太平天国史料汇编》（23），第10029页。
⑥ 海宁冯氏：《花溪日记》卷下，《太平天国史料汇编》（23），第10031页。

牌，每二百廿五，后复捐派百出，米亦飞涌，每石七千，人更不济"。① 从
太平军在海宁的做法可以管窥浙江其他地方的情形。

至于太平天国门牌的版式和内容，浙江省博物馆所藏基本一致，它们均
为连史纸，木刻刷印。门牌都是由两个粗线框组成，上面是梯形，下面连着
方形；字体主要由楷书刷印，具体的发放对象为墨笔填写。梯形内为"门
牌"二字，方形内自右向左的内容主要是太平国发放官员官职及姓、发放
缘由、发放地址、户主姓名和年龄、各成员姓名及年岁、发给年月日、编
号，最左边的年月日上钤盖太平天国官员双龙朱印。

但是各地的门牌又有一些差别，如上端的"门牌"二字：石门县和德
清县门牌之"牌"右边上面没有一撇"丿"，而武义县和尚虞（上虞）县
之"牌"上则有一撇。另外，石门和德清两县门牌下面方框内为纵向竖线
若干，分为数行，右边第一行间距最宽，其余的行距基本均等，第一行约为
之后间距的两倍许，然具体竖行数又根据需要有所差异，有的为 16 行，有
的为 23 行；尚虞县和武义县下端框内文字分为 20 行左右，但字行间没有
画线。

太平天国门牌同一地域版式更为接近，这与该地域隶属同一主帅有关，
其所辖地区发放门牌基本相似。当然，这些门牌的具体内容也有细微差别，
兹将 3 张门牌内容抄录如下。

门牌 1：太平天国殿前又副掌率邓光明发嘉兴府石门县花户蔡茂丰门牌

殿前又副掌率邓　　　　　　　　　为

给发门牌，抚安善良，以杜滋端事：照得认天识主，始明归顺之
安，悦意投识，荃庆室家之乐。本爵遵奉忠王宝/听王瑞谕，抚安黎庶。
查得（该）地子民实系淳良，守法遵条，（编有）册籍，倾心向化。诚
恐往来官兵擅行滋扰，为此颁给门牌张贴存照。倘有不法兵士故违干冒
情弊者，许尔禀送来辕，严刑讯究，决不宽容，遵此。

---

① 海宁冯氏：《花溪日记》卷下，《太平天国史料汇编》（23），第 10035 页。

计开

中军胡小沧　　　　　　　　　　　　　　　　　丁册

　　花户蔡茂丰，现年　　岁，系浙江省嘉兴府石门县　乡　十四
都四图人氏，距城　　里居住，向系　　为业。　　妻　　氏

曾祖	曾祖母	氏
祖	祖母	氏
父	母	氏
伯	伯母	氏
叔	叔婶	氏
兄	兄嫂	氏
弟	弟媳	氏
子	媳	氏
侄	侄媳	氏
孙	孙媳	氏
女		

　　　　　　合家男／女　　　共计　　　　名

天父天兄天王太平天国壬戌拾贰年　　月　　日给

门牌2：太平天国侍王李世贤发武义县人民朱聿修门牌

　　天朝九门御林忠正京师卫军侍王李　　　　　为

　　给发执照，以安民生事：照得我真圣主天王奉天承运，主宰中原，又安黎庶。本藩受命专征，除残去暴，安善良民。今有金花郡武义县西乡西拾陆都卅里村子民，业已倾心向化，献册输诚，为此合给门牌，俾子收执。自今以后，士农工商，各安恒业，同享升平，共归安乐，是则本藩之厚望焉。切切！须至门牌者。

　　计开　乡　　都军帅顾　　师帅徐　　旅帅　　百长朱国士
司马徐汝堂　　伍长　　统下壹户人民朱聿修　　年七十七岁

　　　　　　父　　　　　　　　　　母

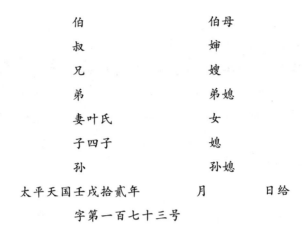

太平天国壬戌拾贰年　　　　　月　　　　日给

字第一百七十三号

门牌 3：太平天国宝天义黄呈忠发尚虞县乡民朱锦涵门牌

右壹军前营乾字第一千八百○九号

真天命太平天国天朝九门御林开朝王宗殿左军主将宝天义黄　　为发给门牌，以备稽查户口，而杜奸究事：兹有浙江省绍兴郡尚虞（州）县西乡十都乡民朱锦涵，现已认天识主，归顺天朝，输忱纳款，蓄发留须，为此时给门牌。该户悬挂，永为天国之良民。凡有官员兄弟，见此门牌为凭，不得擅入该室滋扰等弊，倘有不遵约束，许该民扭送佐将处，以凭究办。切切！毋违，须至门牌者。

乡民朱锦涵，年三十二岁，住居十都十里绍文庄。

祖（父）母夏大妹　　　　子/媳

父宝仁　　　　　　　　　女

母陈大妹　　　　　　　　侄

伯父/母　　　　　　　　侄女

叔　　　　　　　　　　　侄媳

婶　　　　　　　　　　　孙

妻　　　　　　　　　　　孙媳

兄　　　　　　　　　　　孙女

嫂　　　　　　　　　　　侄孙

弟阿毛　　　　　　　　　　亲戚

弟媳　　　　　　　　　　　　雇工

太平天国辛酉拾壹年十二月　　　　日给

　　门牌1—门牌3均在一开始就阐明发放目的，或"发放门牌，以便稽查，以免滋扰事"，或"给发执照，以安民生事"，或"发给门牌，以备稽查户口，而杜奸宄事"，尽管表述有所不同，但目的都是安民、备查、杜奸宄。门牌以户为单位，一户基本成员主要是户主及其父/母、伯父/母、叔/婶、兄/嫂、弟/弟媳、子/媳，有的还列有曾祖父/母、祖父/母、孙/孙媳，还有的列有女、侄女、孙女，有的则没有列入。因此，一户成员最多的是列有曾祖父到孙子6代（门牌1），有的是祖父到孙子5代（门牌3），还有的是父母到孙子4代（门牌2）。此外，尚虞黄呈忠发放的门牌，在成员中除了"亲戚"外，更添有"雇工"。可以看出尚虞门牌所记家庭成员关系更为复杂，涵盖范围更为广泛。

　　这些门牌大多盖有"查过"印记，殿前又副掌率邓光明发嘉兴府石门县花户蔡茂丰门牌上盖有"李记查过"朱戳；僚天安佐镇石门军民事务邓光明发石门县业户唐宝和门牌上盖有4处戳印，分别是"前营查过""查过"，另外两个印痕模糊不清，可见查验过4次。侍王李世贤发给武义县朱聿修门牌上还盖有"命委印"，说明这些门牌悬挂后，有专人查验。而门牌多为刷印，说明当时发放量较多，故而已形成固定格式，大批量墨刷，以备需要时随时填写。

　　此外，浙江省博物馆还藏有东阳县南门卒长汪文明所管的1861年门牌草底一册和1862年门牌册底一册。在1862年的门牌册底中，汪文明抄录了自己的门牌信息："卒长汪文明，年四十，母吴氏，嫂朱氏，兄一侄一。"一户5口人。汪文明手抄的两册门牌底稿，尽管不能直观看出门牌版式，但内容更为详细丰富，可以从中管窥太平天国地方官员进行门牌发放的具体过程。1861年的门牌草底上列有户主"家贫"或"家极贫"，"鳏""寡""独"等字眼，以及户主和家庭成员信息，由此可以看出卒长在填写门牌之前先要掌握所辖户籍的经济和人员信息情况，并记录在册。这样，发放门牌

· 145 ·

时对每户家庭情况摸底，为纳粮征税等其他工作的推行打下基础。1862 年的门牌册底共抄录了 136 件门牌，每块载明户主姓名和年龄，配妻年龄，以及兄弟、子女、侄、孙等家庭其他成员人数情况，为相关研究提供了更多的史料信息。

众所周知，太平天国实行乡官制度，即仿照太平军军制在控制区域内建立基层组织，以户为单位进行编组，"五家立一伍长，二十五家立一两司马，百家立一百长（即卒长），五百家立一旅长（即旅帅），二千五百家立一师帅，一万二千五百家立一军帅"。① 乡官的主要职责就是清查户口、编立门牌、征收赋税等事务。乡官对当地情况更了解，其中包括传统的宗法关系。通过乡官管理地方，意味着太平天国加强了对基层社会的控制。太平天国门牌是由地方主将统一签署发放，由乡官卒长执行具体事务性工作。同一主将统辖一定区域，且同一地区前后主将发放还可能会互相借鉴，比如石门县门牌由"妥天福佐镇石门军民事务滕"、"僚天安佐镇石门军民事务邓"、"殿前又副堂率邓"和"谨天义熊"等发放，版式和内容相似。正因为如此，太平天国在石门、德清、尚虞、武义、东阳各地发放的门牌，从发放目的、内容到版式，差别都不大，可以说浙江各地的太平天国门牌大同小异。

三　石门县太平天国门牌与清同治年间门牌之比较

除了太平天国门牌外，浙江省博物馆还藏有 31 件清同治年间的门牌，其中 6 件石门县门牌。同治三年（1864）湘军占领南京后，太平天国基本失败，清廷在其后发行的门牌为研究地方重新整顿户籍留存了史料，也为太平天国与清政府发放门牌的比较提供了实物。下面将太平天国壬戌十二年（1862）石门县门牌（门牌 1）与同治三年浙江嘉兴府石门县门牌（门牌 4）从版式、钤印、内容等方面进行比较。

---

① 《本殿右八指挥杨札谕》，金毓黻等编《太平天国史料》，刘钧仁、王会庵校点，中华书局，1959，第 131 页。

门牌 4：同治三年浙江嘉兴府石门县门牌

钦加同知衔署理浙江嘉兴府石门县正堂加五级纪录五次杨　　为

门牌事：照得欲安良善，先除痞匪，编列户口，以便稽查。现在石邑甫经克复，湖郡未遽肃清，难免无奸细混迹，宵小潜踪，深为民害。急须查逐而靖地方，合行印发门牌。为此，牌仰各都图地保，查明居民户口，依次填给，悬挂门首，以备稽查，倘有生死迁徙嫁娶等情，随时禀请换给。须至门牌者。

十五都/图　第五室户　年廿五岁　妻一　氏年　岁

兄/弟姊/妹年　岁　妻　氏年　岁

祖父/母　年　岁父/母一年　岁子/侄　年　岁子妇/侄妇　氏年　岁

孙/侄孙　年　岁孙妇/侄孙妇　氏年　岁女/侄女　年　岁孙女/侄孙女　年　岁

业　雇工/妇　名左/右邻　戚/友　店伙　名

同治三年　　月　　　日　　　给

在版式上，石门县这两张门牌均是连史纸单面雕版蓝刷，墨笔填写，外框由梯形和方框组成，线框内上端刻"门牌"两个大字。但不同之处是太平天国门牌是单线框，同治三年门牌是双线框，且下框内版式两者也有差异，前者每行文字都画有竖线，为23行线框，后者则没有画竖线条。

在钤印上，这两张门牌均在年月日处盖印。该太平天国门牌钤"天父天兄天王太平天国开朝勋臣殿前忠孝朝将邓光明"双龙纹朱印一方，另在右下角钤"李记查过"朱戳一个。同治三年门牌钤"石门县之关防"篆体朱文印，另在顶部中间盖有"如有需索钱文，许受害人禀究"朱戳。从钤印看，此两方门牌经过了查验审核。

太平天国门牌钤的是地方主帅印，清门牌则是县印。除了同治三年石门县门牌上钤印为"石门县之关防"外，其他时期均钤"石门县印"，印面同时刻有汉、满两种文字，或汉、满、蒙三种文字。如同治七年（1868）浙江嘉兴府石门县正堂加六级记录十二次陈发给陈社高的门牌，铃印为刻有汉、满、蒙三种文字的"石门县印"。

在内容上，这些门牌基本含有发放者、发放目的、家庭成员、禁止事项以及要求等诸多方面。首先，太平天国壬戌十二年门牌为"太平天国殿前又副掌率邓"发，清同治三年门牌则为"浙江嘉兴府石门县正堂加五级纪录五次杨"所发。太平天国实行军政合一统治，发放门牌当然是由镇守地方的主帅发放，而清方是由县府正堂发放。一县之长掌管户籍，由其发放门牌是清代门牌管理的一种常态。

其次，太平天国给发门牌是为了"抚安善良，以杜滋端"，清方发放门牌是为了"安良善，先除痞匪，编列户口，以便稽查"，两者都有安善查奸的目的。太平天国门牌还有杜绝不法"官兵擅行滋扰"，允诺"倘有不法兵士故违干冒情弊者，许尔禀送来辕，严刑讯究，决不宽容"，有约束和防范太平军扰民的考虑。而清方门牌仅为除匪防奸，重新整顿门牌户籍制度，以征赋收税。另外，同治十三年（1874）九月兰溪县发叶小贤门牌上还有四项禁止："一禁结盟拜会吃斋惑众，一禁赌博盗窃奸拐抢亲，一禁私藏军火器械窝结匪类，一禁承垦抗粮承佃抗租。"可见，地方政府发放门牌兼有推行保甲制，加强基层社会控制，防范民众反抗，以维护清廷的统治的作用。

再次，从门牌所载户主家庭成员看，同治三年的门牌所载家庭成员更为复杂繁多，除了有太平天国门牌上所载的祖父母、父母、叔伯、兄弟、姊妹、子侄、媳妇、孙子等基本家庭成员外，还印有"雇工/妇""左/右邻""戚/友""店伙"，社会关系更为广泛。这是因为清门牌制度还兼有保甲制功能，保甲长有责任及时更新门牌所载家庭成员的变动情况，防奸连坐。馆藏清方门牌上明确标明"倘有生死迁徙嫁娶等情，随时禀请换给"，如此密切关注家庭成员的生老病死和迁移变化，说明清地方政府对社会治理高度重视。由此可知，清政府的户籍管理更为全面，对基层社会的控制力度也更强。

最后，同治三年石门县门牌上朱戳"如有需索钱文，许受害人禀究"，同治十三年兰溪县门牌上"此牌由官捐给，不取分文"来看，清政府门牌是免费发放的。太平天国后期门牌给发是收费的，而且费用不低。浙江省博物馆所藏 1862 年太平天国尚虞县门牌费执照，上面写道："收到门牌费洋二元五角钱一百文。"① 这是门牌收费的实物材料。从文献记载看，甚至还存在重复收费现象，如前面提到的《花溪日记》多次提到海宁"又欲分门牌"。浙江各地所收门牌捐数额不一。1861年汤溪禅天义李尚扬规定太平天国门牌"每一门牌纳银币二圆"。② 1861年12月，太平军占宁波后，"编立门牌，一牌出番洋三元五角，时番银每元计钱一千八百"；③ 东阳太平军"造门牌每户给一牌，索番银一圆"。④ 绍兴地区"稽户口，立门牌，牌价有数十百金不等，贫民不逮，并责于富民"。⑤ 黄岩"编户给门牌，分三等费"；⑥ 宁海"编户给门牌，令出银"。⑦ 乐清"门牌，一牌需洋钱二圆、铜钱二百文、米三斗或五斗、七斗，不能画一也"。⑧ 此外，不论太平天国还是清政府，都要求将门牌张贴，悬挂门首，以便查验。门牌成为安分良民的身份象征，只有领有门牌者方能居住。

从社会治理层面看，门牌制度作为一种户籍管理制度，具有摸底统计的性质，是推行纳粮交税的基础，其能否有效实行，会对其他政策的执行产生很大影响。清门牌上盖戳"如有需索钱文，许受害人禀究"，是考虑到当时的贪腐风气。比如《转徙余生记》所记载的咸丰三年（1853）清军索贿现象，"兵弁以盘诘奸宄为名，见贼所给门牌并关票，即指为贼，必贿以重资乃已，不则缚献营中，即置之法"。⑨ 这样明确规定禁止索钱，避免了地方官员借发放门牌乱收费的现象，不至于遭到普通百姓的抵抗。但是太平天国后期门牌普遍存在收费现象，表明太平军已经将此当成了一项增加稳定收入的方式，发展为门牌捐。门牌捐的征收，尤其是重复征收，给贫苦百姓增加了生活负担，导致出现了"减灶匿名"⑩ 的现象。这就势必会影响其他政策

---

① 见太平天国尚虞县右贰军帅季发给乡民金翰飞门牌费执照。
② 《民国汤溪志》卷1《编年》，黄灵庚、陶诚华主编《重修金华丛书》（85），第63页。
③ 《剡源咸同间兵事》，《太平天国史料汇编》（23），第10144页。
④ 《诸暨咸同间兵事》，《太平天国史料汇编》（23），第10155页。
⑤ 《越州纪略》，《太平天国史料汇编》（23），第10194页。
⑥ 《台州咸同间兵事》，《太平天国史料汇编》（24），第10359页。
⑦ 《台州咸同间兵事》，《太平天国史料汇编》（24），第10360页。
⑧ 林大椿：《粤寇纪事诗·编门牌》，《太平天国史料汇编》（24），第10500页。
⑨ 许奉恩述，方濬颐记《转徙余生记》，《太平天国史料汇编》（8），第3647页。
⑩ 林大椿：《粤寇纪事诗·编门牌》，《太平天国史料汇编》（24），第10501页。

的推行，显然不利于基层社会的管理和控制。由此亦可以管窥出太平天国和清方在社会治理方面的差异。

四　结语

　　浙江省博物馆藏清代门牌跨越时间较长，既有乾隆、嘉庆、同治、光绪和宣统年间浙江各地的门牌，也有太平天国时期的门牌。通过以晚清嘉兴石门县门牌为研究对象，将太平天国石门县门牌与同时期浙江各地门牌及战后同治年间清政府发放的门牌进行比较，可以看出太平天国各地发放的门牌基本相似，而与清政府发放的门牌内容差异迥然，这正是由太平天国与清政府在基层社会治理方面的不同造成的。

　　太平天国在控制区实行军政合一的乡官制度，地方最高军事主帅同时也是最高行政长官，管理县级以下的基层社会。而太平天国门牌等文物，为后人了解当时基层社会具体情况提供了实物资料。从浙江省博物馆所藏太平天国门牌看，在末尾日期处均盖有发放主帅官职姓名的双龙朱印，如"天父天兄天王太平天国开朝勋臣殿前忠孝朝将邓光明"朱印、[①] "太平天国天朝九门御林开朝勋臣图天福黄起宏"朱印，[②] 即门牌是地方主帅发放。但是，从东阳南门卒长 1861 年和 1862 年抄录的门牌草底和册底看出，门牌的填写发放主要由乡官卒长负责。这些实物表明，太平天国门牌虽以地方军事主帅名义统一发给，但具体执行人是乡官卒长。与太平天国不同的是，清政府军政分离，治理地方的是知县。这体现在清方门牌是由地方知县发放，加盖县官府印。而且清方门牌除有安民防匪防盗作用外，还具有保甲功能，以加强对基层社会的控制力。

　　此外，太平天国后期门牌与早期门牌发放的目的也有所变化。如果说太平天国最早在天京发放门牌具有防奸目的，[③] 那么后期发放更多是为了"士农工商各安恒业"并"杜奸宄"，让民众安居乐业，具有稳定社会的性质。

---

① 见太平天国殿前又副掌率邓光明发嘉兴府石门县花户蔡茂丰门牌。
② 见太平天国宝天义黄呈忠发尚虞县乡民朱锦涵门牌。
③ 王兴福：《关于太平天国门牌的若干问题》，《浙江学刊》1989 年第 5 期。

这说明太平天国设立乡官制度，对加强基层社会的治理和控制发挥了一定的功效。太平天国后期或由于经济捉襟见肘，颁发门牌已开始收费，费用没有统一标准，具有一定的随意性。清政府虽似不收费，但户籍人口的统计兼具收赋征税的某些功能。

综上，太平天国后期门牌制度相较早期不断得到完善，尽管无法与清政府门牌制度的成熟性和政策执行力相比，但从中折射出了太平天国在乡村治理和社会管理方面的尝试和探索，这无疑是值得肯定的。

太仓钱鼎铭碑刻与其"赴皖乞师"

孔令琦　刘　建*

摘　要　太仓市博物馆藏四组钱鼎铭碑刻，详细记录了咸同之际钱氏赴皖乞师事件。该事件直接促成了太平天国战争后期苏南战事的转折，并对了解晚清洋务派官员，特别是李鸿章的崛起过程有显著的意义。同时这些文物的保留，也为太仓的文旅发展提供了富有地方特色的文化遗产。

关键词　太平天国　钱鼎铭　李鸿章　"赴皖乞师"

文物是人类在历史发展过程中遗留下来的遗物、遗迹，可以真实、形象地反映、展示曾经发生的历史事件。太仓市博物馆收藏有四方有关当地仕宦钱鼎铭的碑刻，其内容都与钱氏赴皖乞师有关。从后来的历史发展来看，晚清重臣李鸿章的仕途转折实基于此。

本文拟从这批馆藏碑刻文物入手，搜集整理同时期各类史料，以期基本还原这一重要历史事件的大致轮廓。

一　太仓钱鼎铭碑刻的基本情况

钱鼎铭（1824—1875），字新之，号调甫，江苏太仓人。其先祖由常熟海虞迁居太仓，至钱桓时"由进士累官南赣巡抚，崇祀乡贤名宦，自此科第簪缨累叶不绝"。钱鼎铭之父钱宝琛亦曾官至湖北巡抚。钱鼎铭本人

---

*　孔令琦，太平天国历史博物馆副研究馆员；刘建，太仓市博物馆副研究馆员。

于 1846 年中举人，1850 年考取景山官学教习，1853 年"大挑二等，以教职用"。因其时太平天国运动燎原，钱宝琛奉旨在籍办理团练，钱鼎铭协助父亲。1853 年上海小刀会起事，青浦会党头目周立春起而响应，占领嘉定。钱鼎铭招募团勇，配合官军作战。事后论功行赏，于 1854 年授职赣榆县训导，1856 年复捐得户部主事。1859 年钱宝琛去世，钱鼎铭丁忧回籍。①

可见钱家在太仓算得上是仕宦望族。太仓市城厢镇人民南路 123 号今城中派出所内，即保留有清钱敏肃公祠遗址。其祠为尖顶四坡面砖木结构建筑，内部采用四角双重推山梁柱，四周有船篷轩，目前保存尚属完整。该祠北部配建有小园，卉木池水，凉亭船舫，别具一格。太仓市文广局 2008 年进行第三次全国文物普查时，于园内发现汉白玉碑刻残件若干，可辨识出的有"元年五月二十九日内阁奉上""钱鼎铭由部曹洊擢封"等字样，查《钱敏肃公奏疏》可知其内容为清廷在钱鼎铭去世后所颁赐恤上谕，目前该残件已移交太仓市博物馆保存。

钱鼎铭之墓则位于太仓新湖镇双凤卫星村 1 组（盐铁塘西），该处埋有钱鼎铭墓志铭碑刻。根据太仓市博物馆所藏拓片可知，该碑刻于 1875 年，分为四块，长宽均为 56 厘米，墓盖长 51 厘米，宽 55 厘米。李鸿章撰并正书，墓盖为篆书。

太仓市图书馆内也存有一方"奏请宣付史馆碑"，是曾国藩九弟、时任河东河道总督的曾国荃于 1875 年奏请将钱鼎铭事迹"宣付史馆"的内容。该碑高 170 厘米，宽 86 厘米，厚 23 厘米。

另外，20 世纪 80 年代初，太仓文物工作者根据苏州博物馆藏《钱农部请师本末》石刻拓片，结合本地文史资料，从城内飞云桥朱姓宅内发现请师碑原件。该碑原砌于太仓钱氏家庙卜尔堂壁间，1953 年家庙改建住房，碑石无人收拾，不知去向。流落朱姓宅内的该碑被作为地砖，共五块，每块均高 44 厘米，宽 84 厘米。其首末两块完整无损，中间三块已断裂，幸石背向上，文字未经磨灭。结合苏州博物馆藏拓本，其所载内容基本得全。

---

① 南京图书馆藏《钱鼎铭行述》一卷，刻本一册。

这四块碑出处各异，用途亦殊，然所记事件却大抵相同，均记叙有钱鼎铭于咸丰十一年（1861）赴皖乞师的相关事迹。

二　赴皖乞师

论及"赴皖乞师"的缘由，须从当时太平天国运动的相关情况说起。

1860 年 5 月 6 日，太平军二破江南大营，清廷经制之兵溃散殆尽。太平军随即于 11 日开始东征，并于此后月余间连战连捷，一口气拿下苏南大部。7 月 1 日，太平军兵锋直指上海。忠王李秀成原本认为可以"和平克城"，但此时中外势力已然联手。

就在太平军横扫苏南的间隙，5 月 23 日清署江苏巡抚薛焕派署江苏布政使吴煦请援于上海英法领事，随后当地士绅也向列强提出类似建议。26 日，英法宣布保卫上海，维护商业。因此来到上海城下的太平军遭到列强军队的猛烈炮轰，忠王本人亦被弹片擦伤面部。事后李秀成发表了措辞严厉的声明，指责洋人背信弃义，并于 7 月 23 日率部撤离上海。[1] 不久，太平军主力为解安庆之围开始二次西征，上海战事暂趋平缓。

另外，清廷于同年 6 月 8 日命曾国藩署理两江总督，随即迭下谕旨，要求其率部东援。但曾国藩全力关注安庆会战，并不为之所动。[2] 至 1861 年 9 月 5 日，湘军在围攻安庆一年多后终于将其攻陷。太平军因此被迫放弃皖江流域，转而经略浙江。至 11 月初，太平军合围杭州，浙江防务全面吃紧。

此时的苏浙，已经只有托庇洋人"助剿"的上海尚为清廷辖地，因此江浙缙绅纷纷避居沪上，"新筑室纵横十余里，地值至亩数千金，居民殆不下百万，商贾辐辏，厘税日旺"。当道者利用这笔资金大肆招兵买马，"兵至五万四五千，然皆市井无赖，或窃盗，或通贼"。1861 年 4 月太平军再次大举攻向上海，薛焕命总兵马德昭出御。结果马部刚出队就"叩市门强买物"，扰民不止。当天中午，其前锋又为太平军败回，居民"讹言贼至，则

---

[1]　北京太平天国史研究会编《太平天国史译丛》第 3 辑，中华书局，1985，第 179 页。
[2]　中国第一历史档案馆编《清政府镇压太平天国档案史料》第 22 册，社会科学文献出版社，1996，第 336 页。此套书每册出版时间不一，以下不一一列举。

皆走，啼号辄数里"。如此情景就连在场的洋人都看不下去了，时人记曰：

> 渡有天主堂，法夷所谓神父者主之。……魔士人登船掩捕，搴其旗，检其藏，以次及德昭船，驱入堂，神父者批其颊，作中语数之曰："汝毁苏州城，复将毁上海城邪？"又指所捡妇人衣曰："军中安用是？汝安所得之？汝食大皇帝禄，红其顶，花其翎，为盗邪？为贼邪？"

外人都看得出的情况，当事者不会不清楚。此时正丁忧在籍的湖北盐巡道顾文彬就一针见血地论道："沪兵其殆矣！不壁垒、不训练，行无步伍，出无支应，将何以战？"因其曾在湖北供职，"具言在楚时知曾兵可用可分援"，遂倡议赴安庆向曾国藩乞师。

该倡议得到了在沪士绅的支持，前编修冯桂芬、刑部郎中潘曾玮、苏松粮储道应宝时、苏州知府吴云等群起向江南团练大臣、内阁学士庞钟璐游说。庞应允后，他们又转说吴煦，吴欣然表示赞同，并向薛焕进言。薛起初有难色，但迫于"防兵溃者接踵"，终勉强同意，并派出候补知县厉学潮作为官方代表随同前往。

此事议定后，冯桂芬执笔草拟了乞师信。庞钟璐先以送信"难其人，将邮寄书"。冯力争不可，强调"此申包胥勃苏之任，宜重其选"，"因荐无锡华大令翼纶，阁学不许，继荐太仓钱主事鼎铭，许之"。[①] 于是庞、冯二人修书邀钱鼎铭赴皖乞师，其中写道：

> 沪上一隅之地，关系大局安危，设再不守，则东南半壁无尺寸干净地。当此之时，仁人之心当不以成败厉害计也，且先中丞遗爱在楚，曾营多楚才，是役微君孰能肩之。

钱鼎铭此时正"携家避居崇明"，"时时仰天跌足，相顾欷歔"，接信后便"慨然引为己任自任"，"辞亲故、别妻子，束装秉檄"。

---

① 太平天国历史博物馆编《太平天国史料丛编简辑》第 2 册，中华书局，1962，第 226—231 页。

　　由于从上海到安庆，中间千余里江路多有太平军驻守，因此比较可行的交通方式只有"驾轮船自海门入江"。而为了突出当时的凶险环境，行述中这样记载："江面伪卡联络，惊涛骇浪之中，火光烛天，飞炮如雨。"① 但当时与钱鼎铭同行的冯桂芬学生、候选训导张瑛则在其日记中记道，轮船"彻夜放行，大江月明如画，卧看两岸山色"。

　　15 日早上，船抵安庆。经接洽后，次日午刻钱鼎铭一行便谒见曾国藩。钱请兵时"在坐次哭泣，真不异包胥秦庭之请矣"。19 日再次请兵，钱鼎铭"随机应答，于倒悬之情、累卵之势，靡不尽致"。② 曾国藩亦深为感动，"不得不思有以应之也"。两天后，21 日，钱鼎铭再一次与曾国藩久谈，"语次声泪俱下，叩头乞师，情词哀迫"。次日晚，钱鼎铭又与曾国藩、李鸿章久谈，积极磋商请兵事宜，最终确定"非二月不能筹出一支兵速赴上海"。

　　当然，钱鼎铭乞师除了慷慨陈词和磕头痛哭外，还呈递了名为《公启曾协揆》的乞师信。这封文书主要从太平天国战争的全局出发，将出兵上海的利弊得失条分缕析地进行了阐述。而按照曾国藩剿灭太平天国的通盘战略，湘军占领安庆后，将顺流而下进攻天京，此时如能在下游另辟一个战场，就能牵动太平军的整个防御体系，使之陷入两线作战的被动局面。另外，上海"天下膏腴"的饷源也对一直为缺饷而困扰的湘军有极大的吸引力。前述被庞钟璐否决的乞师人选华翼纶在钱鼎铭未到安庆前便已径自前往游说，其主要说辞即是"上海每月可筹饷六十万两之多，并言绅民愿助此间饷项，冀上游之兵早赴江东"。③ 最后，出兵沪上也可以借机排挤掉非湘系的政敌薛焕、吴煦等人，完成对两江的实际控制，可谓一举数得。因此，曾国藩对此动心而应允，绝非偶然。

　　曾国藩是答应出兵了，但真正落实还有许多准备工作要做。原来，薛焕在应允乞师的同时，还派副将滕嗣林前往两湖募勇 12000 余人。曾国藩对此颇不以为然，认为此"皆各营所汰，徒耗军食不可用"，于是札饬钱鼎铭、

---

① 南京图书馆藏《钱鼎铭行述》一卷，刻本一册。
② 钱涛：《〈钱农部请师本末〉补缺》，朱东润等主编《中华文史论丛》第 16 辑，上海古籍出版社，1980，第 76 页。
③ 《曾国藩全集·日记》第 2 册，岳麓书社，1988，第 213—220 页。

厉学潮前往截留遣散。钱鼎铭"驰遇之汉口,简所募九百人以归,余众悉遣散无哗者。文正大奇之,移师之议遂决"。①

三 人选之议

在确定了赴援的既定方针后,最重要的问题是统军将帅的选择。正当曾国藩斟酌人选时,湘军悍将盐运使衔总兵吴坤修第一个自告奋勇地请求领命。

吴坤修,字竹庄,江西新建人,捐官出身。1849 年,曾赴湘阴办理赈灾事宜,后参与镇压李沅发起义,得候补知县。1852 年,太平军围长沙,吴坤修协助守城,以功擢知县。曾国藩创立水师,其专司军械。后跟随曾国藩前赴湖北、江西诸战场,因功累擢道员。太平军二次西征,曾国藩调之防守湖口。吴坤修且战且进,先于太平军入城坚守,并最终奏捷,论功加盐运使衔。

吴坤修之所以最早出来主动请缨,是因为钱鼎铭等赴安庆哭请援兵的当天,他恰好在场。欲一展拳脚的吴坤修马上意识到这是个建功立业的好机会,于是当天就和曾国藩谈了很长的时间。稍后,他又数次找到曾国藩坚请。至 11 月 22 日,吴坤修明确提出"请募兵六千,赴江苏上海一带救援"。但曾国藩最终"以新兵恐难得力,未许"。②究其原因,主要还是苏南的利益太大,苏抚的人选太敏感,吴坤修一方面才智欠佳,恐难胜任;另一方面资历尚浅,不在曾国藩苏抚人选的考虑范围之内。

在曾国藩的心目中,此事的最佳人选早有定数,就是他的九弟曾国荃。

还在吴坤修为争取赴援而纠缠时,11 月 16 日曾国藩就致信曾国荃称:"上海富甲天下,现派人二次前来请兵,许每月以银十万济我,用火轮船解至九江,四日可到。余必须设法保全上海,意欲沅弟率万人以去。……不知沅弟肯辛苦远行否?"26 日曾国藩再次致信曾国荃,重申了大致相同的内

---

① 北京图书馆金石组编《北京图书馆藏中国历代石刻拓本汇编》第 84 册,中州古籍出版社,1997,第 100 页。

② 《曾国藩全集·日记》第 2 册,第 675 页。

容，并催促道："如慨然远征，务祈于正月内赶到安庆，迟则恐上海先陷。如沅弟不愿远征，即望代我谋一保上海之法，迅速回信。"

对于曾国藩的再三催促，曾国荃却并不积极。曾国藩遂于 12 月 15 日又连催曾国荃受命："江苏、上海来此请兵之钱苕甫，久住不去，每次涕泣哀求，大约不得大兵同行即不还乡，可感可敬。余前许令沅弟带八千人往救，正月由湘至皖，二月由皖至沪，实属万不得已之举。务望沅弟于年内将新兵六千招齐，正月交盛南带来，沅则扁舟先来，共商大计。"但 20日，曾国荃在给湖南巡抚毛鸿宾复信时却写道："自分必不能做分毫事业，深恐贻误上海之局面，是以未敢冒昧允诺。已函请其另谋良将劲旅，以赴兹役也。"①

25 日，曾国藩再一次去信争取曾国荃，几乎是用哀求的口气说："浙事想已无及，但求沅弟与少荃二人能为我保全上海。人民如海，财货如山，所裨多矣。"② 31 日，曾国荃不再兜圈子了，在致其兄的信中明确提出"不愿往上海，恐归他人调遣，不能尽合机宜，从违两难"。

曾国荃的拒绝，使得曾国藩不得不另择人选。原本曾国藩打算由曾国荃和李鸿章、黄翼升同去上海，互为协助，也是对属下的历练。但曾国荃不去，李鸿章又长期居于幕府，带兵经验欠缺。因此，曾国藩认为，赴援上海须用一员老将，他相中了湘军宿将陈士杰。当曾国藩还在用心于劝说曾国荃赴沪时，他就已经和李鸿章讨论了调陈士杰赴沪的可能性。曾国藩 12 月 30日记曰："灯后，少荃来谈，商调陈俊臣带勇赴江苏事件。"③

陈士杰，字俊臣，湖南桂阳州人。以拔贡考取小京官。太平军兴，他即在乡里组织团练，颇有成效。曾国藩治军衡阳，他入幕赞襄。后随曾国藩赴岳州、靖港、湘潭等处战守，皆指挥得当，因功迁主事。1855 年，湖广会党起义，陈士杰归里办团加以镇压。后翼王石达开率部远征至湖南，陈士杰率部将其阻于广武，"上嘉之，擢知府"，旋晋道员。

1 月 6 日，曾国藩致信陈士杰，"敦请大旆出山，相助为理，……如获

---

① 《曾国荃全集》第 3 册，岳麓书社，2006，第 148 页。
② 《曾国藩全集·家书》第 1 册，岳麓书社，1985，第 793—794、797、799—800 页。
③ 《曾国藩全集·日记》第 2 册，第 690 页。

许允，即望招集旧部，挑募三千人"，并好言劝曰，"旧人其事，调度易灵，务望及早着鞭，于明年二月底到皖。其留苏请简一层，以苏省办事乏人，而此军专为东征之用，故如此位置。若不惬尊意，则请到营面商，再行出奏"。17 日，曾国藩正式上奏清廷："江苏按察使汤云松，久病废事，难期振作。……可否请旨即将陈士杰擢授江苏臬司，饬令带兵勇四千名，驰赴安庆，听候调遣。"2 月 2 日，上谕批准。但陈士杰的态度和曾国荃的差不多，"以独子母老为辞"。不得已，曾国藩只得于 3 月 24 日函告薛焕"此军恐成虚望"。当然，曾国藩对陈士杰不愿赴沪是大感不快的，以致在数月后致信他人时，还明确提出："不可效俊臣所为，轻率将事。"①

吴坤修、曾国荃、陈士杰的不果，使得东下苏常这一历史机遇最终落到了李鸿章头上，曾国藩决定由李鸿章招募淮军东援。1861 年底，"曾国藩募练淮北之勇，名曰淮军"。② 对此，李鸿章颇有自知之明，他在这年 3 月 2 日致曾国荃信中说："东吴请兵之使数至，师门始以麾下得胜之师允之，嗣因内举避亲，复以不才应诏。"③

四　曾国藩清障

虽然最终决定由李鸿章率师东下赴援，但后续的相应工作却还有待进一步完成。因为上海当地驻有以巡抚薛焕为首脑的一整套行政机构，他们手中握有兵权和饷源，在江苏仍具有极大的影响力。如果不早为之所，李鸿章即便顺利到沪，其行动也必将左右掣肘，根本无法开展。因此把江苏巡抚的位子挣到手，成了曾国藩决定赴援后的既定方针。

其时杭州危急，上海难保，江浙在京官员纷纷上折参劾薛焕、王有龄，并交夸曾国藩之忠直能干。"用兵以来，惟楚兵最勇而善驭。楚兵者，惟曾国藩最著。"于是清廷于 11 月 18 日、19 日连下两道寄谕，让曾国藩密查薛

① 《曾国藩全集·书信》第 4 册，岳麓书社，1985，第 2357、2514、2523、2570、2769 页。
② 光绪《续修庐州府志》卷 22《兵事志二》。
③ 《李鸿章全集·朋僚函稿》第 1 册，海南出版社，1997，第 2351 页。

焕、王有龄是否胜任巡抚之责，同时命其节制江浙皖赣四省。① 27 日，又寄谕曾国藩命其保举巡抚合适人选。

曾国藩接旨后便以"王有龄不谙军务、祖庇私党、物论繁滋；（薛焕）偷安一隅、劳师糜饷、纵兵扰掠"等为由，奏称"苏浙财赋之区，贼氛正炽，该二员似均不能胜此重任"。12 月 26 日，曾国藩又上奏清廷以"劲气内敛，才大心细"为由保举李鸿章胜任江苏巡抚。三天后，太平军攻克杭州，王有龄上吊自杀，沪杭残存的地方政治力量受到重挫。

在争取主要职位的同时，曾国藩还不忘进一步剪除残存的异己力量。当太平军纵横大江南北时，清政府苦于军力匮乏，曾动员官员回籍"结寨团练""搜查土匪"。这类团练在战争初期固然为清政府提供了一些辅助力量，但随着时间的推移，它劳师糜饷、不堪重用的弊端越来越多地显现出来。于是，1862 年 1 月 17 日，曾国藩上奏清廷，请撤团练，将办团大臣悉数调回京职，并言明要"责成地方大吏督率绅民妥为经理"。② 2 月 2 日，上谕批准。

但被罢去实权的庞钟璐等人，似乎对这件事并没有太多的反对。究其原因恐怕也是意识到自身的军政才干不济，在面对太平军凌厉的兵锋时，畏葸怯阵已是常事，现在曾国藩肯出来收拾残局，他们自然乐观其成。为此，2 月 11 日庞钟璐还主动上奏，请曾国藩援救上海。③

这一系列后续安排完成后，曾国藩最终令李鸿章赴援上海。在出发前，曾国藩、李鸿章还分别去信薛焕和吴煦，索取了 8 万两的饷银，以为"起程之费"。而钱鼎铭回至沪上活动，不久后上海士绅筹获"饷银十八万两，雇轮船五只，复来迎师"。④ 第一艘船于 3 月 21 日自上海出发，于 3 月 28 日抵安庆。李鸿章率领第一批淮军 2000 人于 4 月 5 日登舟，次日起航。4 月 8 日，李鸿章抵达上海，随后又有淮军 5000 多人抵达。清廷于 4 月 25 日命薛

---

① 《曾国藩全集·奏稿》第 3 册，岳麓书社，1987，第 1839、1656、1659 页。
② 《清政府镇压太平天国档案史料》第 23 册，第 526—527、605—609、613、680—681 页。
③ 《清政府镇压太平天国档案史料》第 24 册，第 7—9、40 页。
④ 南京大学历史系太平天国史研究室编《太平天国史论考》，江苏古籍出版社，1985，第 402—404 页。

焕以头品顶戴任通商事务大臣,擢李鸿章署江苏巡抚。李鸿章于 5 月 13 日接任,开始主持苏南军务。

李鸿章莅任后"疲兵悉汰,债帅无权,列阵誓师,信赏必罚,旌旗变色,壁垒一新",完成了其官场发迹的重要转折。这为他在以后的近半个世纪里驰骋晚清中国政坛,大展拳脚,奠定了坚实的基础。钱鼎铭则入李鸿章幕府,"专司输挽,俾士饱马腾,无虞缺乏"。①

五　清廷对钱鼎铭的优恤

随着以曾国藩、李鸿章等为代表的经世派官员逐渐崛起,钱鼎铭的官阶也步步高升。随着太平天国在江浙的失败,钱鼎铭也"积功擢道员,赐花翎,加布政使衔"。在镇压捻军的过程中,李鸿章又调钱鼎铭驻清江浦(今淮安),"转运粮仗,鼎铭常觇贼所向先期储糗草寄顿圩寨以供军用","迄捻匪灭,始终无绌误"。

剿捻完成后,河道总督张之万、湖广总督李鸿章、直隶总督曾国藩交相上疏奏言钱鼎铭"商民感其惠,吏胥畏其廉,军士服其信,性情忠恳,经历密实,才大心细,堪膺重任"。1869 年 6 月,钱鼎铭出任直隶大顺广道,年底升按察使。1870 年 6 月,入觐召对二次,9 月擢布政使。次年永定河决口,钱鼎铭督办赈务,措置稳妥,官民翕服。1871 年底,钱鼎铭升任河南巡抚。

在豫抚任上,钱鼎铭镇压土匪、编练新军、挑修黄河、储粮备荒,所至有政声。法籍传教士安西满欲强行在南阳城中开设教堂,因之大闹巡抚公堂,钱鼎铭"盛陈兵卫门洞,开坐堂皇,呼使前,反复辨论千百言,教士语塞慑息丧气退,事获寝"。1875 年 6 月 24 日,钱鼎铭因"头疡"卒于任上,年五十二。

7 月 2 日,清廷在接到河南布政使刘齐衡奏报钱鼎铭病逝的消息后,颁诏赐恤。其中写道:

---

① 《太平天国史料专辑》(《中华文史论丛》增刊),上海古籍出版社,1979,第 95 页。

钱鼎铭着照巡抚例赐恤，任内一切处分悉予开复，应得恤典该衙门察例具奏。伊子内阁中书钱溯者着加恩赏给主事，生员钱溯时着加恩赏给举人，服阙后准其一体会试，用示笃念荩臣至意。

其后，礼部根据定例复奏：巡抚为二品官，赐恤者"给予全葬银四百两一次，致祭银二十两，遣官读文，致祭文交内阁撰拟"，并说"二品以下官不请谥，特予者遵旨办理"。

当年 8 月 17 日，河东河道总督曾国荃上奏以"钱鼎铭志趣宏远，操守清洁"，其赴皖乞师后清军"遂以水陆各军扫荡淞、太，进克苏、常，贼势由是瓦解，地方因之肃清。论者谓东南大局转关实系于此"为由，奏请"胪列事实，请旨宣付史馆"。① 26 日，清廷颁谕，以钱鼎铭"洵属遗爱在民，着照所请即将该故抚事迹宣付国史馆立传，以彰忠荩"。

不久后，江苏士绅前太常寺少卿杨泗孙呈文两江总督沈葆桢、江苏巡抚吴元炳，称钱鼎铭"于乞师一事立任艰巨，克保全局，以劳定国，功不可泯，应请奏恳圣恩，准将该故抚钱鼎铭予谥建祠，以彰忠荩"。沈、吴遂据此上奏。1877 年 1 月 4 日，清廷再次颁谕，表示"着破格加恩准其予谥，以示优异"。3 月 21 日，礼部抄出钱鼎铭谥号曰"敏肃"。其解释为"才猷不滞曰敏，身正人服曰肃"。因此钱鼎铭的文集取名《钱敏肃公集》，其专祠也称作钱敏肃公祠。

综上所述，赴皖乞师影响的不光是苏南和李鸿章，钱鼎铭自身也在其中获益不浅。《清史稿》在总结钱鼎铭的生平时也说："钱鼎铭慷慨乞师，为平吴之引导。"②

---

① 《太平天国史论考》，第 402—404 页。
② 《清史稿》卷 425，中华书局，2003，第 12234 页。

扬州大学图书馆藏《海角悲声》抄本整理

吴善中*

整理说明 陆筼（1828—?），字仲瑛，号竹亭，江苏昭文（今常熟）人，著有《渺怀堂诗集》《海角续编》等。其《海角续编》一卷，祁龙威先生曾将之与柯悟迟《漏网喁鱼集》一起，辑入"近代史料笔记丛刊"，1959 年于中华书局出版。陆筼另有《海角悲声》，于清同治元年（1862）著于江北复兴沙（今海门三和镇）。1962 年蒋顺兴先生撰文介绍过该书，① 并希望该书能够和《海角续编》一样，"很快地得到印行"。六十年过去了，就笔者目力所及，《海角悲声》仍未"印行"。今据扬州大学图书馆抄本《海角悲声》，加以标点整理，以飨读者。

海角悲声序

陆 筼

《海角悲声》，劫余生续编中之一种也。自红巾倡乱于广西，流毒至江南海角，蔓延数千里，祸及十余年，海一角民不聊生，愁苦之气发为咏歌。古人云，不得其平，则鸣。劫余生以诗鸣者也。巅末六十余章，皆耳闻目见，无一虚语，展卷惨然，思之犹痛。今得兴化重游，含饴鼓腹，吟咏自如，亦意中所不及料者也。然当日良臣义士、节妇贞媛殉难者，何可胜数？余因捷

---

* 吴善中，扬州大学教授。
① 蒋顺兴：《关于〈海角悲声〉》，《江海学刊》1962 年第 1 期。

足先逃，偷生海外，盖幸免者也。回忆狐鼠当道之日，奚啻天渊？谚云：宁为太平犬，莫做乱世人。又云：欲知世上刀兵劫，试听屠门夜半声。诚哉是言！各宜猛省。阅是诗者，作覆车之鉴，力改前非，勿欺凌良善，勿妄杀生灵。诚如是，则太和之气，扬溢垓埏，俾亿万百姓常享升平，永弭浩劫，兵气销为日月光矣。《海角悲声》，未始非有俾于世道人心者也。是为序。

同治三年甲子春正月八日

海角悲声序

陆 筠

壬戌之夏四月，劫余生避寇渡江，寓复兴沙范氏宅，回南探亲，归取剩物，不意该处愚民，曾于前数日在木排上戕贼数名。是日，贼率马队赴乡杀掠，谓之打先锋，借此示威报复。余适在途，踉跄奔避，幸复渡江无恙，以视沙人之安居乐业，何啻遥隔云泥？寓中愁闷，爰将当日目击情形，作竹枝词六十余章，始终道实，曰《海角悲声》。今之当大任者，当必有见之，而渡海救援发忠义之气者，上复君父之仇，下慰民生之感，立解倒悬而衽席之。劫余生延颈举踵拭目以俟。

同治元年壬戌五月

海角悲声目次

纵猛虎	陨文星	迎贼队	撤江防
向帅殁	和军亡	何使斩	徐抚戕
惑音起	贼骑冲	常侯走	昭令逃
陷邑城	烧民舍	逼进贡	发门牌
出伪示	立伪局	伪主将	伪监军
伪刑官	伪卡官	伪大人	伪乡官
伪乡试	伪举人	给田凭	给船凭
打飞纸	改朔望	鸣锣鼓	弭盗贼

拾柴火	收书籍	售字画	售古玩
卖丝绸	卖衣裳	娶贞人	看演戏
梳大辫	患湿疮	禁洋烟	新仪注
知忠义	起民团	打先锋	杀乡民
掳挑担	讲道理	伪收令	真投诚
抱孩近避	负物远逃	迷路狂奔	听枪便走
形容顿改	财物全空	胆怯不归	力疲熟睡
雇船逃避	卖楫为家	荡桨逃生	渡江脱难

纵猛虎

粤抚郑祖琛仁慈不杀，纵贼回巢，酿成浩劫。

诵佛喃喃郑祖琛，位居粤抚太慈心。

红巾解到嗔多事，纵虎归山莫复擒。

陨文星

使星林文忠公，奉命赴粤剿匪，中途病故。

使星赫赫仰林公，惊破浔州贼胆洪。

鹤驾俱随和靖返，口呼心对报宸聪。

迎贼队

道州贡生何见机迎贼进城。

迎贼进城便插旗，道州城陷破江扉。

金银席卷长驱下，何见机何不见机？

撤江防

江督陆制军建瀛，接阅婿书，水陆防营全行撤回。

水陆军屯百万营，长江扼守保南京。

婿书迟到全行撤，死有余辜陆建瀛。

向帅殁

提督向欣然军门，奉命剿匪，尾贼扎营堵剿。

军门共仰向欣然，战首江边御七年。

天上将星如不陨，苏常尚可望完全。

和军亡

钦差和春，奉命迅赴江南，相机堵剿。

兵权钦命派和春，惯弃军营退守频。

张国梁亡张玉死，捐躯自缢作忠臣，

何使斩

学使何桂清擅参人短，朝臣愤憾，因保举领兵。

参人不是请长缨，何事朝臣举桂清。

首为知军连累授，不如拼死莫移营。

徐抚戕

苏抚军徐中丞有壬，贼至，误以为张玉兵，迎接进城。

模糊迎贼当官兵，前队冲来数百名。

次日红巾街巷满，徐中丞死阖城惊。

惑音起

江阴贼四眼狗，至羊尖插旗，湖桥纵火，邑人奔逃。

贼兵飞骑出江阴，确信人偏说惑音。

冲到羊尖猫不避，湖桥纵火始惊心。

贼骑冲

王元昌、梁国泰御贼西乡，力不能支。王避，梁亦亡。

王元昌隐竟无纵，马史桥来贼骑冲。

梁国泰亡谁抵御，伪为香客实先锋。

常侯走

常令周沐润在寺前闻警，弃旗掷伞逃命。

红巾七骑入西门，常熟城亡县主存。

捷足不如他病足，齐民逃命独先奔。

昭令逃

昭令王庆元，乘官轿出城，开炮打路逃生。

人山人海小东门，后忽喧呼到邑尊。

多少子民胸背着，忍开洋炮踏尸奔。

陷邑城

黄旗威名老虎称，钉枪炮马共奔腾。

纷纷劫当破扉人，手使长刀帽戴藤。

烧民舍

烧尽民房据邑城，槎牌滚木一时成。

遥遥数里无人迹，惟听轰天枪炮声。

逼进贡

烈火冲天震北方，荒村匿迹意彷徨。

愚民受尽狼虎害，反愿倾家养虎狼。

发门牌

金银逼献贼心欢，到处乡村设伪官。

民领门牌檐下挂，希图眼下暂相安。

出伪示

安民伪示字如刊，百姓皆从壁上观。

贼目汇衔黄与李，朱红圈点印龙蟠。

立伪局

毕竟长毛计亦长，追呼日日逼钱粮。
滚单递派军师帅，善取方原胜用强。

伪主将

主将威名震四方，不居衙署占民房。
钱神善慷他人慨，献媚苏城各为王。

伪监军

流寓多年实罪魁，监军一名共相推。
胸中成竹无人见，举手财源席卷来。

伪刑官

刑部司员向姓王，俨然南面比黄堂。
书差县署原班手，相说他曾开土行。

伪卡官

不识丁东做卡官，枕边酒盏并烟盘。
索钱喝住商船过，俨执路凭字倒看。

伪大人

身穿黄褂并黄衫，武艺超群各不凡。
夜里功名多补实，大人今不是虚衔。

伪乡官

敛钱推诿慷天安，田地丝毫未许瞒。
强改土音俨折狱，皇然不愧地方官。

伪乡试

可笑迂儒志未灰，希图中式伪科魁。
衣裳楚楚头盘辫，道是金陵乡试回。

伪举人

还幸无多伪举人，乡官茶酒奉清晨。
恃符店物频赊欠，意气扬扬满面春。

给田凭

田地抛荒心地宽，不愁银米未清完。
租凭催领何人领，愿吸西风饿与看。

给船凭

船凭给过给商凭，船户商户一一登。
敛得钱银前后献，义安伪号一时升。

打飞纸

飞纸开明船一条，黄旗尖角后梢挑。
不论何时称公干，过卡盘查胆大摇。

改朔望

民命堪怜若倒悬，怪他历日亦行权。
管教朔望称前后，月到中秋未肯圆。

鸣锣鼓

五色旌旗八桨船，头装大炮覆红毡。
水操齐泊东门外，锣鼓声喧十里传。

弭盗贼

连年失盗案陈陈，捕快严追枉费神。

一自伪朝官爵盛，四乡盗贼竟无人。

拾柴火

毕竟上江人最乖，天涯到处作生涯。

馆中炊爨皆称便，台凳门窗皆当柴。

收书籍

广收字纸聚堆焚，书籍文章概不分。

几处高悬廿两秤，每斤给价止三文。

售字画

旧货珍奇置路旁，先锋打得卖堂皇。

宋人山水明人字，识者寥寥价不昂。

售古玩

居民四散贼安民，亲友存亡莫问津。

瓦砾荒郊售古玩，可怜焦土阒无人。

卖丝绸

贼船返旆自杭州，载货归来到处售。

寄语乡人沽酒饮，休贪价贱买丝绸。

卖衣裳

棉布丝绸价不分，男人衫裤女人裙。

乡民入市争相买，为值千文卖百文。

娶贞人

浓桃艳李正芳辰，忽被狂风狼藉春。
女馆时装新姊妹，旁观犹道是贞人。

看演戏

班中脚色正多般，忽扮偷儿忽扮官。
日日开场看作戏，盍将面目自家看。

梳大辫

大辫如绳线似绦，银梳扇式链牵牢。
急时颈上周围绕，也恐交锋受一刀。

患湿疮

贼因心毒体生疮，打罢先锋手更忙。
寄语守身清白士，书香慎勿染硫磺。

禁洋烟

熟悉乡村日要钱，非非妙想入非天。
洋烟白吃相呼走，反说忠王禁洋烟。

新仪注

地覆天翻境别开，新奇仪注费人猜。
堂堂座位偏蹲踞，脚力都从厕上来。

知忠义

头裹红巾手执刀，广帮德贼不辞劳。
江苏人尚知忠义，望看官军不战逃。

起民团

鸣锣防火势汹汹，争杀乡官怒气冲。
富户寻船贫户走，村村防备打先锋。

打先锋

耳边不绝闻开枪，贼骑如飞尽下乡。
一色红旗头尾接，银钱掳尽掳猪羊。

杀乡民

绿杨两岸挂人头，鲜血淋漓人在沟。
不忍细看男与女，尸因天热半多浮。

掳挑担

遇着良民尽当妖，红旗飘处杀声嚣。
衣包顷刻如山积，掳得农夫装担挑。

讲道理

当年沃土变荒场，民尚惶惶又到乡。
莫入馆中听讲理，理长终不及毛长。

伪收令

屋空人散俨安民，晓谕农夫归去耕。
无理讲来如有理，插旗收令始回城。

真投诚

出令投诚自骆公，丹心报国效孤忠。
他年合省全归顺，协镇应推第一功。

腊月朔，骆国忠剃发投诚，闭城固守，遣使赴浥兵，请赏给协镇都统府衔。

抱孩近避

女抱孩儿男负包，皆因命重物全抛。

行行且止三叉路，东面重来西面跑。

负物远逃

参横月落乍天明，人结成群推背行。

小裹大包肩屡换，相言百步担无轻。

迷路狂奔

前者人行后便从，树林稀处火光浓。

狂奔不择东西走，三五成群恐适逢。

听枪便走

或吃粞团或吃糕，人无口不说长毛。

村边树下人团坐，遥闻开枪一路逃。

形容顿改

蜂拥来家几度经，老人被打半身青。

少年逃出无多日，体瘦容枯亦改形。

财物全空

穷乡僻壤亦遭灾，出把门关屋尽开。

屋内空空无物剩，长毛掳去短毛来。

胆怯不归

桃花落尽楝花开，贫富无分悉被灾。

拟欲归家仍未敢，迟疑尚恐贼重来。

力疲熟睡

老不能行躲麦田，途中奔走尽丁年。

暂求安寤无安土，倦把衣包作枕眠。

雇船逃避

断水人家尽雇船，闻风要命弗论钱。

半途遇有谣言起，舟子心邪退不前。

卖楫为家

闻说前村烈火烧，未知确实已心焦。

船多浜小争先出，篙不横撑橹直摇。

荡桨逃生

一叶扁舟双桨划，夜停小港戒无哗。

母因露冷怜儿冻，脱下衣裙当被遮。

渡江脱难

忽惊贼骑后追奔，大炮如雷不绝声。

争附沙船飞渡海，命余虎口得重生。

晚清《申报》社评辑评（二）

李 玉*

商贾论

舆图之广而各有所限也，物土之利而各有所宜也。限则不能相通，宜则不能相变。圣人制以关市之政，而商贾行焉，度支赖焉，下以便民生，即上以足国用焉。此万世不易之法也。水之利鱼盐蜃蛤，陆居者不得资其饶；山之利皮革竹木，川居者不得享其赢。况迁地弗良，如橘逾淮、貉逾汶者，非得商贾之转运往来，以互为通济，则三农百工之器械、礼接之币帛货贝，与夫民生日用之所需，或急求而不得，或多积而无用。《尚书》曰："懋迁有无，化居。"诚利乎其化也。自后世设为税额，俾有一定之征，而物产之盈缩、货值之通滞，上曾不过问焉。第取足乎税额而已矣。其弊也，物价腾贵，泉货不流。思变法者又谓利权必操诸上，于是贱收贵发，朝夕钧稽，驰驱四方，以权赢绌。则朝廷习市侩之为，而民生益蹙；富商大贾皆至穷困不聊，则尤秕政之甚者也。彼物利土宜，果可壅闭以妙其居奇之计乎？夫亦流通以博其货殖之途乎？智者谋富国，而民愈便，不过以所有易所无，以所贱易所贵耳。而调剂节制之道，即寓乎其间矣。

方今中外互市，凡货物之进出口岸者，固已通行无滞，揆其利益厥有数端。

一曰转运之利。在未通商以前，轮舶未行，货之往来江汉粤闽登莱锦盖者，近则半月，远则月余，方能得达；至风涛漂忽时，则又不能自主。而花木、鱼鸟、珍果之类，遂无以致远。轮舶则万里之程，十日可达，挹彼注此，毫无阻碍。近如粤东岁歉，幸有轮船广运洋米，用资接济，舆图虽广，

* 李玉，南京大学教授。

岂有可限者耶？

一曰征税之利。在未通商以前，各子口未立，国家关税所入虽不加绌，而粤海、江海等关沙船、福船之放洋者颇少；放洋既少，纳钞定不奢，而每岁税银之上户部者，无以抵内地各关隘。今则轮舟杉板络绎海面，每日报关册、进出各口货单至不可以计数，物土所产固有以通其宜者耶！

抑予私有请者：文宗朝以各路军兴，议抽厘金，至今未改；条例烦琐，报验纷纭，吏胥得缘为奸；且设局过多，经费甚巨。虽收缴不赀，甘黔营饷、东豫协饷固全借以取给，即江苏河工、浙江塘工亦倚之以举，遽欲全撤，诚知其虽然苟设法以变通之，使无缺于公项，而商贾不扰，则莫若于产货之处多征其税，或较前一倍，或较前二倍，征后给付联单、护照，即听其所往，不复再征到地之课。彼购是货而运赴各口者，既免沿途停泊查验之频；即产是货而发运往各口者，亦免船中隐匿偷漏之弊。惟产货之地如湖丝、建茶等当责成各地方官设局经理，妥议章程：酌夫厘金中则，或视货价之贵贱而每年更定，或较箱数之多寡而每件分科；至出口各关隘，仍可照旧办理，以归画一。如此则商贾便，度支裕矣。留心经世者尚深思其利病也哉！

（1872 年 5 月 11 日，第 1 版）

点评

《周礼》中的《地官》篇专论"司市"："以商贾阜货而行布。"郑玄为之作注："通物曰商，居卖物曰贾。"看来，"商"与"贾"所指尚有不同。但后人习惯将两者合称，乃至不研究语言学者一般将其作为一个单纯词来使用。

"商"与"贾"虽然语义有别，但若从流通货物，买卖商品来说，其职能则一。如同河川之水，商品具有流通的需求，只有这样才可以化滞导淤，互通有无，使商品的效用在更大范围之内得到充分发挥。随着社会的发展，商品流通的重要性越来越凸显，如果商品流通受阻，将会使"三农百工之器械、礼接之币帛货贝，与夫民生日用之所需，或急求而不得，或多积而无用"，从而令民众的生活质量与社会的发展步伐大受影响。从广义来看，商业流通不仅关系民生，更关乎国运。前者是商业的日常效应之所在，后者则是商业的财政效应使然。所以良善的执政者当为商业流通排除困难，不仅使货畅其流，而且使货速其流，应尽量减少各种有可能阻滞商业流通的秕政。

不过，话又说回来，社会建设的根本，在于国民经济各业的协调发展。如果物资供应不充足，徒恃商业运转，迹近投机，则不特商业本身难期良性发展，而且民生质量也会因此雪上加霜。还有，对社会有益的商业流通，必须是急社会之所需，以期在流通中改善和提高民众生活水平。如果借商品转运与囤积，以为个人或团体谋取最大利益，也就是说，商业流通的好处不是"流"入社会，而是"流"入少数人的私囊，那么这样的商业流通是非常危险的。

本文对于流通领域容易产生的囤积居奇之弊论述不多，却谈到政府管控调节对于流通之害。在作者看来，政府设榷征税，本为调控措施，却演变为牟利途径，不惜多征多收，不啻市侩之所为，从而不仅使民生益蹙，也使商贾坐困，反过来又使国家所入受到严重影响，无异于杀鸡取卵。

事实上，税收不仅是国家财政支柱，也是市场调节手段，不可或缺，但难度在于如何减少税收成本，使征税既不病商，又可裕国，此中大有文章可做。就晚清而言，随着中外各方面交往的快速推进，中国的商贸方式与经济制度发生快速变化，但清政府的税制与税政严重滞后，厘金就是其中之一。本文作者是这一时期思考变革厘金等税收秕政，以减轻商人成本、加快商业流通的众多知识分子之一，他的提议在当时有一定代表性，但未能得到施行，阻碍商业流通的厘金制度在近代中国存续了近八十年。

致富论
自怡轩主稿

今夫人之处世不能有富而无贫也，而至于今则富者较少贫者日增，何哉此其故？说者曰：时事之多艰也。或则曰：命运之不齐也。殊不知富贵虽曰在天，而有可以人力渐而致者。观《大学》一书曰："生财有道。"圣王治世，则务财通商，引为急务。可知天之生财，原欲使之以有易无，流通无滞，非必使有者尽坐拥厚资，而无者致谋食不遑也。古语云：小富由人力，自在人之不费天时，不惜人工，善经纪以疏来源之路，节费用以杜消耗之端。则财之来也，自能如水之流，行而无滞也。故上古之世无大富，亦无大贫。观于《陶朱公致富》一书，其言养物类培种植者，无不各得其宜，为天下有用之物，即以易天下无尽之财，遂以此致富。是富之可以人力致者，既有明证矣。然其初所以致富之由，可以一言蔽之曰：克勤克俭而已。每观今之子孙，坐得资财，其创造之祖宗，非有天与人授，亦由贫而手创，艰难积铢，累寸而至得于此也。然则彼以昔之贫转而为今之富，则今之贫亦何不可变而为后日之富乎？独奈何以有用之人才甘为天下之庸人，徒耽安逸，而作为无益，狃于奢侈而坐耗资财，此于致贫之道甚近，而于致富之道不愈远耶？吾慨夫人之自取贫者日多，而作致富之论如此。若夫善机巧以获傥来之福，登仕版以逞剥削之计者，此其致富之道，徒期侥幸于一时，不为流传于久远者。又不可同日而语也。

（1872 年 11 月 14 日，第 1 版）

点评

致富之原在于人力，人力之本在于勤俭。若狃于奢侈，则坐耗资财，此于致贫之道甚近，而于致富之道甚远。而那些"善机巧以获傥来之福，登仕版以逞剥削之计者"，其致富之道，更属侥幸，难期恒久。勤劳致富，勤俭守富，是为根本之图。

中西商问答

上海一邑，万商云集之区、四方云屯之所、百国星罗之地，故凡各省之利弊往往聚谈，各事之得失常常佥议。不但如通都大邑不敢斥言，即使较海澨①山陬，毫无隐讳。何况厘金一事，为世所共见共闻者乎。

---

① 澨，水涯，《楚辞·九歌·湘夫人》："夕济兮西澨。"

昨有西士问于中士曰："贵国之有厘金，未知创自何时，予昔闻诸父老云，仅有关税，未有厘金，何故？"

中士曰："然，昔者中国亦向无是举也，咸丰年间粤逆扰乱，兵饷不敷，国家不忍加赋以累农民，不肯预征以为借饷，不得已始听军务帮办雷侍郎以减之请，方有是举，名曰厘金，不过百中取一而已。其始也，有损于商也轻，有益于国也重。厥后处处设卡以抽厘，而商始被扰累矣。迨至粤逆既平，曾文正、官文恭以及当事诸公体恤商艰，将所设诸卡渐次议裁，所存者十中之一耳。故商亦不至扰乱也。"

西士曰："以予所闻，则不然。昔虽卡多，其累民也尚轻；今虽卡少，其累民也更重。予常见商人每过一卡，而司事、巡丁百计刁难，千方讹诈。始至，则曰今日无暇查验也，迨商人与舟子万分哀求，始往一看；否则，或扣留一日，甚至数日不等。继看，则不论货之多少、物之重轻，既不凭前卡所抽之数，又不据商人所报之单，惟任巡丁高下其手以估较。商人不得已，先私贿买巡丁，求其核减。司事避不见商，一任巡丁需索，从中分肥。少不如意，则报委员以行罚。无论富商巨贾之货，偶有舛讹，竟至罚万罚千，甚则有全罄其资本者矣。即或肩挑负贩之民，偶尔经过，亦行取菜取果，甚则有折半其货物者矣。每见在卡之司事巡丁，无不饱食暖衣，尚有余资供其嫖赌烟酒之浪费；过卡之大商小贩，无不垂头丧气，毫无人色，似乎疾病颠沛之足怜。委员方恃以为能，上宪无从而过问。卒至私囊愈满，公帑愈亏，而商民之受累较之从前奚啻一倍。是以少可通行轮船之处，而客商货物无不附载而行，以求免厘卡之累。惟无轮船之区，其苦更不必言矣。"

中士曰："据子所言，惟有尽裁厘卡而后可乎？"

西士曰："何必裁也，变通其法，不但可行，并可少增，又可永久耳：余见中国货物会聚之区，如上海、汉口诸处，各业、各省无不设立会馆，抽收厘金，以应各帮之费用，多者每岁至数万金，少者每岁亦数千金。今若将沿途厘卡裁撤，其省现设厘卡若干所，即择其省贸易最大之地若干处，每处仍设一总厘局，司事、巡丁毋庸多用，即责成各业、各省之会馆司事，于伊等所抽厘金之外，另抽官厘一分，以归总局，或日一缴，或三日、五日一缴。则国家有实得之益，商贾免骚扰之害，分肥之私人既减，征收之公项必加。若能行之而善，更可行之长久，而不必停止。予，西人也，每见西国朝廷有一大事、兴一大兵、制一大器，费用不敷，往往借贷于商贾。及至事成之后，不但归还本资，而且加偿以息。无他，惟深知富商即以富国，累商即以累国之道也。盖国之所恃以立国者，四民耳。士与工则耗财者也，能生财供奉国用者，则农与商。农则岁贡钱粮，商则岁纳税课。然钱粮有定，税课无定，而商之有益于国也，又在四民之首矣。子试思之，贵国粤逆捻匪之乱，若非抽厘之举，何以供此项军需，岂非明效大验乎？今既得商之利，而反增商之害，揆之天理、国法、人情，似俱不合。惟有各省上宪上裕国用，下恤商情，少加变通，则各商安有不心悦诚服，争先报完也哉？更愿留心世务者转达宪听可也。"

（1873 年 8 月 13 日，第 1 版）

点评

　　文中所载，虽曰"中西商问答"，实乃"西士"在给"中士"讲授重商之道。商何以当重？不是因为商可爱，而是因为商之于国，殊为重要。西方的实践早已表明"富商即以富国，累商即以累国"。对当时的中国而言，不仅未能切实"重商"，反而多有"病商"之政，厘金即是一端。文中提出要在"天理"、"国法"与"人情"方面去考量对待商人之策，厘金的推行，在"天理"与"国法"方面倒无多大问题，而恰是司役、巡丁以及主管官员实际工作当中的不近"人情"，令商民遭受折磨。可见，"厘金病商"，不主要是制度病商，而在很大程度上是执行制度者病商。

书上海商贾同恳道宪请减厘金公禀后

　　孟子有言，昔者文王之治岐也，关市讥而不征。自后世垄断之事行，而国家始有征商之举，虽关市所征数之多少无由考核，然以理揆之，当尚不至十分之一。而孟子犹有"今之为关也，将以为暴"之议；宋大夫戴盈之亦有"去关市之征"之意也。至两汉以后，关市征商已成定例，迄今一千余年未之或改。然本朝关税征银为数甚微，每货值价银百两者至重者征税不过五两，其轻者不过一二两而已。咸丰年间兵事方殷，饷费甚巨。内而户部，外而疆臣，筹措无由，拮据实甚，不得已从雷侍郎之请，开厘金之例。创行之始，所取于民间者甚微，有益于军营者甚巨。厥后各项抽厘，较之关税所征已加数倍，而民几困。东南肃清，疆臣议裁议减，已属不少。

今观此禀，上海厘金多者尚十分之三，少者亦抽十分之二，是于抽厘原意已加至数十倍之多，其未裁未减之先，更可知矣。夫钱漕取之于业户，业户取之于田亩，田亩荒芜，则钱漕无从征收。江浙之田亩自遭兵燹，任其荒芜，不肯开垦，其故何也？因钱漕过重，业户恐受累无穷，不如不开垦之为愈也。今之厘金恐亦无异于是。

或曰商贾谋生，全在贸易，不能因厘金之重而不贸易，并不谋生也。此说似也而实非也。商贾贸易，原为谋生，若常有损无益、有绌无盈，又将何以为生，反不如不谋也。近来上海各行店闭歇倒账者纷纷，为数已在百万之外，虽非由于厘金重大之故，然贸易不佳，方至闭歇倒账。商贾失业，则厘金何出？左氏所谓，皮之不存毛将安附也。

或又曰，厘金虽名出于商贾，而实非尽出于商贾也。抽厘虽多，皆可仍分摊于货物，不过买用货物者少增其值耳。不知货物价廉，则买用者较多；货物价奢，则买用者恒少。何也？可省则省，万不能省或减用一半，或减用数成，何常不可。夫货物恒贵流通，今以价昂之故，而时形阻滞，则贸易安得不减色？商贾安能不受累？试以百金之货物而论，若仅抽厘则所抽者不过□〔一〕金耳，其于货物之价值无甚低昂也；若抽厘至二三十金之多，无论别项亏折，即厘金一款之赔累，则百金之资本不过三四往返，□〔其〕折耗罄尽矣。且商贾之经营，亦仅能求十一之利耳，而贸易之利市三倍者有几人哉？今据此禀之厘金，即能利市三倍，亦但敷厘金之完纳而已，何怪乎货物之腾贵，商贾之失业也。又况关税向有定地，厘金到处皆有，货物出产之地业已征收，转贩所经逐次完纳乎？厘金之重大，实所不免，但此禀三成之说亦未免过甚也。惟望在上者体恤商贾艰难，间阎穷蹙，与其征至三成，使货物阻滞，而厘金渐衰，何如少宽一线，使货物流通，而厘金转盛，毋令商贾之闭歇倒账皆借口于厘金之赔累也。是虽有征商之事，尚无为暴之讥也。岂不休哉！

（1874 年 2 月 10 日，第 1 版）

点评

重税病商，其理至明。但国税与商利关系复杂，非简言短语所能说清。不过，提倡减税，反对苛征，以舒商情，而增国用，则是晚清商界的普遍诉求之一，《申报》创刊之初就发表一篇专论，代商发言。

货物何以有价？在于有交易也。价格何以能统一度量？在于有货币也。而价格何以有涨？除了供求变换之外，税收乃其造因之一也。今人有过统计，中国商品即使物不美，价也不廉，原因之一就是承担的税收过重（有人对同一国产商品为何在美购买反而较国内便宜进行过专门考察）。

税收不是自古就有的，始自国家政府产生之后。但古代税率极低，且以农业税为主。周文王治岐之时，就是这样。君不闻《孟子·梁惠王下》所言："昔者文王之治岐也，耕者九一，仕者世禄，关市讥而不征，泽梁无禁。"后来，税关开始出现，这是商业发展的产物。但是关税初不甚重，税关主要从事稽查工作，以维护商业活动。正如孟子所言："古之为关也，将以御暴。"（《孟子·尽心下》）但是，在此后的发展过程中，税率越来越高，给商业活动带来的阻碍作用越来越大，税关的作用渐从"御暴"转向"为暴"了。

时至晚清，税关"为暴"愈演愈烈，尤以厘卡为甚。厘卡所征收者称为厘金，又曰厘捐，发端于咸丰三年（1853）。当时清政府正全力围剿太平军，在扬州设立江北大营。在此担任帮办军务大臣的雷以諴采纳幕僚钱江的建议，创办此制，以筹集军饷。其征收对象为商人，属于交易税之一。厘金者，税率为一厘之谓也，即税率为百分之一，也称值百抽一。此制后来在各地仿行，对于缓解清政府财政危机起到重要作用。

如果说厘卡最初的"为暴"作用尚不显著，但在后来的推行过程中则不断变本加厉。税卡不仅没有减少，而且不断增设，乃至密如蛛网，姑且不论；单就税率而言，也是一加再加，由最初的百分之一，升至十分之二三，几增加二三十倍，使商民负担日益加重。

厘金税率不断攀升，导致货不畅其流，人不安其业，物价腾贵，经济停滞。其直接后果是商业萧条，税基减缩，税额相应减少；间接后果则是阻碍国家发展，加重社会危机。

事实上，税率、税基与税额有一个复杂的函数关系，美国经济学家拉弗曾提出著名的"拉弗曲线"，那是经济学家研究的对象。但商业是税收的基础，商业不盛，税收何以能旺？"皮之不存，毛将焉附"的道理恐怕不难理解，所以与其杀鸡取卵，何如养鸡下蛋，欲图经济发达，裁税减税不失为一途。

中外通商利弊论

客有游于海上者，见各国贸易之盛，以通商利弊来问。余应之曰："无害也。"客瞿然曰："何子言之谬也，今不必博征远引，请以近事为子论之。夫我朝当乾、嘉之际，未经通商以前，民殷国富，路不拾遗，上恬下嬉，风和俗美，秩秩然称上理，虽周之成康、汉之文景，不是过也。嗣自通商以来，渐见贫弱，今则通商之国日益众，通商之岸亦日益多，而中国之凋敝即日益甚。且各国之来中国，匪伊朝夕也。远者万里，近者亦数千里，寒暖异候，饮食异宜，使非利获倍屣〔蓰〕，何肯涉重洋之险，去父母之邦，以羁旅于此乎？外国之利，即中国之弊，两两相形，自可默喻，而子猥云无害，何也？"余曰："子知其一未知其二，坐，吾以语汝。当通商之初，烟土之流入中国者，岁换金银以亿万计，其时通商码头惟粤东一处，故货物腾贵，各商无不均获重息。迩年以来，轮船可入中国沿江之省，各皆设有码头，商者既多，势不得不减价以求速售，乃价值虽日见其减，而销数仍未见其增。至烟土，中国已能自种，即外国所来之货，价亦不抵昔日三分之一。且中国每岁丝、茶所入，势亦足以相抵，余故以为无害也。且不特此，今既商货流通，凡近岸无业之民，皆可借谋生活，不至别起他图，则又计之得者也。"

客曰："然则中国日贫，何也？"余曰："自发逆煽乱以来，中国人民伤残殆半，昔日沃壤良田，今皆化为焦土，荆榛①雨路，触目伤心。计今日转贫为富，转弱为强之法，惟有力行招徕，设法开垦，使天下之民，人人皆知务本。及乎生之者众，百物自见丰盈。十年生聚，十年教养，则昔日承平气象，不又可拭目俟之哉？而于通商何与也？"客不能对，唯唯而退。

（1874 年 4 月 14 日，第 1 版）

点评

本篇提出一个大问题，今天依然值得思考，那就是中外通商，弊大还是利大？文中的"客人"持前论，"主人"持后论，双方各有所据。闭关时代，国内财富在国门之内流动，只要社会安定，政治清明，民殷国富，有类小康，如同一泓高原湖泊，水虽不多但流失有限。通商之后，财富流动突破国界，中外竞争愈演愈烈，静态的固守已不可能，必须在竞争中求得发展。同样如同一泓湖水，如果海拔较高，与山麓的溪流河川接通之后，难免不发生单向流动。在这种状态之下，欲使国不弱民不贫，势不可能。晚清面临的通商局面就是如此，虽然市面因洋商的参与而熙熙攘攘，但利益不断为洋商攫去。中外通商，最大的赢家无疑是洋商。

论沪市

新正连日阴雨，日内始放新晴。昨偕二三友人闲游于市，因见今岁洋场其贸易之冷淡，大有江河日下之势，姑无论其大者，即观其小者，已不胜今昔之感焉。去岁新正，洋场尚有改岁更新之景象，各街之卖儿童耍货摊者栉比林立，今正不过寥寥数处而已。前岁东洋小车初兴之时，每车能坐一人者，乘坐行走片刻之久，须洋一角，少久远者则须数角，若须半日以外，则以元论；若可坐二三人者，则价须加倍。今则由大马路至新北门可坐二三人

---

① 荆榛，亦作"榛荆"，即荆棘。

之车，仅须钱三十文，其价之减于昔者奚啻倍蓰。且从而细察之，昔之乘肩舆者，今则坐小车；昔之坐小车者，今则惟徒行也。又昔时洋场，凡坐落闹热街市之小巷，其中所有之房屋皆设秦楼楚馆，不下数千百家，今则长巷一条，中有华屋数十所，均系户皆网蛛，门可罗雀，日内偶尔过此，见门户之上新换招租之帖，均有"减价招租"字样。以此数端而验之，则近日洋场生意之冷淡不已昭然若揭乎？推原其故，生意之冷淡，则由于商旅之不通，商旅之不通，则由于厘金之太甚，是以诸商往往裹足而不前矣。

昔孟子有言："市廛而不征，法而不廛，则天下之商皆悦而愿藏于其市矣；关讥而不征，则天下之旅者皆悦而愿出于其路矣。"① 亦岂诳人语哉？夫国之所与立以为国者，不外乎士农工商四民而已。今当新皇帝登位之初，而士之得以仰沐国恩者，特开一科，与广额数十名也；农之得以仰沐国恩者，豁免从前之积欠钱粮也。惟工与商则无由得沐国恩，若能于厘金一事少行裁减，则工可略沾价廉之益，而商可多沾余润之利，亦可谓普天同庆矣。

不但此也，沪市为天下贸易第一之聚会，其冷淡尚且如此，其余更可不言而喻矣。故说者无所归咎，惟有归咎于厘金之太甚而已。今姑无论其冷淡之故，果由于厘金与否，然以厘金论之，究属有损于商贾之政，可以裁则裁之，万不能裁亦当议其少减；否则，商旅不通，恐于厘金亦必有损而无益。将来日甚一日，并恐其关税亦将有碍也，岂徒市面冷淡而已哉？又岂徒沪上市面冷淡而已哉？

夫世之拘于偏见者动则曰世道繁华非地方之福，吾则以为不然。昔日洋场之繁华十倍于今日，而市面生理之兴旺亦十倍于今日。今则日就冷淡，而繁华不待禁而自禁也。昔管仲之相齐也，霸诸侯，匡天下，富国强兵，百国来会，故设女闾②三百，而后有所用之；若彼时之齐其衰弱于鲁、卫相等，纵设女闾，何所用之？故凡地方之能繁华，皆由于地方之兴旺；若使地方之日就衰颓，虽欲求其繁华而不能，惟有日归于冷淡而已。夫以沪上昔日之情形，果能天下皆如一律，则中国之兴旺何国能及？惜乎，中国未能如此也。

---

① 语出《孟子·公孙丑上》。
② 女闾：古时设于宫中的淫邪场所。《战国策·东周策》："齐桓公宫中七市，女闾七百，国人非之。"后比喻妓女聚居的地方。

今日沪上之情形冷淡如此，固已日归于俭朴，岂非恶繁华者之所深愿乎！然岂沪上之福哉？观乎此，亦可以占世道之盛衰矣。故深望于有世道之责者其加意焉。

（1875 年 2 月 15 日，第 1 版）

点评

沪市者，上海经济形势是也。本文是《申报》在光绪元年（1875）初对前一年度上海市面综合检讨。总体而言，沪市在前一年度的基调就是萧条。作者列举了上海人力车价格的低落与娱乐行业的冷清，以例其余。作者还从上海窥探全国，指出"沪市为天下贸易第一之聚会，其冷淡尚且如此，其余更可不言而喻矣"。

那么，沪市何以如此萧瑟？这是作者接下来要说明的问题。依本文的观点，市面冷清实即商业不兴旺，而商业不兴旺，则在于地方不繁华。这两句话乍听起来，好像有点重复，其实所指不同。兴旺指的是商务活跃程度，繁华则指的是经济与社会形势，前者为后者之因，后者乃前者之果，"故凡地方之能繁华，皆由于地方之兴旺；若使地方之日就衰颓，虽欲求其繁华而不能，惟有日归于冷淡而已"。

再进一步追问，上海商务何以"日就衰颓"呢？作者首先想到的是厘金，正如文中所言，"推原其故，生意之冷淡，则由于商旅之不通，商旅之不通，则由于厘金之太甚，是以诸商往往裹足而不前矣"。现代经济的体系化与系统性越来越强，流通的重要性越来越突出，而厘金制度的弊端恰在于增加商品流通成本，使货不能畅其流，使市场交易商品减少，商人信心不足，商业萧条，从而导致经济不景气，社会困顿。

作者在文中提到，造成沪市萧缩的原因其实是比较复杂的，但一般民众"无所归咎，惟有归咎于厘金之太甚而已"。因为厘卡的可视性较强，商民支付厘金的切肤感更明显，所以厘金很容易成为丛怨之所。不过，反过来说，姑无论市面冷淡之故，是否完全成因于厘金，然就厘金而论，"究属有损于商贾之政"。所以，当尽量裁撤，以减少其病商害贾作用，否则，如果执意维持厘金之制，不顾商旅感受，不仅"于厘金亦必有损而无益"，甚且将影响到关税收入。因为流通不畅，商业受损，对于各项税收而言，无疑拔其本，塞其源。

论厘金报部事

近阅邸抄，知已屡奉谕旨，欲令各省详查厘金所征入库之实数，此事必须报明，始能查究国家统进收项之大计也。盖钱粮、海税两项已有详册可考，惟特厘金一款，则仍渺茫毫无实据。夫厘金一事，观于遍处厘卡之林立，且又观于所征之厘颇不可称鲜薄，则以理推算，而所统征收者实为当今之一巨数也。何也？仅以海税一事，而试揆之。

夫海税计进出各货，每年收项约一千一百万两，进口之货除通商口些须销用者，其余俱必运入内地；至出口货又仍必由内地而达口，以故经过海关各货仍然犹必经过各厘卡也。即曰有西商按和约输半税以护送至内地者，但其数与所征者相比，究为鲜矣。而欲统算经过海关各货须在各处卡子另付厘金若干，想于海关税又加一半，似亦不为过逾。盖有路远而所叠输不下数倍，即如货自汉口往四川，原布一匹海税计银八分，而一路各厘项，闻已不下三四钱也。即报半税者仍有到所报护之处当即付落地捐，且仅能报往大都会之处，则货犹不能在一处全销，故仍有分寄他处，而仍必又有另出厘金之处也。以故以加一半而算，亦似不为过奢。如是则计经过海关各货，另应付厘者，皆谓可得银一千六百五十万两；如其不经海关而内地犹过各卡者，亦甚难于揣计。但只以至少而言每年三百五十万算，则厘金仍当共统收得银二千万两。然此皆系测度之数，其详不可得知。第所虑者，商民虽捐出有此大数，而国库究不知收得多少也。否则，库银何为而见绌如今之势乎？

夫厘金之设者，原因各省罹于兵戈之际也，彼时生意之道自然大觉阻绝。现在国已久享升平，则厘收应亦大觉增多。然国库其究竟能觉溢多否欤？故谓现在朝廷谋及此事，出计尚亦不谓早矣。海关之岁税昔少今多，已增至每年约一千一百万两，按年四次，均有细帐可考。假设国家于征收海税之规与抽厘之法向来同其制度，迄今而税款之入国库者，谅亦不能如此之多，想每年可得五百万两，已实可谓幸事也。

是以朝廷现在议及查究厘金之虚实，所尤望者犹应筹计收厘之善法也。现在海关经已创开善收之则，海关内犹多华员，皆稔其道者，何不先以一省试行，派海关内明于税事之华员，使其承办：仍令如海关一例，将过卡各货，并收厘金几何，皆按期详晰刊列，与众同观，于是进口来内（地）诸货有与经关诸货皆有质考之处；如有隐讳之弊，而当事者亦可有所推究。盖现在贸易之道为多卡苛抽所困，而商人皆引领望国家抽厘之事少事变更，聊可以苏其困也。若使各处抽收虽多，不达国库，而民人犹何以望国库丰足，将有酌减厘收之日乎？是不得不望司抽厘之权者，有以变通，庶可以上盈国库而下苏商困也已。

（1875 年 4 月 6 日，第 1 版）

点评

朝廷虽然屡次下令各省详报厘金数额，但实则"渺茫毫无实据"，说明地方官并不主动奉命、积极执行。地方官何以如此？因为一旦如实上报，毫厘不差，哪有自己插手渔利的机会？不仅地方大吏不愿如实呈报户部，即厘局司役也愿含混从事，希图舞弊。由此造成厘金关卡局所皆属糊涂从事。但他们真的糊涂吗？不！他们是对公糊涂，对己清醒；他们是小聪明而大糊涂。只有大的方面糊涂一些，谋求个人利益等"小聪明"才得以实现。

厘金报部制度一直难以执行，原因之一还在于厘金体系缺乏像海关一样的统计系统。若能"如海关一例，将过卡各货，并收厘金几何，皆按期详晰刊列，与众同观"，则厘金收解情况自不难了然。由此可见，财政公开也是提高财政效用、防止征税腐败的手段之一。

论藏富于民

西国借贷国债一事，犹有三代以上藏富于民之遗意也。古者藏富于民，故有子于鲁哀公年饥用不足之问，直对之曰："百姓足，君孰与不足？百姓不足，君孰与足?"① 可见三代以上，君民一体，有无可以相通也。秦汉以下，其法尽废，边饷不足，富民输粟于边，朝廷酬之以官，此即今日开捐之权舆也。盖三代以后，国用之耗费，莫过于边饷，不徒今日为然也。缘其他用度，君相可以设法节省，至边饷之多少，其权不能操之于中国。故其用费，君相不能预定也。

至于今中国家每岁取之于民者，均有一定之规，可以量入为出。惟黄河决口与水旱大灾以及格外用兵之费，均属意外之事，无从另筹其款，不得已始有开捐之举。咸丰年间，各省被兵，捐项不敷所用，不得已始有抽厘之举。虽皆取之于民，究与古人藏富于民、有无相通之意不甚符合。

若夫西国则不然，国家倘有意外之用，可以借贷于民；至国有盈余之日，仍旧归还民借，至再全三，均可照行，此方可与藏富于民之说相符也。于以叹中西人情之厚薄迥不相侔矣。

中国借贷于民之事从未举行，即使欲行此举，恐民间亦无有能从之者。何也? 西国之富人在上者皆能知之，中国之富人在上者未必能尽知之也。且不但此也，国家于万不得已之时，始为开捐抽厘之举，而局中、局外之人无有念及国家此举实由于万不得已，均以赤心相报，反（从）乘其间隙，于开捐之举则造假照以牟利，于抽厘之举则舞各弊以遂欲，全不顾国家之大局。想西国必无此事也。于何见之? 于中国海关延请西人，代办税务已可得其大概矣。

西人之经理海关也，其俸必厚。然取正俸之外，丝毫不染，此人人所共知者也。若使中国之人自为之，未必能若是之弊绝风清也，犹得曰此俸厚足用方能如此也。然使华人为之，恐亦未必。盖西人之心易足，而华人之心难足也。故中国谚曰鱼不怕水多，人不怕财多也。吾尝推原其故，缘华人所见者小，只知有目前之利耳。

夫以中西相较，中国未必贫于西国若是之甚也。实由中国之金银多务积藏，西国之金银必求流行也。吾闻山陕富家每岁盈余多藏于家，不令复出；

---

① 语出《论语·颜渊》，原文为："哀公问于有若曰：'年饥，用不足，如之何?' 有若对曰：'盍彻乎?' 曰：'二，吾犹不足，如之何其彻也?' 对曰：'百姓足，君孰与不足? 百姓不足，君孰与足?'"

其余各处官商之富者往往畏人知其富，亦令金银尽藏，竟有人亦不知其富者。故吾谓只知有目前之利耳。且人得一取利之事，但于此事多方索求，断不肯于此事适可而止，再于他事另谋利益，此亦只知目前之一端也。若西人见一可以得利之事，众皆集资以成之，每年所得之利即行分给，而所得者又可再谋他利，故富者愈富，即人亦皆知其富。此西国之金银流行所以愈形其富，中国之金银积藏所以愈见其贫也。故中国在上之人尚无从知民之富，又安能向民借贷也？吁，大道为公、君民一体、有无可以相通之风不知何日始能再见也。藏富于民之说，何以宇宙竟若是之不相符与？

（1876 年 3 月 4 日，第 1 版）

点评

藏富于民，国之古训，为何反为西国所操？自有其由来。盖中国的官民关系偏向政治性，举凡国家有急，不是加捐就是增税，甚至责令民间毁家纾难。即使有所奖励，也是荣誉或政治层面的，例如捐粟入官等。而在西方，官民之间是一种契约关系、经济关系，政府向社会发行公债，还本付息，照章而行，官民各得其所。中国官场征税开捐是单方面的强制行为，所以百姓唯恐露富；西方各国发行公债，是政府与社会的协商行为，所以民间较少顾虑。前者因政府的单向行为，官民隔阂加剧；后者因政府与社会的互惠关系，而使"君民一体"化程度加强。中国民众因担心财富外露，所以情愿深藏，这其实也是一种"藏富于民"的表现。但这种静态的方式很难使财富增值。相较而言，西方国家通过公债、公司等机制，使社会资本被不同程度地集中，通过扩大经营，实现增值，从而使家、国均蒙其利。也就是说，中国的藏富于民是存量式的，西方的藏富于民是增量式的，其机理不同，效果自然各别了。

论中国贫富情形

中国本非贫弱之邦，若使经理有道，侵蚀无人，何至不如泰西各国之富强□［哉］？以现在言之，兵则屡败于四［西］□［国］，财又常贷于西人，无怪泰西谓中国为贫弱，而中国又何必自讳其贫弱也！何也？此固众所共见共闻，而不能隐，亦不必隐也。

但以强而论，泰西各国近日战兵日众，战器日精，少有失和，即行交战。一旦兵连祸结，动伤千万生灵。即如近日普法一战，法人死者数十万，普人死者亦数十万。以有限之人民博无益之高下，吾甚不以为然。故愿中国自居于弱，不与强者争能角胜，使民生涂炭，亦属幸事也。

若以富论，则中国昔时何尝不如泰西？就吾所闻而知之者言之，元以前姑无具论，明至万历时可谓民穷财尽，故欲开矿以求富矣。然明末说部有言，魏忠贤下狱时告人曰："我罪固当死，然帝若赦我，未尝无益。否则立见国家困乏矣。"帝不听诛之，后闯、献犯顺，果致困穷，遂有借饷于民之举，卒至亡明。盖谓内宫所藏诸金银惟忠贤知之，他人不知故也。初疑其说或出于魏阉之党欲为魏阉免死之计者。然日后京城一破，李自成竟获如此巨项，其说或亦非尽属子虚也。不但此也，各处破城之日，分藩王府、世家大族、巨贾富商之金银，为各贼所得者亦尚不可数计。所贫者惟一庄烈帝耳。本朝定鼎之初，闻山陕之贫民所得各贼数百万银者亦属不少，惟户部各库所存寥寥无几耳。

康熙之时，休养生息者六十一年，而民间亦日臻庶富。□〔至〕雍正时，而户部各库验银之铜人，皆埋没于银中，而不之见。乾隆年间，非徒帑库充盈，而且各省盐商与广东洋商富能敌国者，不可胜数。其时，云南之金银铜锡各矿均行开采，故世界之富，亦莫与京。至嘉庆时，虽不能如乾隆以前之盛，然亦尚未开〔闻〕有患贫之说，此余之闻而知之者也。

若夫见而知之者，余生也晚，在于嘉庆之末、道光初年，而天下之繁富虽不如昔，亦不似今。及塞漏卮之说兴，而天下之局一变，库案出而局又一变，清查兴而局又一变，商盐裁而局又一变，发逆叛而局遂大变，上下皆贫矣。

当夫道光之初，若国用支绌，而捐例一开即能支持。各省之州县银价虽昂而钱漕亦随时增益，亦当不至大困。各省之盐、当到处皆有，一有急用，大者可贷之盐商，小者可贷之当店，亦足补益藩运道关之不足。及洋务起，又加以历年河决，再加以户库亏空，至癸卯倒鞘河南，余幕宛平，同委员赴部钉鞴，而库中之银不掩铜人之足，部库之贫可见。各省一办清查之案，州县尽困，借贷无人肯应，官场之贫又见。两淮全改票盐，盐商多行裁汰，地方之用不敷，直无一处可以设法，商家之贫又见。发逆一起，各逆继之，各省无不遭其蹂躏，民间之贫又见。至此几有不可为之势矣。

所幸者浙之钱江创抽厘之法，所取虽微，然积少成多竟得巨款，用兵之时借以支饷，罢兵之日借以善后，始不至于借饷加赋也。今厘金虽减，然果所抽者滴滴归公，而国用亦不至于拮据，于何见之？于经手诸人见之。试观近日以来，上至督抚，小及巡丁，一经办理此事者无不捆载而回。故此时皆以此差为美差也。方今中国贫多富少，故金银一入富室，更难望有出时，是以共觉天下愈贫也。即以余之所闻所见者言之，闻者且置无论，所见者数十年间其贫富已大有差别。咸丰以前，其金银散在闾阎，故虽贫尚不觉其贫；咸丰以后，其金银尽归富贵，故富者愈富贫者愈贫矣。以吾数十年间所见，业已如此。西人到华以来，但见今时之贫，未见昔时之富，又何怪其谓中国为贫弱之邦也。

（1876 年 9 月 29 日，第 1 版）

点评

本文所论贫富情形，包括国、官、商、民等层面。明朝末年，国穷官富；清代中前期，官富民亦不穷。嘉道之后，时局屡变，财用开始不敷。尤其是在镇压太平天国起义过程中，为度过危机，清政府创行厘金之法。怎奈收厘不能涓滴归公，多被中道截留。本为国家济穷之法，却成官员发财之途。"上至督抚，小及巡丁，一经办理此事者无不捆载而回。故此时皆以此差为美差也。"由于对内与对外，财政支出不断增加，国家贫穷有增无减。大局影响之下，社会信心不足，货币的储存功能被放大，金银多被富贵人家窑藏，市场供给严重不足，贫民谋利为艰，更加剧了普通民众的贫困。这说明，货币本身嫌贫爱富的特点至此更加明显了。

论致富

富，人之所欲也。故子孙无不望祖父贻之以富者，祖父亦无不欲贻子孙以富者。虽孔圣人戒人放利而行，孟子戒人孳孳为利，昔贤均有贻子以金银不如贻子以经书、贻子以阴德之说，而无如世人能信从者少也。如汉之萧文终①与二疏②，不治产业以贻子孙；宋之李文靖造屋厅事不能旋马，其识见虽皆高人一等，然世人之能效法其行为者少也。

但致富亦有其道焉。吾尝闻之西国之人凡有一才一艺之士皆能致富，固不必尽在显宦巨商也。盖有才者能著一书，有艺者能制一物，果能有益人世之用，进呈于国君，国君见其果属有用，许其刊刻行世，造作出沽，须俟若干年后方准他人仿照，而本人业成为富家翁矣。若中国则不然，一书甫出而翻板者已接踵矣，一物初成而假冒者不计数矣。其价值愈多愈贱，至其书之舛讹、其物之苦窳，亦必一日甚一日，以伪乱真，降昂为低，人之欲置买者但求其价值之便宜，不计其□〔实〕物之美恶，是著书制物之人又安望其能致富哉？故中国能致富者惟显宦与巨商耳。然显宦所致之富纵非皆系枉法之赃，亦属陋规，故廉节自好之士皆不愿取焉，是以显宦之中仍有不能致富者。其竟能致富者，恐非均属廉俸所积也，得之以贻子孙何益？常阅《说部》，唐杜黄裳为河南尹，谓其尉卢坦曰："某巨室子与恶人游破产，盍察之？"坦曰："凡居官廉，虽大臣无厚畜，其能积财者必剥下致之，如子孙善守，是天富不道之家，不若恣其不道以归于人也。"黄裳惊服其言。明都指挥使王佐掌锦衣篆，爱其副陆松之子炳，荐代己位。佐死，有三别墅，炳已以计得其二，一尤壮丽，犹欲得之。中佐子以狎邪罪捕，母子至，子犹抗辨。母曰："死即死，何说？"指炳坐曰："尔父坐此久矣，作此等事亦多矣，生尔不肖天道也，复何言？"炳惭令出，事遂寝。至乾嘉之际西捐一案，大小各官伏诛者闻有百数十人之多，家产尽行籍没，是舍身命以求富而仍不能贻之子孙者。

由此三事观之，则显宦之欲致富者固非美事，而显宦之能致富者亦无

---

① 萧文终，即萧何，因其死后谥文终侯，故名。

② 二疏：指汉宣帝时名臣疏广与其兄子受，分别担任太傅与少傅，以年老同时乞归，时人贤之。张协《咏史》写道："蔼蔼东都门，群公祖二疏。"

善报矣。若巨商似非显宦比也，然同一为商而独能致富者未必皆无损人利己之事。盖商必能心计愈工，则其贸易始愈盛也。即如昔日之商其最富者莫如盐务，其使他人食贵已非正理，且动辄拿获肩挑背负之贫民，指为私贩，科之以罪，更伤天道矣。至于趁年灾荒，囤积粮米，祷祝价昂以图致富；又如代汇赈灾银两，除收兑费之外，尚欲刻扣平色，此等银钱已多得一两，世少救一命，是何异于杀人而夺其货也？若由此诸事以致富，恐难守其富矣。善乎，朱柏庐之言曰："刻薄起家，理难久享。"又阴骘文曰："近报则在己身，远报则在儿孙。"愿显宦巨商之欲致富与欲富贻子孙者将此言细思之。

（《申报》1877 年 10 月 4 日，第 1 版；又载邵之棠辑《皇朝经世文统编》卷 106）

点评

富者，人生追求之一事也。然君子爱财，取之有道；小人贪利，取之无道。此致富路径差别之一也。此外中西致富方式不同：西方鼓励创新，保护专利，所以凡有一才一艺之士皆能致富，不必跻身于显宦巨商队伍也；但中国则不然，盗版猖獗，假冒盛行，乃至"一书甫出而翻板者已接踵矣，一物初成而假冒者不计数矣"，遂致发明者难获其利，创新者难受其益。于是，发明创新也就日少一日。结果，在中国要想致富，也就只有做大官与当巨商二途。

靠技艺与发明致富，多半是与自然较量，取利于天地；靠做官与经商致富，乃与人较量，取利于社会。取利于天地者，可以增加社会财富总量；取利于他人者，则是在社会总财富不增加的情况下进行重新分配。取利于天地自然，己受益而人无损；取利于社会，则己受益而人受损。当然，西方的发明与创新不仅包括技术与工艺，而且体现在制度与管理方面。相较而言，中国不仅蔑视奇技淫巧，而且注重制度因循。时至近代，遂致技艺与制度双双落后。两种致富路径，结果何其不同。

极而言之，中西两种致富路径，体现了两种发展模式，其一为增量式发展，其二为存量式发展。举一个通俗的例证，所谓增量发展就是将蛋糕做大，个人与社会均受其益；所谓存量发展就是蛋糕不变，但重新分配，有人获利的同时，必然有人受损。传统中国注重做官与经商的致富模式，在很大程度上就是一种存量式的发展。

看得出，本文作者极力反对靠做官去致富，认为"显宦之欲致富者固非美事，而显宦之能致富者亦无善报"。说明，如果选择了做官，就要断绝致富的念想，或者说放弃靠做官为自己敛财的企图，否则，必无良善之结果。话又说回来，如果选择做一个"穷官"，瘦了自己，肥了百姓，虽穷实富，穷的是物质，富的是精神，或者说，穷的是现实，富的是青史，这又何尝不是一种"财富"呢？再说，做官真正为民谋了福利，做了贡献，官员的子孙后代也绝对会受到社会的格外关爱，就这一点而言，这又何尝不是官员个人"藏富于民"之一道也？况且，官员勤政爱民的光辉形象，还可对子孙后代产生巨大的激励作用，远远超过有限的物质财富。可见不以显宦致富，此中学问大矣。

本文作者对于经商过程中的损人利己现象也大加挞伐，认为如果买卖不公，过于刻薄，贪得无厌，阴狠毒辣，则"己多得一两，世少救一命"，实乃变相"杀人"。由此致富，终难保守，必遭"报应"，"近报则在己身，远报则在儿孙"。可见，作者仅是从伦理角度对商人提出公平买卖的要求。其实，要保障商业公平，离不开法制建设，仅靠道德约束，难以解决问题。不过，话又说回来，对于经商者而言，自身的优良品德无疑可生成相应的资本价值，从而对其创业或经营产生巨大的促进作用。当然，资本家若能转换思路，不孜孜以求经济效应，而将社会效应放在首位，在实现"以身发财"之后，更能"以财发身"，服务社会，那么他创业与营商的价值必然更大，这又何尝不是另一种财富呢？

保全财货说

沪上行栈，客腊倒歇者甚多，金嘉记其尤著者也。而诸钱业因而受累者亦复不少，今正集于公会者，南市不及三之一，北市亦仅居其半焉。铜崩洛应，势使然也。夫货商、钱业截然两途，而以理言之，货为商之本，财为货之源，源远者流长。财固足以致货，末大必折①，货亦足以倾财。苟衡其重轻，权其多寡，而以操纵之道行乎其间，岂能无失，然而仅矣。乃无端而贪心生焉，无端而机心生焉，无端而倾险之心生焉，相倾相轧，势不致两败俱伤而不止。

何言乎有贪心也？商家出具程〔成〕本，以逐什一之利，盈虚消长，固默喻于寸心。然必本厚而利亦厚焉，长袖善舞，多钱善贾，备缓急通，有无将伯之呼②，非钱业莫能相助，夫夫③者亦乐与之周旋。盖货行所欲者，资财钱业所权者，子母相需甚殷，不牵而就，如石引铁，有不期然而然者。货苟有奇之可居，财遂恃此而无恐，贪多务得，利令智昏，其失也，坐有所恃。在富有钱力者，贪其拆息之厚，不厌应数之多，太阿倒持，授人以柄，有不暇计者矣。

何言乎有机心也？凡开设行栈者，资本未集，先聘当手。当手云者，为之担当，一切措置机宜胥出其手也。是则成败利钝，惟彼是视，宜如何虚心延访，郑重以出之。乃于其人之精明若何、谙练若何，俱弗之深考，第问其能为通庄若干、垫付若干，以千计之，甲三乙四，则舍甲而就乙，丙五丁六，则去丙而取丁，较其银数，惟多是从。而为当手，作曹邱生④者，亦必曰某庄其师友也，其庄其亲朋也，不待其词之毕，而行栈主人不觉席为之前，耳为倾，意为移矣。揣彼居停之操心积累，非不知此辈狐鼠伎俩，不借行栈为城社，失所凭依，虽沿门托钵，舌敝唇焦，百无一应，竟任其凭借威灵，矜夸手段，恃钱业为骄人之具，而敬礼备至，若为不知也者，盖驵必依牙，狼终须狈，相为表里，得遂挪移，以他人之酒杯浇自己之块垒，拆息有限，获利无穷，本既不探诸囊，货已早登于栈，意存钩注，轻举妄为，视之有不甚爱惜者矣。

何言乎？有倾险之心也。海上商情，务为夸诈，终岁所获固属不赀，公

---

① 末大必折：末，树梢。意谓树枝粗大，必折其干。比喻轻重失衡。《左传·昭公十一年》载："末大必折，尾大不掉，君所知也。"

② 将伯之呼：指求人帮助。

③ 夫夫：指人人。蔡邕《释诲》："夫夫有逸群之才，人人有优赡之智。"

④ 曹邱生：汉代辩士。

费之酬应去其半，私项之剥蚀又去其半，加以诸伙之透支、外拨之悬记、官利之清提、庄息之除算，外强中干之势已伏于日新月盛之时；以局面日事扩充，资本只有此数，今日一行得利，明日则有数行，由数行而十数，而数十，而百数十行，利之所在，人共趋之，销路未增，利源易竭，此争彼竞，百计营求，甚至有赔现本以图后利者；装载者之水脚一让而再让，售货者之价值一减而再减，一家让而百家皆让，一家减而百家皆减，势必让者无可再让，减者无可再减，而行栈犹是也，酬应犹是也，剥蚀犹是也，推之透支、悬记、官利、庄息诸用费胥犹是也；费不加省，以让减之故，利息愈薄，而主顾亦不因之而加多，何也？让则皆让，减则均减也。洎乎程［成］本、垫款既已亏矣，私心忖度，与其左支右绌，留此不了之局，何如以不了了之，无论官断私断，议罚议偿，其折数不过四五之间，以囊中余款相抵，或可有余；且有倾险之流希图干没，损人利己，用以自肥者，其居心遂不可问。昔王安石与程子议新法，其子王雱在侧，敢于大言曰："斩韩琦、富弼之头，则新法行矣。"斯言也，施之于魏公、郑公，诚为妄诞，况新法又非善政，为必不可行者乎！然吾谓惩市侩，杜刁风，正宜用此语。吁，此苏松观察所以有严禁之示也。

（1883 年 3 月 6 日，第 1 版）

点评

世上最为神秘的战争是心战，最为残酷的战争是兵战，而最为激烈的战争则是商战。传统中国重农抑商，在一定程度上也是为了规避商战之险，保持社会生活的相对平稳。近代以降，中国渐被纳入世界资本主义经济体系，商业大潮席卷中华大地，尤其是各大通商口岸成为商战主要场域。本文以上海为窗口，观察国人在商海中的种种表现，聚集于商战致败之由。作者将之概括为"三心"，即贪心、机心与倾险之心。贪心使人商海迷途，机心使人利欲熏心，倾险之心则使人公德易丧。凡此三心均为商海毒素，急宜去除。

当然，如果没有进取之心、博利之念，商战虽然不会太剧，但经济难免停滞，商业是一把双刃剑，商德是一个风向标，只有以义制利，以利促义，建立以社会效应或精神收益为指归的商业评价体系，才能使商战显其利而杜其弊。不过，要做到这一点需要相当长的过程，一则培养民众的商业伦理观念，一则构筑国家的商业法制体系。

论厘卡巡丁

中国自设立厘卡以来，商民之受累者固无穷期，然犹曰国家多难，库藏空虚，军饷加急，仅于百中抽其一二文，借以裕饷源平匪乱，人人皆有天良，人人皆欲平乱，故初行之际，尚皆踊跃输捐，无所窒碍。厥后军务肃清，而厘捐依然未撤，□［于］是民间颇有后言①，然犹以关课未复，善后需费，以地方上之钱办地方上之事，虽有后言亦未至于怨咨之甚也。至今日，而怨咨则已甚矣。推原其故，大抵由于巡丁之过于凶横，而委员不能觉察严禁，以至流弊如此之酷。如前日福州西字报所载，某洋行之收帐人收得票洋三十六元，行近长桥，该处厘局巡丁突为拦截，谓其身边藏有私货，搜其身畔，遍搜无着而始释之去。迨得释之后，检视洋票，则已杳然。乃急追寻该巡丁，而巡丁不认。归告洋东，洋东往会总办，未获晤见，刻下此事不知若何了结。此其事为可异矣。夫收帐者之在某行，谅必亦既有年夫，是以洋东信之而畀以收帐之责，岂有忽然以三十六元而诬陷巡丁之理？即曰被搜受辱而故设此疑阵以图报复，而无根之词究不足以损巡丁。然则其票洋之既经收取藏之身畔，迨被搜之后何为而忽然不见也？夫巡丁之果然窃票与否，不敢臆断，闻该洋东行将上控，将来一经审办自无难水落石出，果由巡丁借搜私为名而暗取其洋票，则是其情与窃盗无异，宜若何从严惩办也乎？

夫在厘卡为巡丁者其资日有几何？而其人类多衣服光鲜身体丰腴，此其所以致之者，盖有由矣。近闻松属有布客亦为厘局巡丁所窘，非常受累，并且送县究办。此或由于布客实有偷漏以致自贻伊戚。然而，巡丁之凶横，其

---

① 后言：背后訾议。《书·益稷》："汝无面从，退有后言。"《旧唐书·哀帝纪》："虽云勇退，乃有后言。"

势焰真觉炙手可热也。忆前时由苏至杭道经坝址门，该处厘局截船查舱，舱中皆系搭客一肩行李，之外毫无长物，惟余有戚友所馈火腿两只，悬于篷窗间。巡丁查舱而出临上岸时，竟携火腿一只而去，余欲追问，舟子曰：问之彼将不认，此等事见之多次，非徒无益，反致稽延时日；众客亦急于开船，转相劝阻，遂不之问，忍气扬帆而去。

嗟乎，厘局之必设巡丁，所以巡风查货防奸商之偷漏而已；地方之有厘局，所以按货收捐，以裨饷课而已。国家之有此举，原属出于不得已，非将以此厉民也。前者言官屡次上言，具陈厘捐之弊。显言抽收厘金每以饱委员、司事、巡丁等之私囊，其进之国家者殊属无几。而且巡丁弊窦历历详陈：或明明有私货，而得贿者立予放行；或本未有私货，而巡丁作弊多方留难，反致受累无穷，言之极为剀切。故朝廷亦屡降严旨，令各省督抚查核情形，可并者并，可裁者裁，勿使商民受害。无如各督抚意见不同，或量请［情］裁并，或仍多添设。在上宪别有所见，殆欲借此以为地方上多一差事，则需次①者多一调剂，而不知多一重卡，即商民受一重累，其贻患盖有无尽者也。

然则厘捐其果不可行乎？则又不然。夫前时初行厘捐之际，用人也审，立法也详，设局也择要而不在乎多，抽捐也照章而不过乎重。今虽中原无事，而兵燹之后善后诸事一切需钱，况目下海氛不靖，军饷亦应预储，如于此时而遽议裁撤厘卡，是不识时务者之所言也。惟同一设局，同一收捐，同是巡丁，同是查货，苟能事事必求实际，而勿令诸弊丛生。督抚责之总办，总办责之委员，委员责之司事，司事责之巡丁：其有私货希图偷漏者不准得钱买放，其有并无货物者立予放行，不准留难；至于巡丁倘敢私取商民一丝一粟，尤必从严究办，不事姑容；其有此等情事，准商民赴局具诉，倘有该局庇护巡丁，不予准理，则听商民等诉之总办及地方官，甚至听其上控于督抚。如此则厘金涓滴归公，巡役不敢舞弊，商民已阴受其惠，彼区区厘捐之数又岂致有所吝惜耶？至若奸商不顾大局，惟贪小利，百计偷漏，习为固

---

① 需次：旧时指官吏授职后，按照资历依次补缺。楼钥《送袁恭安赴江州节推》诗："九江需次今几年，去去渌水依江莲。"李慈铭《越缦堂读书记·守默斋杂著》："应祺以监生得官，后需次江西，尝署吉南赣宁道。"

然，若一经查出，自当照章重罚，以为偷漏走私者戒。则厘捐之法有益于国，无害于民，亦安在其果不可行也哉？

（1883 年 9 月 18 日，第 1 版）

点评

　　厘金是自晚清以降就一直被国人诟病的一项秕政。此举初衷，时人皆曰可以理解，如果推行得当，可以补充国家财政，以助各项建设，但其实际则无裨于国，有害于商。那么，谁从中获益呢？就是这项制度的占有者，即本文所说的巡丁、司事与委员等。尤其是直接经办稽查与验收手续的巡丁等员，此项制度的益处在他们身上被实际体现，他们在一定程度上劫持了厘金制度。他们将厘金制度的指向，由国家变成了个人，制度忠诚荡然无存，以权谋私成为第一选择。厘金制度遂在他们手里产生了严重变异。那么，既然众人皆知厘金病商，而病商对亟欲振兴经济的晚清来说即害国，为什么厘金制度又难以改变或撤废呢？乃至在朝廷要求各地督抚酌情裁并厘卡时，有的官员不但未裁，反而添设。原因可从多方面解释，但从制度学方面观察，则可以看出，围绕着厘金制度有一大群得利者，是他们在坚定地固守着此项制度。

　　就本文而言，巡丁之所以有机可乘，是因为他们的索贿可以得逞；也有可能最初他们是严格照章执法的，但不排除商人主动行贿，请求"格外关照"。久而久之，制度外索贿与勒索等做法反而成为主流，正当的执法机制却变成另类。商民唯有行贿以求得到"正常"的对待，那些不行贿者自然会因"不正常"而被巡丁"特别对待"。

　　大多数商人虽然希望得到厘卡"优质服务"，却不愿意多付额外费用。所以厘卡留难索贿之举，自然会被其广泛诅咒。而厘卡的实际留难则使商品运销过程延长，实际成本增加，从而使商业整体效益降低，最终出现国家与商民均受其害的结果。

论官商相维之道

雍乾之际，事事皆臻极盛。国家岁入之数不过常额，而盈余之多，直不知其何自而来。盖当日部库存银动辄二三千万，外省理财衙门库储亦大都数百万。虽巡守频行以及一切覃恩①赏赍②额外之用，几于无岁不有，而库藏充实，正有取之不竭，用之靡穷者。自嘉庆初年川湖教匪之乱起，首尾七年，大兵征剿，军饷浩繁，咸取给焉。迨事平，而向之充牣③者亏耗大半，嗣后遂不能复旧，然犹未伤元气也。至道光季年，粤事龃龉④，始则兵饷，继而赔款，搜括派拨不禁，罄所有而出之。而各处库款从此空虚，例放之银大加裁减，一应陋规禁革殆尽。其时以为清查蠹弊之后，涓滴归公，内外政令自此清肃，匮于目前者不难补于将来。而孰知元气之剥丧，实在于此。及咸丰初元，发逆一起，而兵饷至于无从设措，于是大开捐输，创行厘金，挹彼注兹，聊为补苴之计，而天下事遂不可问。

同治以来，通商之局日新月盛，气象改观，而国俗为之一变，其大要则在乎重商。盖中国官商不相融洽，商虽富饶，无与国家，且往往见轻于时。自西人请驰海禁，南北海口遍立埠头，辄须中国之富商与之交易。西俗重商，有因西人之请而其势不得不略示重者，因而渐有官商一体之意。然非各路剿荡发匪，饷项支绌，借重殷商捐垫巨款，则商人尚不免市伦之羞，终不敢与大员抗礼。故商人之见重，当自东南收复之日始也。从前公项之银纵存积百十万，不出库门之外，同治以后则库中现存无几，而大半皆兑付庄号。此因富商于兵需艰急之时，垫发巨款，得以济事，当事者推表其功，倍加信任，以公款与之出入，凡库中应收者饬兑交于铺号，设有放给，亦令铺号解入，然后兑发，或垫或存，听其妥便。而其后遂援以为例，不特外省也，凡解京之款，无论交部库，交内府，督抚委员起解皆改现银为汇票。到京之后，实银上兑或嫌不便，或银未备足，亦止以汇票交纳，几令商人掌库藏之

---

① 覃恩：指帝王因封赏或赦免而广布恩泽。《旧唐书·王承宗传》："顺阳和而布泽，因雷雨以覃恩。"

② 赍：将东西送人。

③ 牣：满。司马相如《子虚赋》："充牣其中，不可胜纪。"

④ 龃龉：本指上下齿不配合，喻关系不融洽。白居易《达理》诗："谁能坐自苦，龃龉于其中。"

盈虚矣。

夫使商人而皆公正殷实也，则存银于库与存银于市，亦无以异。存银于库，而或用银太多，不能放给，必有减缓之事。若存银于市，则可令商人垫发。从前兵饷已有明效，自此以为常例，未始不可。然以国家之财而出入于商人，则官商一体矣。商之盈绌，即国用之虚实也。此而无以保护之，设商有不利，国家将安恃乎？夫官商一体而必有以保护商人者。盖有事之时以商本济国家之用，无事之时以国帑剂商本之虚，其势然也。商人以经营为事，权衡子母①，岁有余利则足以资其一岁之用，本愈大者，其利愈多，设有余资而不知谋利，天下亦无此憨人。且商人性情大都贪妒：彼之本一万而我之资仅五千，则退然居于人后；若彼一万而我倍之，无有不存争胜之心者。所谓长袖善舞，多财善贾者，人情大抵然耳。

况商之所重在乎信义，苟家道殷实而又涉世公正，交结广阔，虽以本资十万，而有数百万之经营可也。汇票往来，不特通市之财可以转移，即天下之财亦可流通。所难者自国家重商之后，凡属殷富皆经大臣保举，小而丞倅②，大至监司，由商而入官，不禁居移气而养移体。一身之享奉虽侈，而犹有限也，而家人亲族岁费浩繁矣。一铺之开销虽大而尚可算也，而官场酬应之事无所底止矣。而况资本愈大生意愈阔，获利固不必言；设有折阅，人一而我百，人什而我千，几番覆辙，力已不支。大抵生意盈亏关乎时局，而亦因人情之贪有以致其颠踬③。

近年以来场面之大莫如上海，而以民穷财尽之故，各业均不得利。从前巨本商人获利万千，即时退手，尚能保其余资，安然坐享。独至声名显赫，联络官场主持市面，处不能遽退之势者，则犹以智计力量角逐于货利之场。然而如今年者，竟至数一数二之人相继而倒。夫以彼之名誉势分，苟稍可支持，亦岂愿数十年之功夫隳④于一旦者？亦甚有不得不然者在也。噫，时局

① 子母：指经商之本利，本金为母，利息为子。
② 丞倅：清代公牍中简称各府同知为丞，通判为倅。
③ 颠踬：踬，被绊倒。颠踬，意即跌倒，也指困顿状态。曾巩《王仲逵墓志》："君在撼顿颠踬之中，志气弥厉。"
④ 隳：毁坏。

变迁，每下［况］愈况［下］，当此官商一体之日，谈时务者咸曰国家富强之效将于是乎在，而抑知败坏决裂乃至于此则甚矣！官商相维之道，不可不亟讲也。

（1883 年 12 月 3 日，第 1 版）

点评

中国传统贱商成风，自鸦片战争之后中西全面通商以降，既因泰西重商之风的浸染，更因中西"商战"的现实需要，中国不得不重商。西方重商是商业发展使然，晚清重商主要是政治演变的结果。正因如此，晚清富商大贾多与官场关系密切，官恃商以融通资金，商恃官以便利经营，"官商一体"之局面渐成。这种局面发展的趋势是官商界限越来越模糊，"由商而入官"成为主流选择。如此一来，商人一改从前政治地位低下时受社会歧视的窘境，出入官场，交接官员，经办官事，乃至摇身一变，顶戴花翎，俨若大员。威风则威风矣，体面则体面矣，但贪婪之心不免滋长，无谓开销不免增加，凡此必然使商业风险加剧。正如文中所言："从前巨本商人获利万千，即时退手，尚能保其余资，安然坐享。独至声名显赫，联络官场主持市面，处不能遽退之势者，则犹以智计力量角逐于货利之场。"充分说明，"由商入官"之后，身不由己，正常的商业法则已不适用。

综论沪市情形

本年沪上市面自夏秋以来，日见衰落之象，至冬间则更疲敝：亏倒之行号、店铺日有所闻，讼案累累不能清结；其未至倒闭者，亦复竭蹶万分，左支右绌，时时以不能周转为虑，所以不即歇业者，幸也。沪上南、北两市，分门别类，生意各有所重，如北市以丝茶、洋货、烟土为大宗，南市则以南北货、豆米、棉花为大宗，乃本年此数项之中几于无一获利。总之，各业皆资挹注于钱庄，庄款紧急，则向来之长袖善舞者至此皆束手无策；即有谨小慎微，平日顾东人之利害，不敢逞智炫奇而拘拘自守者，至于今日亦止保全

· 203 ·

血本，利不能有，而害亦仅免焉耳。

盖市中列货，大半居家日用所需，比年以来民间枯瘠，风气繁华，中人之家皆有外强中干之势，因而居家省啬，凡服食器用之类无不从俭。店铺售货綦微，进出骤减于前，而一切开销不能缺乏，因之利不能厚，故虽店东殷实不借庄款以流通，子母相权无虞意外，而亦未必有盈余也。

试以一端言之，往年将届岁阑①，乡镇人家赴城市购物者如水赴壑，而食物尤甚，南货铺、油烛铺以及鱼肉、蔬菜诸摊，人头拥挤，几无驻足之地。今至二十日以外，而此等店家、摊场仍然寥寥，户限未尝一穿，可见民穷财尽，日用俭约，百行生业为之一清。年终如此，平日更无论也。小者如此，大者又何望也。至于大帮客商办货之多寡，亦可准是以定矣！总之，通市各业直无一可以获利者。银根之紧急则困于不能通融，售货之清淡则耗于虚縻坐食。大自行号，小至肩贩，其受病不于彼者，亦必于此。而市面之景象为何如也！

夫银根之紧，其故有二焉。盖富商大贾拥资百十万者，每一行省中多不过数十户，而市面各业需巨万资本者，直无一业不有之，人情多贪，孰肯量自己之资本而限以经营者，此所以借钱庄也。钱庄之本如沪市汇划字号之多无过五万，少则二万余，招揽往来户头百十，所放之帐辄盈数十万，以为财东声势足以取信。店中存□〔款〕既起利以予人，不得不放出以牟拆息，而缓急之间又有外国银行、西帮票号以为之援，挹彼注兹，殊觉便捷，虽生意之数十倍于资本无伤也。本年初上市时，南北各庄值累年疲敝之后，本属强弩之末，乃夏秋以来各处富户纷纷提回存款，而西帮于十月间忽然收帐，银行又不能拆，至于二三十年著名殷实之号商一旦不能支撑，先后倒闭，于是通市骇惧；而存银生息之户催索不遑，钱庄受挤因就倒闭，而外行之有存款者亦一齐轧倒。借庄款以补资本之不及者，往来既绝，而年终借长期之举又无处设法，店中急迫，而伙友私亏更属无从掩饰，此一端也。

自中国设立公司以来，不下二三十处，去年买卖股分之旺，几于举国若狂，乃不及一年而情弊显露，股票万千直如废纸。推原其故，盖中国徒知仿

---

① 岁阑：年终之际。司空图《有感》诗："岁阑悲物我，同是冒霜萤。"

效西法创办公司，袭其名而未求其实耳。外国每一公司章程出，招买股分，惟真有家计者与经营曾发大财倦游思返之人出其资以购股，而岁收其息；既买之后什［世］袭而藏，日盼公司之兴旺而已，得与沾其益，固无朝而置之暮即舍之之意。至股价虽有涨落，然必视公司所办之事有无成效而始定其价，而有股者犹不以为意；即使亏折，尚望后日之终有利益，未必皇皇然求脱也。今中国之公司事则无人问及，但日日探听股份涨落之消息，盈者急售以获利，绌亦急售以逃本，因而骤涨之时至于无处可购，骤落之后几于一钱不值，而十万百万之血本变为破纸一卷，此中亏耗者独非市面之银乎？宜乎，银根之紧急也！

夫中国股票之所以不能无买卖者，正以买股之人初但希冀其涨价沾其余利，并无置为产业永远世守之意。故买票之资大半来自借贷，出之挪移，久必受人逼索，不得不如此耳。本馆于股分行情自有平准公司以来，无日不访登报章，以供众览。核计各项原本已收者，银则七百余万，洋银则三百余万；以今正月各股涨多跌少之时算，至现在，除自来水获利四万八千镑，赛兰格点铜获利三十一万六千二百五十员［元］，内有两处现已禀明还股，不在市价之列，然所除有限，余则均归折耗。以一年之中而耗此巨数，虽曰股票贱而银则仍在，然买股诸君已实亏如许之多，安得不愈形紧急乎？此又一端也。

要之，今年市面从来未有，所赖有权力者加意堤防，悉心整顿，庶几新岁气象犹有挽回，不至成江河日下之势，斯为得之。然而挽回亦正非易易也。

（1884 年 1 月 23 日，第 1 版）

点评

经济繁荣的表现之一，在于货畅其流。货欲畅其流的保障有多端，其关键之一则为货币畅其流。货币不畅，银根收紧，经济必然衰败。正如本文所言，市场困顿之际，"而银则仍在"，"银根之紧急则因于不能通融"。

既然货币没有减少，流动为什么会出现问题？原因在于人为限制或操控，即有意把货币囤积起来，不让其再像从前那样流动。这样就会导致市面的筹码不足，陷于紧缩状态。如此一来，消费品市场萧瑟冷淡，股市持续低迷。

那么，为什么有些人会不愿意让钱再从自己手里流出去，以"服务"社会呢？两个字——担心。担心什么？担心风险。说明他们对让钱流出去的信心不足，认为钱流出去不仅不会增值，反而可能贬值，甚至收不回来，所以宁可把钱囤积起来。

信心是一个复合体系，是投资者与社会互动后关于投资前景的判断。信心是信用的基础，但信用不仅仅是个人之事，而且是一个共同体之事。当每个人都对社会充满信心，社会信用大厦自然牢固。当然，信用并非信心的简单叠加，作为信用体系支撑点的信心，尚必须具有良善的动机。

社会信用体系又是敏感和脆弱的，任何政治、军事、外交与社会方面的重大事件都会不同程度地影响到信用体系多米诺骨牌方阵中的某一个或几个骨牌，使其滑倒，从而引发连带效应。重大的或众多的市场投机行为，与有意识的市场操控，都会动摇市场信用体系的根基。

在信息不对称的条件之下，投资者之间的行为与理念示范，作用较为突出，这样就会产生市场繁荣时的"锦上添花"效应与市场低落时的"落井下石"效应。这在根本上还是由民众投资的趋利避害心理导致的。庄家为此而居奇操纵，散户为此而盲目跟风，纷纷攘攘过后，终有人会为投机付出代价。结果，市场信用受损，投资信心丧失，金融流动枯滞，经济的萧条自属必然。

本文所描述的上海市场疲敝，成因于二端，其一为钱庄投机，其二为股市投机。凡此二者，皆由贪利之人造成。投资以取利，本属正途，但如果太无理性，买空卖空，其害难免。本文提出投资要"求其实"，颇有深意。钱庄若能求实，自不会滥发庄票，庄号倒闭风潮当可以稍减；股民若能求实，购股卖票自不会随意，股市稳定性自会增加。

如何做到求实？两个字——"淡定"：穷且益坚，不为蝇头小利折腰；富而不骄，肯向兼济天下做去。如此一来，社会信用建设可能会容易点。

论厘局宜明示捐章

国家因军需孔急，不得已而设立厘局抽收税捐，以裕兵饷，此本非永以为例也。军事既平，善后需款，关税未复，库帑支绌，于是虽经言官屡次奏请停止，而疆臣卒未准行。然苟照章输捐，各局卡司事巡丁皆能认真奉公守法，则区区者在商人亦无所靳也。自分卡太多，商人乃苦于捐项之重，而偷漏走私者反日益多。于是又定为罚款，有罚至三倍五倍，罚至十倍数十倍者，商民之怨咨更有所不免矣。顾偷捐漏税，事属作奸犯科，国家既未撤厘捐，而彼乃偏欲取巧以贸利，目之曰奸商，而议以重罚，犹之可也；独有乡人土货所值无多，而行经厘卡，亦必细大不遗，无一获免，此则似乎太不近情。前闻某厘卡见有乡人负竹帚数十把以求售者，亦勒使输捐，不从则指为漏税而罚之。试思竹帚能值几何，而属苛求若此，岂国家不得已而设立厘捐之本心哉？前日又有乡人抱布行经新闸厘卡，巡丁令其纳捐，乡人不从，巡丁遽殴之，致乡人受伤，本报曾录登之，此则尤可骇人听闻者已。夫使土布而应捐也者，自有税则可查，但示以税则，谓应捐若干，乡人虽愚必不敢有所抗拒；即使抗不遵缴，亦当禀知卡员，再定科罪，安得遽行殴打？在巡丁之意，以为彼乡人其何能为，而不知公论究不能为之讳也。使土货而向来无捐，而该巡丁明欺乡人，有心索诈，不遂所欲，遽施殴辱，则是该巡丁之罪，更无可赦。吾不知该局内有无委员，而顾纵容巡丁横暴若此也。窃谓此时而欲请裁捐局，势则有所不能，而因抽捐之故，遂令巡丁辈肆无忌惮，鱼肉乡民至于此极，则实大悖朝廷设局抽厘之本意。计不如明定章程，就各物之应捐者标而出之，由总局刷印多张，发给各分局，悬之局前。俾远近周知何者应捐，违则以偷税论；何者不应捐，不妨公然负戴而过。即其科罚章程，亦须明为拟定议罚若干倍，以为取巧者儆；断不可上下其手，以凭巡丁播弄。若此则虽不停捐，而商民之咨怨其亦可以稍免矣。

且江、浙两省同一设局抽厘，而章程判然不同。浙江之各厘局凡遇家眷船只不与阻挠，巡丁等亦不入舱签查翻箱倒箧；而江苏各卡则迥乎不同，无论其为家眷船，亦必留难签查，多方抑勒。夫在船户等或因雇送家眷，而包揽税货，以图走漏取巧，从中牟利，此等弊端固所常有，殊亦可恶之极。然既经搜出私货，则应罚几何，照章科罚，既不能减，亦不能增，在受罚者亦无所借口，无容咨喜，煌煌规则，悬示局门，又何得有心干犯？自搜出私货之后，其罚款数目大有不同，而于是不肖船户及乡人等往往有所希冀，因之辗转求情，或图免罚，或图少罚，稽延时刻，致误行程；有家眷者局门坐守，更属心焦无比。凡若此者，皆由于不将税则章程明示之所致也。乡人苟知土货何者需捐，何者无捐，则亦有所执择：有应捐者决不敢抗违，以致受巡丁之殴辱；倘果系不应捐之物，巡丁亦不敢相蒙，而乡人亦得借口以却其横暴。商民船户知漏捐应罚若干，既不可减，复不能增，则彼包揽私货者自必有所顾忌，即或有希图侥幸仍复包揽者，而一经查出照章纳罚，既不得以求情而稍予轻减，何苦辗转迟延。如此则厘卡虽不能裁撤，商民虽不免怨咨，而积怨犹不至过甚焉。

夫泰西各国亦有捐例，而其事似较中国为直截。说者动谓中国立法不及泰西，而不知立法之初原亦并无私弊，而所用之人偶一不慎，弊窦遂由此而生。局卡既多，用人尤众，其中良莠愈觉不齐，一人舞弊于前，众人效尤于后，则虽有良法美意亦且为若辈所挠乱矣。而况设卡抽厘之本属国家不得已而暂行之弊政也哉？以便民为心者盍熟思而审处之。

（1884 年 3 月 21 日，第 1 版）

点评

浑水好摸鱼，这是尽人皆知的道理。同样，制度不透明，是腐败滋生的温床。本文作者指出，正因为厘局征税章程不公示，所以巡丁司事可以上下其手，随意播弄，欺压商民，损公肥私。商民则因为不知税则与罚例，所以任由巡丁司事处置，不敢抗违，而内心的怨咨则在不断加大。如果明确宣布厘卡税率及征税办法，那么过卡通关，有法可依，一切依例进行，巡丁司事权力寻租的机会就会减少许多。商民也会照章交税，依照章程保护自己的合法利益，以却巡丁司事之"横暴"。另外，商民违反厘卡规章，也会照章议罚，用不着辗转求情以求轻减。如此一来，商民认捐则心服口服，受罚则口服心服，对于厘金制度的"怨咨"就会有所缓减，而国家税收绩效也会大为改善。

富强刍言

中外通商垂卅余年矣，开口岸，购兵舰，筑炮台，制军械，岁费千百万金，了无底止，坐令中国帑藏日流出外洋，国债之多，日积月累，将至不可胜计。而又东偿兵费，西折军威，彼挟所长以要求，始虽与之断断，终必惟命是听，贫矣，弱矣！再阅数十年，或百余年，西人之势益张，华人之力益绌，必致府库空竭，人民疲弊而后已。呜呼，噫嘻，通商之害固如是其大哉。

虽然，通商果有害，而不通商亦未见为利也。不通商即有利，而通商之局既开，虽欲不通商而亦有所不得也。何则？人未有无所希冀而乐轻去其乡者，西人平日居移气、养移体、饮食服用事事奢华，一日之需足敷华人经旬费用，向惟彼国中各项生涯工资甚巨，故能出入相准，尚无竭蹶之虞。自迩年机器盛行，日新月异，人工渐为其所夺，以致失业者多，欲往与国营生，而同洲中如出一辙，阿洲各土虽尚有利可图，而地处灾荒，终岁流金烁石，外人居此殊觉坐卧不安，且虎豹之所居、豺狼之所宅，天荆地棘，寸步难行，土人亦贪而诈，鄙而无耻，无可与言，不得已，熟思审处，东望中华，曰"我曷弗远涉重洋，往觅蝇头之利哉！"适道光之季，禁烟事起，遽尔称戈，和约既成，通商事起。尔时西人之至中土者尚寥寥无几，类皆拥厚资，居奇货，高视阔步，不可一世，为洋行，为公司，为轮船，为土栈，懋迁有无，雄视侪辈。盖通商之利，独为西人所擅专矣。由是一二十年之内，口岸日增，商贾麇至，舳舻相接，行栈如林，握算持筹几欲尽揽中国之利。初尚惟英人为独得之秘，未几而俄步其后尘，未几而德效其趋向，久之而嗹、奥和日、意、葡诸国无不航海而至，以有易无，而通商之事愈兴，通商之利渐薄。迨至今日，各洋行虽不致外强中干之虑，而为船主、为大写、为教习、为水手之辈，往往失业无聊，流落异地，无衣无食，困蹙不堪。西人知其所以然，曰是殆中国不富不强之故也。中国而苟能富强，则瑰奇之来利市三倍，百工技艺亦可各献所长，自求口实，安居乐业，更何有外患之频乘？如仍贫弱自安，则主人枯槁，客自辞去，虽得通商，何益之有？是必各抒所得，献之中朝，或开煤铁之矿，或揽江海之利，或设电线以通消息，或建铁路以便转输；兵舶则代为购求，军械则代为鼓铸；练兵布阵教导之，使步伍整齐；安炮筑台指划之，使形势扼要。凡若此者，岂西人之爱我中国，而不惮为之筹划哉？实以中国苟不利，西人即无利可图，故为之力征经营耳。

我中国及此时而不力图整顿，则是自弃其利，而让西人以独得利权，虽欲富强，夫安得而富强？则必一洗从前萎靡，励精图治，余力不遗，举凡开矿、设电、铸械、制船、造铁路、通轮舟、筑炮台、练行阵，事事一准夫西法，得其精髓，不徒习其皮毛；毋因循也，毋苟且也，毋玩愒也，毋轻忽也，毋浮夸也，毋虚憍也，毋粉饰而张皇也，毋萎靡而苟且也，毋有初而鲜终也，毋举一而废百也；必有人焉洞悉乎利害得失之故，深明乎与接为构之道，精究乎致治保邦之道，熟观乎成败祸福之机，原始要终，持源握要，折冲樽俎，信义廉明，而后能策富强，俾利权不为西人所独得。否则，不富不强无论已，即曰国得以富，兵得以强，竭力图维，国势蒸蒸日上，迟之数载足与泰西并驾齐驱，而通商之局既开，万不能重复闭关谢客，亦惟令西人商务日兴，满载而去，而中国曾无一毫之裨益。譬之鹬獭，只为丛殴爵，为渊殴鱼耳，诚何益哉？诚何益哉！

我请以两言断之曰：中国居今日而欲策富强，苟能自富自强则可，徒借他人之力以富强则不可，留心时事者当不河汉斯言。

（1887 年 1 月 17 日，第 1 版）

点评

这是晚清众多期盼中国富强的言论之一，作者在哀怨中秉持理性，瞻前顾后，呐喊呼吁之声，余音犹在。

近代中国的"富强梦"之所以急切，是由半殖民地程度不断加深的历史原因造成的。作者虽然不会有此理论高度，但已意识到这一点，指出中西通商之后，外国借其兵威，恃其资本、技术与制度优势，侵攘中国利权，携取巨额财富。中国虽然略沾中外通商之余利，实受国际化大势之扰害。原因在于中国是被动发展，是被迫"富强"，中国致富的最大受益者是列强。西人为了在华获取更多利益，也是中国富强的积极鼓吹者，原因是中国如果极度贫困，西人也无利可图，所以不得不"帮助"中国致富。

从另一方面而言，中西通商虽然不利，但中国也已不可能再闭关自守了，正如作者所言，"通商之局既开，虽欲不通商而亦有所不得也"，"通商之局既开，万不能重复闭关谢客"。所以，中国别无选择，只能适应国际形势，在与西方的激烈抗争中实现真正的富强。其道安在？作者指出，在于国人一洗从前萎靡之气，一心一德，全力以赴，励精图治，举凡开矿、设电、铸械、制船、造铁路、通轮舟、筑炮台、练行阵等变革求强事业，皆瞄准西方的领先技术与先进制度，认真学习，得其精髓，不可徒习其皮毛，甚至东施效颦。

在兴利之余，更应除弊，国内妨碍变革求强事业的陋习，包括"因循""玩愒""轻忽""浮夸""虚憍""粉饰而张皇""委靡而苟且""有初而鲜终""举一而废百"等，当将此尽皆去除，然后潜心研究国家发展的长期战略与行动方略，扬长避短，借鉴外国经验，发挥本国优势，探索和总结具有本国特色的富强之道，俾提高变革成效，加快国家富强进程。

独立自主是中国富强之道的核心。正如本文作者所言，"中国居今日而欲策富强，苟能自富自强则可，徒借他人之力以富强则不可"。而近代中国之教训，恰在于未能在"自富自强"的道路上行走多远。

从某种意义上讲，晚清自洋务运动开始的富强之旅，走的基本上是模仿追赶之路，其"中体西用"的指导原则又制约了中国对于西方先进技术与制度的借鉴与吸纳程度，而且日益腐朽的社会习尚与政治文化不断消减着变革派有限的努力所取得的微弱成果。结果导致中国近代自强之旅，其实成了"自弱"之途。其显著标志就是中国半殖民地化程度的不断加深。

或有人认为应将此责任归咎于外国列强。是的，中国不能自强必然会成为列强侵略的目标，近代以来的世界，其实就是强权争逐的丛林，是适者生存、强者为王的时代。近代中国的教训告诉后人，富强对于一国而言很重要，而如何实现富强，以及实现什么样的富强，其实更重要。当然，此中学问大矣，非仓促短论所能尽言。

述沪上商务之获利者

沪上为天下通商第一大埠，天下之民出于四，沪上之民出于一。天下非无诵诗读书之士也，而士之游学于沪上者，莫不捐巾箱①而载囊橐②矣。天下非无居肆成事之工也，而工之择业于沪上者，莫不弃斧斤而操筹荚矣。天下非无胼手胝足之农也，而农之辍耕于沪上者，莫不舍耒耜而计泉刀矣。举天下之为士，为农，为工，而驱而之商，操奇计赢，居货善价，先鞭快着，捷足争趋，宜乎其蒸蒸日上，月异而岁不同矣。乃起而游于六街，观于三市，万商云集，百货霞蒸，问有能利市什倍者乎？无有也。问有能利市三倍者乎？无有也。问有能利市倍蓰者乎？无有也。其间折阅架本者有之，亏欠负债者有之，闭歇店铺者有之，捐弃行业者有之。极天下之智虑巧思、精能干练，尽心计算，竭力经营，欲求利于沪上，而不可得，岂天下之商皆智而沪上之商独愚，天下之商皆贪而沪上之商独廉乎？间尝征诸事而得其故焉。

天下省会名城、通都大邑间，大都择一术，创一业，设一铺，孜孜矻矻而为之，初不计利市几何。迨夫世远年深，功成业就，而后月计岁计，源源而来，无待他求，安坐而得，其为计也稳，其为谋也远，故其为利也虽微而实厚。尝见远年老店，有创自前明者，有始于国初者，其招帖牌匾金漆剥落，字画模糊，郁郁葱葱，气脉深厚，虽有顶冒以图朦混者，亦无能夺其利而瓜分之也。今沪上则不然，设店铺者，或春开而秋闭，或夏开而冬闭，□货物者或朝入而暮出，或昼入而夜出，物价之若涨若跌，决之于须臾；市面之若起若落，争之于俄顷。数十年间，事不知几更，主不知几易，城郭如故，风景顿殊，屈指计之，曷胜浩叹。其为计也险，其为谋也近，故其为利也虽厚而实微，甚而有无利者，尤甚而有失利者。虽有远年老店，其能致丰盈而垂久远者，不过数家，大抵撑架支持，得过且过已耳，安所得厚利重息而邀之？此沪上商务之异于天下也。

然则言商务于沪上，其竟无获利之道乎？曰：有。沪上商务之所以失利者，患在争利。惟其争利也，故业以日增而日盛，利以愈分而愈微；惟其盛

① 巾箱：用于放书的小箱子。
② 囊橐：贮物之口袋。

也，故欲图兼并而自坏其规；惟其微也，故欲广招徕而自贬其值。往往有钩心斗角、出奇制胜，而欲择一术，创一业，设一铺，其利市与否，犹不可知，而踵其后者不待其世远年深、功成业就，而从而效之、仿而行之者已数十百家，相与分门别户，并驾齐驱，出人胯下而不为羞，拾人牙慧而不知耻。不知行用之货止有此数，消售之路亦止有此数，宜数十百家之纷纷者束诸高阁，困于穷途，理有固然，势所必至。卒之一败涂地，两败俱伤，又何利之有焉？

由此观之，欲求获利之道者，必使毋争利而后可。顾泰西之法，凡国中人制器创业呈之于议院，上之于政府，给凭存案，定限数年，俾独擅其利，毋许他人与之相争。此所以杜争利之风也。我中国龙〔垄〕断有禁，立法之意与泰西相反，又安得禁人之争利乎？争利之不能禁，宜乎获利之不可必也。然则言商务于沪上，其终无获利之道乎？曰：有。夫争利之风既不可熄，则不若使人不及争；且使人不能争，又不若从而争之；争人之所争，且争人之所不争，夫亦可以获利。其争之奈何？曰：心欲其敏，机欲其捷，事欲其速，志欲其决；或实事求是，或力争上游，或稍增花样，俾顿易奇观；或稍变章程，俾迥殊旧制。此固非一端之所能赅，亦非一言之所能明也。今沪上之熙熙而来、攘攘而往者，孰不欲利市什倍乎？请举一二事以为例焉。（此稿未完）

（1889 年 10 月 5 日，第 1 版）

述沪上商务之获利者

我中国自通商以来，沪上生意以丝茶为大宗。顾丝茶两业之日就衰颓而不振也，一在外洋之出产过旺，一在中国之掺杂太多，非计算之有所未精、经营之有所未善也。丝茶以外，首推洋货。通商以前之运货于沪上者为沙船。问世家巨族之富，则以沙船对。沙船之生意可知也。通商以后之运货于沪上者为轮船，轮船之生意日盛，沙船之生意日衰。招商局者，中国公司之所自始也。其与招商局并驾齐驱者，惟怡和、太古而已。招商、怡和、太古以外，未有能抗衡而争揽者。然船只日多，水脚日贱，非复若前此之获利矣。

初时华商之为洋货生意者，仰西商之鼻息，承西商之眉睫，洋货之来路未尽周知，洋货之销场可以预决，故其为利也独厚。今则华商皆能自运诸外洋，西商既不能擅专，又从而争竞，苟非权算精明，心机灵捷，往往至于失利。

此外，沪上生意之大，莫如钱庄，南北两市汇划字号多至百十家。然习是业者，大都场面宽洪，手头阔绰，膏粱文绣，奢靡成风；所获之利不敷所用，于是不得不作意外之想，求非分之财，如霸做拆息、卖空买空之类。究之，垄断罔利，例禁维严，终不能逞其志而偿其愿。故今日之钱业反不如典业之计稳而业盛矣。设当铺于租界者虽止五家，而质铺之多几于鳞次栉比。其实质铺之架本有更重于当铺者，盖以质铺费省而息重，非若当铺之须领官帖，须准店规。故租界质铺之增□〔添〕分设犹未已也。

沪上商务中有一时盛行难乎为继者，一则为开矿股份，一则为石印书籍。夫招股开矿未始非生意之一道，乃有假开矿为名，以招股为利，矿苗之旺盛与否犹未可知，而股票已遍行于沪上，指一矿地，延一矿师，乌有子虚，毫无实际，虽甚慧黠，亦多有受其欺而被其害者。卒至一败涂地，不可收拾，而公司股份之法遂不复行。不知泰西公司股份之法尽善尽美，中国所当仿而行之者。无如售股之人忽买忽卖，股票之价倏涨倏跌，不以为传家之永业，而以为欺世之借端，使天下轻视股份不复相信，虽铁路、织布之股票确有把握，真实不虚，而购之者反觉观望不前，未能踊跃，此有心人所为浩叹也。

至于石印书籍，自前年纷纷□〔开〕局时，识者已早知其虽盛弗传，难于持久。贫乃士之常，往往抱残守缺，风雨一编，其能以重价购书者能有几人？以各局机器逐日运动，印出之书不知凡几，销场呆滞，不言可知。吾不知书籍之汗牛充栋、束诸高阁者，将来作何计议也。此沪上商务之坏，而获利之不可必也。

犹忆同治初元，粤逆既殄，有友人侨寓沪上，手中有千余金，随时□货，不拘一格，贱入贵出，循环无端，以是供其饮食日用绰乎有余裕焉。尝闻其言曰："识见不必过高，志愿不可太奢，源源不绝之利可以安坐而得，虽无什倍之获，亦无折阅之理。"斯言也，在当时则然，非所论于今日矣。

处今日而欲获利于沪上，非精明干练不为功。试即小以喻大焉，书肆中有镜影箫声之刻，延请画师，精镌铜板，其费非细，其值稍昂。不意出书后为石印所翻，其价不及原价之半。购书者不暇审其为铜板，为石印，择其贱者而购之，铜板未行，而石印反获利焉。去年烟间送票之法，实始于绅园，一时风行租界。其后因送票而生意较旺者，惟生泰成，绅园创始而生泰成反获利焉。由是推之，无论行业之高下、架本之重轻，皆须随时审察，逐处图维，有可以获利者，则奋袖而起，无待踌躇。昔人云守如处子，出如脱兔，言为将者当然也，吾于商务亦云。

（1889 年 10 月 9 日，第 1 版）

点评

上海开埠之后，渐成一大商场，无论此前从事何业，为何职务，一至于此，皆变而为商。万商云集，熙熙攘攘，何业可以持久，何人可以获利？作者给出答案："极天下之智虑巧思、精能干练，尽心计算，竭力经营，欲求利于沪上，而不可得。"之所以这样，并非因为"天下之商皆智，而沪上之商独愚；天下之商皆贪，而沪上之商独廉"，根由在于上海的商业竞争激烈，营商风气丕变，已由传统的"微利""缓利"风格变为"暴利"与"急利"模式。正因为意图暴利，急功近利，所以无序竞争、不良竞争愈演愈烈，卒至"利以愈分而愈微"，乃至无利可获。

市场经济是信用经济，更是法制经济。上海商业规则处于新旧交替阶段，商业道德良莠不齐，商人皆"作意外之想，求非分之财"，使商业信用难以建立与巩固。而大型商务活动的失败，影响尤巨。本文所举当时上海盛行的招募矿务股份和集股印书等活动的结局就说明了这一点。

中西利害篇

泰西之通商于中国也，西人受其利，中国受其害，此固不待智者而后知。然中国与泰西通商，中国亦未必一无所利，特利少而害多；泰西之来中国通商，亦未尝一无所害，特利多而害少。此其所以异耳。西人越数万里之地，渡重洋以求与中国互市，其初未始不先事经营，预为筹画，不惜资本，以冀后来之获利。即其传教诸人，亦各不惮勤劳，又得国家助以财力，殷殷传教，并设学塾以教华童，开病院医华人，其用心可谓苦矣。而华人卒不之谅，虽靡然从其教者亦颇不乏人，而从之者不及千之一，不之谅者乃不可以数计，此西人之受害者也。然求通商者，果许其通商，则其后来之利无穷期也；欲传教者，果听其传教，设有害及教堂者，例议赔偿，有时害及性命，则所以议赔者更巨，且立将肇事之人正法，或不止以一命抵一命。由是言之，西人之利多而害少，不显然哉！

至于中国之与西人通商，则所谓利者不过江海各关骤增税饷，以是为裕国便民。然关税虽增，要亦不过司关务者□〔略〕沾余润，国家之所入则恐尚不敷其所出。此外则洋烟之害为最广，然明知其为毒药，而甘之如饴，则亦自趋于害，非尽关乎西人之害也。西人在中国设埠开口，俾中国内地之货皆可以流通，货之藏于地者至是而悉出之地，而且运以轮船，使之便捷；若再得铁路通行，则中国各处凡船只所不能行之地，亦皆可以由火车运载出入，其利益当更有无穷者。故就西人而论，中国所利于通商者亦不少也。

夫西人之与中国通商，固亦有自利利人之意，本非欲以害中国。而说者往往以为害，前之人以自西人入中国以来，凡于西人之行军利器，中国不能学步，以是为中国之自失其利。愚则以为，前之不学西人行军利器，其害犹小，今日西人之行军利器中国全能仿而制之，购而得之，而其害乃尤大。何则？向者无此行军利器，犹有诎然不自满之心，今则铁甲兵船与西国所制无二，其余铁脊、铁皮之船更无论矣；自制龙雷、鱼雷施放不亚于西制，其他枪炮等物更不必言矣。西人之所有者，中国此时无不有之，中国之兵由是而可以日强，中国之势由是而可以日盛，中国之力由是而可以日雄，然则中国之与泰西通市其获益当有数倍于西人者，而孰知所谓益也者皆其损焉者也。

夫西人之以轮船为强，非轮船之能自强，有能用轮船者，而轮船乃见其强；西人之以枪炮为猛，非枪炮之能自猛，有能用枪炮者而枪炮乃见其猛。中国此时兵轮不可谓不多，枪炮不可谓不备，果其管驾诸人皆能妙其运用、善于措施，则中国之利也。设管驾兵轮而不知风涛、沙线进退出没，与夫一切转捩机关，则付船于此人，即为弃船；有枪炮而不知用，或以此枪之弹放入彼枪，或以彼枪之药配于此枪，杆格焉而不相入；于炮亦然，不能条分而缕析之，是不啻弃其枪炮也。国家以若干资财始得有此铁舰、兵轮以及枪炮之用，若有船与无船等，有枪炮与无枪炮同，是不啻举从前所化［花］费之银钱而悉数浪掷。向使不仿西法，不效西器，尚不至轻弃其财，然则即此一举而中国受通商之害为何如耶！

前者银钱之流出外洋者，无非洋货诸物，以及洋药而已，今则又增出添购军火之一项，此一项约计所费殊亦不赀，而于中国反有害而无利，倘遇海疆有事，势必举所有兵轮铁甲、枪炮军火等类悉委而去之，而国家又将何所恃以为固耶？吾故曰利之与害显然可见，第恐见害而犹以为利，见利而反以为害，此则尤为可虑之甚者。谁秉国成，亦尚念及于此也否耶？

（1891 年 9 月 24 日，第 1 版）

点评

近代中西互竞，西人占优势、获大利，乃不争之事实。不过，中国方面客观上也略受其益：生产方式有所变化，科技水平有所提升，新式机器得到应用，现代产业开始创办。但这些均建立在"师夷"的基础之上，由此决定了中国的依附发展模式。

虽然经过仿行西法，创办洋务，部分行业、少量器物、兵械实现了进口替代，但作者认为风险可能更大，主要是因为中国未能掌握核心技术，缺少技术人才，现代产业优势不仅难以充分发挥，甚至可能带来负面效应。

晚清洋务运动以赶办西方新式技术装备为先务，顾名思义，近代技术装备本身就是"技术"与"装备"的有机合成。装备有形，技术无边，西方一方面在改进装备，另一方面在提升技术，由此决定晚清的

"师夷"难度非常大。本文作者担心的是中国仅师得西方的一些"器物"制造，而未得到其技术要领与关键工艺，致使中国工艺制造的命脉仍被西方控制，中国新兴产业遭受西方"卡脖子"。

作者基于担忧提出的发展不如不发展的观点固然有误，但其对防范发展风险的提示，则体现了现代产业发展的某些辩证思维。

论振兴商务须顺商情

中国自与泰西各国通商以来，渐知商务之足以富国而裕民。向之官商二途截然两歧者，至于今而常有官商合办之局，此固中国绝好变通之法也。然中有用西法而善者，有用中法而弊者，则当轴之人又不可不知也。

泰西以官保护商人，而商务则悉归之于商，听商之自为变通，自为筹谋，从未尝过问也。诚以以官临商，商易受官之制，一有以制，必至顾忌多端，诸事掣肘。以故泰西之人有以商人而兼摄官事者，如各外埠领事等官，或有缺出，即就近令旅居该埠之商人管理，而官则从未闻有干预商务者，夫是以西国商务较胜于中国也。西人于商务其从视之若此其郑重。中国犹未能尽然，其有各处官民合办之业，则稍稍效法。然窃以为西法之最善者，莫妙于顺商情而不倚官势。试观各国在中国设立公司洋行，若大若小，不可枚举，其章程虽各家不同，而规模大都仿佛；其中股友有大有小，则其经理董事亦有多有少。董事者，经理其事者也。或一年一更，或数年一更。当其更易之际，必先集众股商会议，拟定董事之人，令股友定其可否：可则扬手，否则袖手。若所定之人扬手者多，则众商之情顺矣；若所定之人扬手者少，则众商之情弗顺矣，弗顺则当更定。各公司拟易经理之人亦如之。此则所谓公举，与中国古时行举言扬之道无异。凡其所举者必其素付实践，足以副其名，而人人意中皆有此人，人人口中皆有此人者也。若闻此人之名皆袖手不言，则其为人也可知。其间或亦有数人，与其人向有交情，或系戚好，或有私见，乃亦扬其手，以示顺意，要不过此数人而止，至于众人固不能悉顺也。扬手者少袖手者多，则其人即不能用；必扬手者多袖手者少而后用之，以其人必平日有所以餍众人之望者，故用之而不疑也。夫用人之道，第一在乎公，一二人之私见不足凭也，一二人之指摘不足信也。且所谓顺商情者，必就商人而询之，聚商人而议之，不与官事。官也者，但以保护商人而初非干预商务者也。西国之商可以兼摄官事。盖以所摄者为领事等官，其所应管者，仍是商人之事。故商人亦优为之，倘真责以官政，则亦当敬谢不敏矣。以故外洋之商人兼领事者有之，兼他官如刑司、师船等类者，则无之。而以先为官者，或罢官之后经营商务涉足为商人者则有之。此则外洋重视商务之故。若中国之官，则虽当罢官之后，设与商人合本经营，人必指而目之者，以为与民争利；其甚者，御史言官竟可以此参奏，祸且不测。此则中外之情形大不相同者矣。夫以现任之官而为经商放债生息等事，则为与民争利，目之谓贪墨，固无可辞。若有挂冠之后，优游无事，势将终老林泉，如此而必不听其自为治生之计、生财之方，是前之官之者，不啻害之也。且退休之官设恃其乡绅之势煽威虐于桑梓，与地方官交通往来，贿赂公行，苞苴①不绝，请托公事，颠倒是非，以是为生财之道，此则所谓吃子孙饭者。言官知而劾之，里党指而摘之，亦固其所。若去官而为商，则苟无倚官托势，欺侮平民，故占便宜；与人交易，悉出公平，以是娱其晚年，借以自赡，并为子孙世守之业，夫亦何玷乎官箴？以故西人中多有之，初未尝有既官不得为商之例也。中国而不欲振兴商务则已，中国而欲振兴商务，必当仿西人之良法，勿拘泥夫成见。凡有官商合办之事，必时时察访商情：商情之所顺者，从而行之；商情之所逆者，从而止之。官虽有督率之责，而绝无把持之权，一切用人、置船、开埠、运货，皆取决于商，而官不自主焉。凡有出资以作经营者，皆无须顾忌畏缩焉。夫如是则商情以顺，商务以兴，而中国富强之基于是乎在。如仍守成见，不能及早变通，恐商务之不振，其患犹小，而裕国便民之至计不能及时兴行，讵不大可惜哉？讵不大可惜哉？

（1891 年 11 月 4 日，第 1 版）

点评

近代西方"商战"历程中，有两件措施意义非凡。其一为"商本

---

① 苞苴：馈赠的礼物。

位"制度，即商人享有高度自治，表现出较大的自主性，政府不无端
干预，而多行保护奖励之策；其二为经济民主制度，即以公司股权为基
础，民主决定公司组织与权力结构，监督公司日常运作。前者鼓舞商
情，后者体现民意。

但这两者在近代中国均不具备，所以这方面的呼吁对当时的中国社
会实有开风气辟见闻的作用。但就其凸显的商政以"顺商情"为重、
官员挂冠之后当鼓励正当经商，而不是仍借官权余威，继续勾通官场，
以谋个人利益的理念，对今天来说，依然不失其意义。

华人长于商务说

今之谈商务者，辄谓西人独精于握算持筹矣，或则羡日本之能以兵力佐
商人，今且开埠于苏、杭各内地矣。仆则独以为不然。夫西人之精于经商固
已，日本之通商各内地亦已订立约章，凡百商人无不跃跃欲试，而亦知我华
之牵车服贾者，固有高出寻常万万者乎？华人向不知经商于海外，惟是就各
省设肆营运，以博蝇头。自西人航海而来，大开商市，资财饶裕，局面辉
煌。未及数十年，而华人已尽得其中奥窍，渐而就沪上启丝茶之利，渐而远
赴南洋新加坡、庇能、暹罗、葛罗吧、麻六甲、火奴鲁鲁诸处开辟市场，渐
而新旧金山、古巴、秘鲁亦逐一有华商之车辙马迹。兹且中西混一，谊若一
家，以有易无，不分畛域。至于日本之长崎、神户、大坂、横滨、东京及箱
馆、新潟、夷港等埠，则近在咫尺，华商益便于襆被①而往，是以贸易日渐
繁兴。而西人之挟资至我华者，虽皆面团团类富家翁，然合通商二十一口岸
计之，其数仍寥寥无几；即日人多挈伴而至，而所贩者只零星杂货，未及我
华商之服贾海外者，资本每致数百万之多。由是以观，凡华人之为商者，其
术不更优于西人乎？而更何论夫日本乎？

今者日本战胜之后，与李傅相在下之关［下关之］立约，欲在苏、杭
等处通商，傅相无可如何，唯唯应命。在日人志高意满，必以为从此中华内
地之利，皆在日人掌握之中矣。殊不知日人租界尚未订成，所有兴高采烈之

---

① 襆被：襆，同"幞"，包扎衣被，意即整理行装。

诸日商刻尚徘徊观望，而且华商之家资饶裕者，先已在杭州等处将地亩购置，建造厂屋，预备缫茧、纺纱，百千万资财，咄嗟立办；苏垣更有商务公司之设，以去年息借之款，改作公司成本，不足则复招股以附益之。一切事宜官弗过问，惟举绅宦巨商，以为领袖，如有缪辏，则官可为之保护维持，刻已订立章程，逐渐开办。我知内地商务从此日上蒸蒸。迨至日商步我后尘，而诸华商早已利权独揽，彼日商尚有何利之可图乎？

原日商之所以迟迟者，彼盖见我朝库款不充，时时称贷洋债，谅民间亦未必盖藏①素裕，势不能商局大兴，故不妨姑缓须臾，徐为布置耳。抑亦知我皇明圣，久已藏富于民，故朝廷虽不能帑藏充盈，民庶则大有富可敌国者。乘此风气大开之日，师彼之成法，即以夺彼之利源，不特日人当自叹弗如，即泰西亦可永塞漏卮，不复虞银钱之流出。岂非商务之独著优长者欤？

而仆尤望官吏之善为保卫焉。泰西定制，凡本国出口之货，海关抽税从轻，偏于他国入口货重权之。俾本国之货成本既贱，易于销售外邦；而他国货加上税银，其价较贵，则购者必少，可以绝其来源。至烟酒则有损于人，其税必倍之，且数倍之，使民间不易购以吸饮。中国独反是，外洋来货只收正、半之税，不复抽厘金及落地捐；土货则遇卡抽厘，逢关纳税，且更任卡丁、巡役肆意留难，无怪商人詈为厉民②，不肯留心于贸易之道。若夫烟、酒二物，谓为西人日用所需，凭任捆载而来，全不收一文半文之税。嘻，日本一海岛小邦事事仿效西法，用能使国日以富，兵日以强；我中国不但鄙西法而不从，更反其道以行之，不复顾商贾之怨咨③交作，此所以商务不能起色，坐视外人之攘夺我生涯也。今既于内地设立缫茧、纺纱诸厂，日渐推陈出新，由是而驶轮船，开铁路，举凡西法之有益于民生国计者，以次振兴，商业之隆立而可待。所望当轴者悉心筹画，抒商力，保商权，首将税厘重订新章，不使我民独抱向隅，反听外人之便宜占尽；而又与各国外部及出使大臣商定添收入口烟酒之税，以符各国章程。庶几华商得以尽其所长，以与西

① 盖藏：储藏。《礼记·月令》："（孟冬之月）命百官，谨盖藏。"
② 厉民：虐害人民。《孟子·滕文公上》："今也滕有仓廪府库，则是厉民而以自养也。"
③ 怨咨：亦作"怨訾"，怨恨嗟叹。

人争利，而日本更瞠乎在后，不能牟利于内地各埠头乎！海曲鲰生①不禁翘跂②望之已。

（1896 年 1 月 12 日，第 1 版）

点评

是论作于中日《马关条约》签订之后，该约规定日本可以在中国通商口岸任便投资设厂，享受洋货一切特权。由是，民族产业将面临重大冲击。有人担心，华商从计"从此尽矣"。痛定思痛，张之洞等开明官员奏准在可能遭受冲击最大的江南地区率先发展，以为"先发制人"之计。于是，在苏、杭、上海等地设立商务局，成立商务公司，鼓励发展缫茧、纺纱等业。此论乃有感而发，对于华商前景充满信心，以为"迨至日商步我后尘，而诸华商早已利权独揽，彼日商尚有何利之可图乎？"但这种乐观不免盲目自信，事实上，日本商业势力来袭之后，以上海为中心的中外经济竞争更加激烈。中国方面，本指望官商协力，共保利权，但实际作为方面问题不少，官商关系仍有待改进。例如苏州以息借商款移作公司股款，就未得到商民普遍赞成。不过，作者关于中国商政与西方相左的论述则十分精辟。作者指出中国虽学习西方，欲振兴本国商业，"但鄙西法而不从，更反其道以行之，不复顾商贾之怨咨交作"，任凭厘卡、税关层层盘剥，处处留难，"此所以商务不能起色，坐视外人之攘夺我生涯也"。所以希望"当轴者悉心筹画，抒商力，保商权，首将税厘重订新章，不使我民独抱向隅，反听外人之便宜占尽"。不过，晚清华洋商待遇不同，华重洋轻局面一直未得到根本改善，华商税负重于洋商，清政府官员也是知道的。他们拿洋商没办法，只有委屈作为臣民的华商了。

---

① 鲰生：小生，多作自称的谦辞。
② 翘跂，跂同"企"，抬起头，跂起脚盼望，形容盼望之切。《三国志·吴志·周鲂传》："不胜翘企，万里托命。"

赛会以开民智论

西国于商务一道，在上则有商部，在下则有学堂，固已尽人而知之矣。而其足以开益商学神智者，尚有赛会之一法。西国所谓赛珍会、博览会，名异而实同，皆所以广人见闻，益人智巧于游观之中，而寓鼓励人才之意者也。考赛会之事，始于英之伦敦，其后各国踵行，法则设于法京巴黎斯，美则设于费里地费城，奥则设于维也纳，日本则设于东京，无不搜罗珍异，穷极工巧，汇为天下之大观。美之赛会于费里地费城也，实西历一千八百七十六年，盖以志其开国百年之庆。会建于城西北隅飞莽园内，基广二千五百余亩，圈以木城，为门十七，建陈物之院凡五：一为各物总院，一为机器院，一为绘画石刻院，一为耕种院，一为花果草木院。营构奇杰，局度恢宏。此外，另造大小房屋一百五十余处，有美国公家各物院、女工院；又建轮路二条，长三十三里，备会内游人周历之用。是役也，共费洋钱八百五十万元，除由国家拨帑一百五十万元，及富商捐助外，余俱纠股凑集，每日杂费需洋钱八千元。赴会者三十七国，每日赴游者约计六万人，每人每次纳票洋半元。开会于仲夏，收会于仲冬。

昔年，美又举行于希〔芝〕加哥，为科布伦探获美地之日，规模鸿远，无美不备，其会分四大部，通国各会为第一部，希加哥本邦之以利奴瓦会为第二部，女童会为第三部，襄助会为第四部；自农工种艺、生物、渔务、矿务、机器、工艺，以迄邮政、文艺，凡十五院。此会共费洋银一千七百六十二万余元。

夫英国所以不惜重资创设此会，而各国又复踵事日增，愈加开括，彼岂仅为游目骋怀[1]，供玩好而已哉？盖以世人限于方域，足迹之所经，见闻之所及，或不能遍历五洲，今综括万有备于一堂，用以广其识见，资其讨论，用意至为深远。又况格物之新法、工艺之新奇，何人所得，何人所制，一经此会，无不名播四方，流传万国，此驱人之心思才力而趋于好胜者也。然犹指一人一物言之耳，既合数十国而赛此一会，则何国列上等，即一国之人有

---

① 游目骋怀：随意观览，开畅胸怀。王羲之《兰亭集序》："仰观宇宙之大，俯察品类之盛，所以游目骋怀，足以极视听之娱，信可乐也。"

余荣；何国列下等，即一国之人有余耻。此又驱数十国之心思才力而无不趋于好胜者也。一人有好胜之心，一人之学问必进；一国有好胜之心，一国之人才必盛。然则此会也，实为争名争利之场，足以助考试之不逮，岂独有裨于商学？盖合士农工商而无不有益焉。

中国诚欲鼓励四民开其智巧，此会不可不举。惟是中国风气究未大开，遽欲创行大会，未免有高远难行之虑，则所以变通办理者，其道有二：一仿伦敦公会之学，一仿日本乡镇郡县举行之小会。

公会，学者设会以资考究辨〔辩〕论也。如天文会、地理会、丹青会、花会、医学会、算学救生会、格物会、化学会等，通伦敦城，凡百有余所，每会皆有公社，崇闳广厦，宏敞①壮观；入会者会各数千人，按年各捐公款；各会主皆以世爵、绅富充之。每天文有新星，地球有新地，格物、化学有新理，花木有新种，或思新法，或创新工，则约期入会，互相辨论。盖欲精益求精，以期登峰造极。中国仿之，凡百工技艺，皆可分别设会，以资考核，集思广益，心思智巧，必能日辟。

然公会之学，分而不合，欲求广集物产，而又不至于太费，则莫若仿日本之法，于各州县举行小会，而尤宜以通商口岸导其先路，汇中国之所有，以品题其高下；又以各国新奇工艺，择其尤要者，胪而陈之，俾有所取法，以渐变其执守成规之积习。在上者，既神其鼓舞振作之方，在下者自易生其感奋发愤之心。华民于迎神赛会等事，莫不各求争胜，上海如兰花、菊花等会，入会者无不兴高采烈，游览者亦蚁聚而蜂屯。今转而移之于有用之区，凡百商民岂遂无争名求誉之心？既以开其风气，即以奋其心志，工艺渐精，即商务日有起色。□〔创〕兴赛会，以益神智，又安可少乎哉？

（1896 年 3 月 2 日，第 1 版）

点评

博览会之所以受到关注，是因为此举可"广人见闻，益人智巧于

---

① 宏敞：高大，宽敞。

游观之中，而寓鼓励人才之意"，是发展经济的有效措施之一。1851年英国伦敦举办首次世界博览会，美国也先后举办过费城博览会与芝加哥博览会，文中已有详述。国人素有赛珍争胜之念，唯于无博览会之创举。毫无疑问，近代博览会也是西"长技"之一，值得中国学习。自1898年张之洞在汉口创设商务公所，开始陈列商品，供人考求工艺之后，各地大大小小具有博览会性质的机构不断出现，如各地的劝工陈列所、商品陈列所等。1909年10月湖广总督陈夔龙饬令所属在武汉举办劝业奖进会，为期45天。次年5月至11月，中国近代第一次大型博览会在南京举办。参观总人数达20多万人。与此同时，国人参加国外博览会者也日益增加。博览会事业遂逐渐在中国社会生根发展。

维持商务说

中国之政，崇本抑末，历代以来，皆重农而贱商。然太公通鱼盐之利，民多归之，遂成大国，富厚累世而不绝；卫文通商惠工，卒建中国之伟烈。知中国昔时贤智之君，固亦有留意商务，而以之强兵富国者。况乎降至今日，环地球皆为通商之国，终千古皆为通商之局。商务之盛衰，即人民贫富之所系，人民之贫富即国家强弱之所判。又安可膜视商政，而不加董理乎？

华人与洋商交易，华人每受其亏。论者或谓洋商资本充足，而又心计甚工，非华人所能与之为敌。夫海西繁富，自昔已然，洋商资本优于华商固矣。至论商人心计，岂必西人果巧，而华人果拙？盖由华人欲过用其巧，遂至反成其拙。凡货价之抑勒、市面之把持，虽皆出之于洋商，其实不啻华人自授以可乘之隙：洋人定货每以货样为凭，虽有千百万件之货，仅就其中查验一二以为信。自华人以低货相搀，明示外人以欺。于是样货不符，纷纷跌价，割价之讼兴，而华人之受亏折者不少矣。洋人见来货不多，则抬价以诱之；来货既多，则跌价以倾之。彼其心志坚忍，而又各商联络，合为一气。华人但知自私自利，不顾商务之大局，心志涣散，不能整齐画一，以坚与之抗。富［当］价之忽长，则人人争先斗捷，惟恐置货之不多；及价之既跌，则又人人争顾贱价而沽，惟恐售货之不速。洋人深悉华商之情形，若此几经播弄，华人无不堕其术中。洋商遂得肆其垄断之谋，而华人之受亏折者，又不少矣。此非华人欲过用其巧，遂至反成其拙哉？虽然，华商之所以若此者，究由资本不足，财力不充，借款偿息，身家所系，其势不能坚持而不下。

今为补救之术，惟有厚其财力，齐其心志，庶可挽回从前之积弊。然所谓厚财力，不外乎开银行；所谓齐心志，不外乎立公号。有银行则息薄，而便于商人之借贷；有公号，则开盘定价，均归一律，不得私自增减。夫通商以来，华商之势常分而不合，西人之心常坚而能忍。如能深明症结之所在，未始不可以人力为转移：分者合之，涣者聚之，薄者厚之。则洋商亦安能独恃其播弄之巧，与夫资本之大且富，以抑制华商者哉？此维持补救之道，不可不讲求而整顿之也。

或又谓中国厘金最足病商。窃考中国数十年来商务之所以坏，实由物产、工艺之不精，主持、经理之无人，尚不尽关于剥商之政太多。厘金一项为饷项所必需，少减之则不足以纾商困，多减之又足以病帑。目前不能遽行裁撤，以符初议，亦时势为之也。况既有厘金，货价即因而贵，所抽之厘即可取偿于所售之货，于商并无大害。泰西即无厘金，而其征商之制有值百而抽二十者，有值百而抽四十、五十者，赋税极重，商人并无怨咨。诚以税愈重，则价愈贵，国取之于商，商取之于民，不过在转移之间。彼西人窃窃然议我之后，不过欲便其私图，岂真干我国政哉？惟既抽厘金，分卡林立，巡丁、扦手以官力为护符，以贫民为鱼肉，贪婪需索，饱私囊者十之五六，归公项者十之三四。厘金旺时，至三千六百万，近岁则止有千余万，岂尽今昔物产丰歉之不同哉？良由办理者之侵蚀过多，与夫一卡一局之开销过费，故公家所得日见其少。是厘金不能有益于国，反能有损于民。是厘金一项，交口同声，共目之为弊政者，固非无故而然矣。

中外互市，耳目日新。机器、纺织、缫丝等厂，皆为经商要务，不可不广为兴办。近来纷纷设公司，纠款集股，协力兴建。可见风气大开，中国商务将渐有转机，深为可喜。此等局厂，皆足与洋人争利，而并不与我华人争利。中国多设一厂一局，即多获一厂一局之益。正宜设法愈推愈广，多多益善。设误用西法，予以专利十年之例，则非特不能为华人浚厥利源，反助洋人之气焰。不公不溥，莫此为甚。若云不足以示鼓励，则更有变通之法：在凡一切公司，有益商务者，准华民一体开设；惟除目前现办公司外，如有华人创办别项公司，准其赴通商衙门报明存案，以后如有人依样兴办者，须纳资于创办之人，其数悉由官定，务在公而且平。纳资之后，给以文凭，许其一体开设。如此则利益均沾，鼓励与体恤之道，二者兼备，为之先者既乐于创始，为之后者亦乐于输将。此即参用西法而略为变通，可以尽祛①目前垄断专利之弊，而示大公于天下。凡此之类，执政者苟能留意整顿，则中国商务虽坏，安见不能挽狂澜于既倒哉？

(1896 年 3 月 9 日，第 1 版)

点评

经商谋利，看似个人行为，实则不然。在自然经济时期，贸易形式简单，个体就可以完成。但时至近代，不仅商务盛衰所关至巨，而且商务方式也大异于前。传统的"单兵作战"渐向"联合作战"转变。一方面是资本的联合，产生了近代公司制度；另一方面是商业团体的联合，以公会为标志。凡此二者，均体现了一个"公"的意识。公司可收众擎易举之效，公会能使行业规范，一致对外，实现集团效应。凡此二者，均须中国商界好好学习，深刻体悟。因为相对西人而言，"华人但知自私自利，不顾商务之大局，心志涣散，不能整齐画一"。事实表明，不重商道，中国商务自难兴盛。而商务之盛衰，不仅关乎"人民贫富"，更直接影响到"国家强弱"。所以国家绝不可漠然置之。依作者之意，国家兴商之道，一在"厚其财力"，一在"齐其心志"。在具体政策方面，如果能做到既有益于国，又无损于商，则实业发展自然难以限量。

论强国以富为先

功利之说，儒者所弗道，故子罕言利。孟子始见惠王，王以"何以利

---

① 祛：摆脱，去掉。

吾国"为问，而孟子遂对以"何必曰利？必以仁义为先"。后世遂以富国强兵为杂霸之术，非纯王之政，而为圣门所摈而弗谈，不知孔子之策卫：既庶必先之以富，而后继之以教。《大学》一书，孔子所以经国平天下者也；《周礼》一书，周公所以创制显庸者也：皆以理财为急务。其要则在损上以益下，而勿损下以益上，以利公之于民而已。至于治兵一端，亦圣门之所先，故有勇知方①，夫子所以许子路临事而惧，好谋而成②，以战则克；孔子不讳言兵，特不可如后世之穷兵黩武耳。历来中国之富莫如秦隋，然皆不旋踵而亡，此徒聚之于上而不知恤民，故也。财糜则民散，财散则民聚之言验矣。兵力之强莫如元代，然不得民心，终至鞭长莫及，萎靡不振。

我朝功绩之隆、疆域之广，轶汉超唐，声威所讫，无远弗届，素无敌国外患之相乘，讨逆戡叛，震铄宇内。自泰西通商以来，开关互市，竞挟其长技异术，以形我之短，而凌侮我中国，于是谈时务者谓驾驭之法，莫如师其所长。因是言富国者，则曰广制造以旺商务，开五金诸矿以足民用，筑铁路以利轮车，造轮舶以近周③各省，远通外洋；言强兵者，则曰练海军以固边防，练陆兵以守疆域，设立武塾以储材用，选举智术之士以兴教习。行之十年二十年，必有成效可观。不知不揣其本而齐其末无用也，徒袭其皮毛而炫外观无益也。西人不畏我之讲武治兵以自强，而畏我之造器利用、通商惠工以致富，而借以夺其利权。

盖富必自商务始，西人隆隼而深目，思深而虑远，其心思缜密，工艺精巧，仿效我之服食器用，借以投我之所好；我人弃旧怜新，好奇而喜异，见其所造作而悦之，不惜重资，不惮贵价，上下互相炫耀，几于举国若狂，语以利源外泄，弗之思也；语以财匮民贫，日为所朘削，弗之悟也。即如丝茶为吾国出口之大宗，射利④之巨款，何以今日反不如前？则以育蚕、植茶者之日盛一日，足以夺我之利也，而我之缫丝、拣料、培植、审择皆不能如彼

① 知方：懂得道理和礼法。《论语·先进》："可使有勇，且知方也。"《荀子·君道》："尚贤使能，则民知方。"
② 临事而惧，好谋而成：见《论语·述而》。
③ 周：遍及，通达。《易·系辞上》："知周乎万物。"
④ 射利：追求财利。左思《吴都赋》："乘时射利，财丰巨万。"

之精宜，其利之所入日非一日。西人于额外之利尚且经营制造，弗惮其烦，日精一日，而我于固有之利犹或失之，漠然①不动于心，则其勤惰为何如哉！

夫西人之富，非有别术以致富也，曰勤而已矣；吾人之致贫，未必甘于阘茸②也，曰惰而已矣。诚使以中国土地之大、人民之众，挟其聪明才力，专心致志于谋食养生之道，精加仿效，而耻出西人之下，安知再阅数十年，不驾乎西人而上之哉？且今之欧洲各大国惟俄、德、英、法得以狎主齐盟③，共执牛耳，兼与美洲之联邦互为雄长，其余诸小国咸奉命唯谨焉。此五大国者，实主持五大洲之事权，势均力敌，各不相让，有益则同沾，有利则共得，虎视鹰瞵，方拟于亚洲之□审度图维而竞下其一子焉，故有西人之量时揣势者，其甲曰："今日之亚洲其岌岌乎殆哉，苟五国相谋，和衷共济，势必割地画疆，瓜分豆剖，亚洲其能晏然高枕而卧乎？不将为印度之续而蹈其覆辙哉？"其乙曰："不然。五国之心各自为谋，其一时连衡相结者暂也，非常也，外示之以辑睦，而其内实隐怀猜忌，迹其贪得之心，得寸则寸，得尺则尺，方且以为邻之厚、我之薄也，岂能餍其所欲？苟有不慊④其意者，必致争地争城，而动干戈于域内，互相吞并，故五国之得地正欧洲之祸，而亚洲之福也：亚洲正可乘此奋发有为，励精图治，以臻乎富强，安知将来不能出而与诸大国抗衡哉？"吾谓甲、乙之言各有所见，特欧洲多高识远智之士，必能见微而知著，诸大国甲兵舰炮雄强相等，一旦祸起，死亡当不可以计算，败固失矣，胜亦未为得也。近有好事者，方且假仁义之说，以弭兵为名，立会息争，其必鉴于普法之前车，而不至轻启兵端，有可必矣。若是则欧洲必无战事，必将舍欧洲而从事于亚洲，亦可知也。我昔日曾有言曰："办天下事，自欧洲始；通古人书，从时务来。"苟有人焉，能驾驭乎欧洲而为我所用，则天下事自无难办矣。惟我所以谋立国之道，不可不自强。

---

① 漠然：寂寞无声。《汉书·冯奉世传》："玄成等漠然莫有对者。"
② 阘茸：指地位卑微或品格卑鄙的人。章太炎《新方言·释言》："阘为小户，茸为小草，故举以状微贱也。"
③ 齐盟：同盟。《国语·晋语八》："诸侯有盟未退，而鲁背之，安用齐盟？"
④ 慊：满足。

而自强必由通商始。中国动以商为末务，不加讲求，重征益税，将谓可剥商以利国；官又从而遏抑之，朘损之，由是富者屏息敛足，罔有远图，不知适所以自病也。今富商多能耀其头衔，奋于功名，似乎官商可以浃洽①，而未也当效泰西之法以行之；中国之民四百余兆，苟人人能一心以步武乎西人，何患乎不济？开矿筑路造船设局，一切听民之自为，而不掣其肘，则款无虚糜，而事有成效。西国视商人之有兴大工、大役者，苟资有不足，则发帑以助之；苟有亏折，则纠资以补之；有创为新法，裨益于国家者，则重加奖赏。故民间争自踊跃，商务如此安有不兴？商能贩货以致远，集巨资以助国家养兵，兵以保商，商以资兵，兵商相为联络，富强之实即在乎是矣，安有不威行于域外者哉？

（1896 年 3 月 16 日，第 1 版）

点评

西国之强，寓于民富；民富之基，则在于惠工通商。中国若想在国际舞台上得占一席之地，不致动受欺侮，唯有实现其自强之梦。西方的强国经验早已昭示：民必先富，而后国强。中国古代圣贤也一再告诫：治理以理财为急务，"其要则在损上以益下，而勿损下以益上"，都说明百姓致富和国家强盛的关系。如果国富民贫或国强民穷，那么国祚必不能久，秦、隋二朝，徒知聚敛，不知恤民，结果不旋踵而亡，即为殷鉴。而五口通商之后，中国面临的危机日益严重，通商惠工被赋予更为重要的意义，所以作者告诫必须改正以往的贱商陋习，给商人充分的发展空间，以国家力量助商业发展，诚能如是，则"助国家养兵，兵以保商，商以资兵，兵商相为联络，富强之实即在乎是矣，安有不威行于域外者哉？"

---

① 浃洽：和谐，融洽。权德舆《宣州响山新亭新营记》："威惠交修，上下浃洽。"

生财有道说

古有之曰和众丰财，旨哉言乎。伊古以来，治天下者未有不由于此者也。溯汉文景之世，休养生息，海内□〔几〕致太平，刑措不用，虽唐虞无以加焉。唐太宗逆取顺守，有房杜以恢①相业，有魏征以拾遗补过，知无不言，言无不尽，故其时海宇义安，民生得所，史臣播为美谈，后世仰其盛轨。降至有宋，太祖、太宗念肇基之不易，兢兢焉以救民水火为事，肌肤沦浃②，泽被寰区，固非一二端所能尽然。综其大要，皆于和众丰财三致意焉。

夫所谓众者，其类至不一矣，承流宣化者，自公卿、大夫以至府史、胥徒之属，其饮和食德者，自牵车服贾以至犁云锄雨之流，无一非戴高履厚之人，即无一非食毛践土之人。苟有一夫之失所，不得谓之和。所谓财者，其端亦甚繁矣，上焉者天庚之正供、匪颁③之禄糈④，下焉者操奇计赢，阛阓⑤有兼，人之产仓箱栉比⑥，乡闾有卒岁之需。生物之数原乎大造，致富之计端赖人谋。苟有一家未赡，不可谓之丰。然欲丰财，不能不和众。和气足以致祥，必使自上下下其道大光，合薄海内外，咸有攘攘熙熙之气象，而后能普天率土无不有阜财解愠之麻。

今夫鱼之沫也，非水不活；鸟之翔也，非空不畅；即人之生也，亦非财不裕。故必三时不害，万宝告成，仰足以事父母，俯足以畜妻子，出不闻催逋之语，入不闻交谪之声，夫然后岁时伏腊⑦，烹羊鱼羔，击缶歌呼，相与为乐；未有资财不裕，而能臻和悦之象者也。故就缓急而论，则尤以丰财为要。

我朝列祖列宗，抚有区宇，子惠黎元，其道亦不外此。今上御极之初，

---

① 恢：光大，拓展。《汉书·叙传》："恢我疆宇。"

② 沦浃：深入肌肤，比喻感恩之深。《朱子全书·论语五》："今须且将此一段反复思量，涣然冰释，怡然理顺，使自会沦肌浃髓。"

③ 匪颁：分赐。匪，通"分"。《周礼·天官·大宰》："以九式均节财用……八曰匪颁之式。"《周礼·地官·廩人》："掌九谷之数，以待国之匪颁。"

④ 禄糈：官俸。

⑤ 阛阓：阛指市区的墙，阓指市区的门，市区通称"阛阓"。左思《蜀都赋》："阛阓之里，伎巧之家。"《旧唐书·高祖纪》："出入闾里，周旋阛阓。"

⑥ 栉比：像梳齿那样密密地排列着。

⑦ "伏"在夏季伏日，"腊"在农历十二月，泛指节日。

加恩中外，自是凡遇各直省水旱偏灾，议蠲议振，不遗余力，务登斯民于衽席而后已。近年江浙齐鲁等省，迭次告灾，皆蒙颁发帑银，交各省督抚核实散放，谕以毋任吏胥舞弊，务使实惠均沾。圣恩汪濊①如天之无不覆，如地之无不帱②，美矣，备矣，蔑以加矣。皇太后虽颐养深宫，犹时以黎庶为念。前者甲午恭逢六旬万寿，特命于节省内帑项下，颁发各省银二万两；又以顺天为辇毂重地，施恩宜渥，每岁给银二万两，以惠贫民。皇仁之厚，人人最深，唐虞三代以还，所未有也。惟是天下大矣，民生众矣，若必损上以益下，终虑可暂而不可以久，孰若使天下之人各尽其力以储财，庶几取之无禁，用之不竭，比户有盖藏③之裕，万年蒙乐利之麻。

夫重农为本，古今不易之理，今内地农民种植，率多因陋就简，不讲培壅之法，旱则听之于天，潦则诿之地，非所以裕民食而重国本也。栽种蔬果，亦足以佐食用。史记，汶山之下，有蹲鸱④可以不饥。诚能仿其说，多种山芋之属，未始不可以备荒年。木棉种类不一，美国南方所种之棉有高六七尺者，童童然如小树，其色纯白，其纹细密，可纺细纱，胜华棉远甚，若能试种美棉，讲求培壅，以补土性之缺陷，则出产既多，自可大兴机器纺织。

蚕桑本为中国所独擅之利，自意大利、法兰西、日本等处饲蚕种桑，而其利渐为他人所夺。近年丝市略有转机，而缫丝厂放价争收，以致新丝市价或高或下，市面因之减色，业此者岂可偷安目前而不思振兴之计耶？茶市疲敝已极，虽前经赫总税务司⑤咨请大宪，通饬各处力求整顿，无如言者谆谆，听者藐藐，渐成江河日下之势。若不扫除积习，讲求新法，何以使利源日辟哉？

五金煤矿为天地自然之美利，中国矿产之多，甲于五洲，计自奉旨弛禁

---

① 汪濊，濊同"秽"，深广貌。《论衡·宣汉》："汪濊深广，滂沛无量。"
② 帱：覆盖。
③ 盖藏：储藏。《礼记·月令》："（孟冬之月）命百官，谨盖藏。"郑玄注："谓府库困仓有藏物。"
④ 蹲鸱：因状如蹲伏的鸱，故称。《史记·货殖列传》："吾闻汶山之下，沃野，下有蹲鸱，至死不饥。"
⑤ 海关总税务司赫德。

以来，各省以矿产呈请开办者不一而足。顾就江宁而论，已不下数十处，率皆资本不足，意欲仰给于官款，官款不发则相率观望，有始无终，比比皆是。安得有明干练达之人，畀以事权，宽以年限，合群策群力以从事，或当有豁然贯通之一日，富国裕民之计无过于此。

工艺亦裕财之一端，西国工艺之所以独盛者，以专用机器不借人力，故其为制也巧，其出货也速，又皆自出新意，不蹈故常，故能投时所好，不落他人窠臼。中国若欲讲求工艺，当自精研格致始。《大学》一书，乃圣功王道之所在，其言治国平天下之道，必基于格物致知；至卒章则曰生财大道，可见财之为用正有国者所不可不加之意也。故著是说，以为当轴者告焉。

（1899 年 1 月 6 日，第 1 版）

点评

《大学》有言："生财有大道：生之众，食之者寡，为之者疾，用之者舒，则财恒足矣。"后人将之概括为"生众食寡，为疾用舒"的财富生聚之道。无论家国，此理均同。但一国之内，国家与社会之间的财用关系如何调适，则有不同见解。所以会有计划经济与自由经济等学说。

中国传统治国思想，以富民足国为鹄的，主张藏富于民。正如本文所言："苟有一家未赡，不可谓之丰。然欲丰财，不能不和众。和气足以致祥，必使自上下下其道大光，合薄海内外，咸有攘攘熙熙之气象，而后能普天率土无不有阜财解愠之麻。"必"使天下之人各尽其力以储财，庶几取之无禁，用之不竭，比户有盖藏之裕，万年蒙乐利之麻"。举一个河水之例，这是一种"小河有水，大河自满"的国内财富配置关系。

那么在当时的社会历史条件下如何发展社会经济？本文分别论述了农桑、矿产、工艺等业的危机与发展方略，例如农业要改良品种，蚕桑要讲求新法，矿产要寻求干才，工艺要使用机器，凡此均可以发展经济，增加财富，以收和众丰财、民富国强之效。

论中国欲振兴商务宜法日本

余前论经商之道，不外权出入、计盈亏，而其大要则在通盘稽核，虽仅属商务一门，而于国计民生无不包括。西人办理商务，每事必通盘稽核，故事皆井井有条，国之富强实根乎此。中国虽亦稽核，而并未尝澈始澈终，以致时有欺饰之弊、中饱之患。国之贫弱虽不尽系乎此，而未始不根于此。

惟中国幅员既广，人民较多，不特稽核较难，且自古及今，未尝以商务为重，故于稽核一法不甚讲求，墨守旧章，因循怠玩，一旦欲求振作，亦苦于入手之难。现在朝廷特简李傅相为商务大臣，乃继又命署两广总督。无论傅相职任兼圻，无暇及此，即将来专心办理商务，恐一时欲将出入盈亏通盘稽核，了如指掌，亦非易易。

说者谓稽核之法，西人较精，若雇用西人以资助理，如现在各海关之税务司，稽核种种，朗若列眉。不知海关但收货税，可以借助西人，若通国之商务将与外人争胜，岂能尽用外人，须自能明白，方可制胜。现在已成商战之局，既名曰战，若用敌兵，适资内应矣，此固不等解人而知之者也。

蒙意欲振作商务，须先得通达商务之人，其必创设商务学堂乎？现虽派有商务大臣，然究缓不济急。然苟能赶紧设立学堂，则三五年中商务大臣不患无人助理，可以措置裕如矣。不观之日本乎？日本设立商务学堂，专讲商务，肄业其中者，别类分门，与阛阓贸易无异，学成之后，使之办理商务，无不措置裕如，故日本商务日兴，几欲与西人并驾。此非明效大验欤？

忆前报转录广州《博闻报》云，日本东京协会新设支那调查会，董其事者为福原氏本诚，会中宗旨在详考中、日两国贸易情形，择要兴办，此外一切政务概不与闻。其调查之区，第一由上海至厦门一带沿岸；第二由福建沿岸某处至扬子江一带；第三尚付阙如；第四由汉口经重庆至成都一带；第五自烟台、天津至奉天、吉林；第六除以上五处之外，凡关涉工商及航海事业者另行查察。其调查事件，一自福建至扬子江铁路矿山，一沿海及内河水路，一中国所需日本土产，一日本所需中国土产，一各地流通银钱情形，一各匠工值及应设保险公司之处，一应设日本土货陈列肆之处，一华商及洋商工商事业，一货物集数及轮船装运之法，一货物应纳各税，一商业风气，一各处衡量货币情形，可见日本之于商务精益求精，不遗余力。而要亦不外稽核之法，其必于本国已详考无遗，始能及于中国。一旦将中国情形熟悉，则彼此入出可以操纵自如。以此推之，日人之于中国既如此办理，安知其于欧西不亦如此办理乎？将来渐推渐广，直将合五大洲而示诸指掌之间，其商务尚有艾耶？

窃以为中国宜师此法，设立学堂，培养人才，先将中国情形考求明晰，然后由近及远，查察外洋贸易事宜，使事事皆有把握，庶利权不致外溢，十年以后而谓中国商务不能驾日人而上，且不能驾西人而上，吾不信也。质之当世之谈商务者，以为然耶否耶。

（1899 年 12 月 31 日，第 1 版）

点评

甲午战后，清政府渐知重商，但其措手之方，议论为多，推行缓慢。反观日本发展商务，先从调查研究入手，不特本国商务，还将其范围扩大至中国，在知己知彼的基础上，策划商务方策，不仅精准，而且高效。进行此项工作，离不开专门的商务人才，日本大办商务学堂，精研商学理论，使通国营商能力大为提升。本文作者有感于此，提出"中国欲振兴商务宜法日本"，尤其是"设立学堂，培养人才，先将中国情形考求明晰，然后由近及远，查察外洋贸易事宜，使事事皆有把握，庶利权不致外溢"。作者认为如此办理，则十年之后中国商务不仅能超越日本，而且能超越西方。此论未免太过乐观，但其在文中暗含的中国应当培养"商业文化"与"商业精神"的观点则是十分可贵的。

论合股经营

招股经营为中国从来所未有，市道中有合本贸易者，或系各财东本自相识，因独力不能胜任，彼此谊合情深，各出资本，公举伙友，以理店务，执合同为信据。其店务兴旺，每届结算之期，余利均沾，而各东家道又复日盛一日，无昨是今非之慨，则合力经营亦至数十年之久。其次，则有善于经纪之伙，素为财东所信任，同业所推举，欲于贸易中独树一帜，邀约数富户，各出若干资本，以开设店铺，则以伙友之声名，博财东之运气，虽数东不相识认，亦但凭经理者之纠合而出资，一无所吝。凡此二者，皆合股之常情。然要不过数人合创一业，无有多至数十人、百人者。盖股分太多，则获利綦微，巨富之商不甚贪此小利，而资本微薄者又辄自愧力棉［绵］，不敢希图附骥。至于人地生疏之处，则尤有畏首畏尾之心。即经理其事者，亦不肯广为招致。盖股东过多，或有意见不合，难于投契；或作事有所顾忌，是非不能一致，故甚不愿也。且中国之俗，大率轻视商贾、市侩之所为，世家巨室不屑焉。孳孳为利之徒，无有卓见，不能远图，往往狃于小利，以故创事之始，必权其出资之多寡，与获利之迟速，而后定议以行。若利不可知，必迟至十年、五年之后，而生意甫能兴旺，场面始可推扩者，则已顾前虑后，疑不能决，而况人情变诈，事故万端，合股之人与经事之伙，固难保其初终一辙也乎。

自泰西通商以来，西人经营之法，久为华人所知。然二三十年来，内地商贾犹觉拘执成见，不能变通，每有图创一业为长久计者，曰此事需本若干万，必几年而后通行，又几年而获利，则闻者却走，以为迂远难行；且祖宗积累之财，半生勤俭所获，一旦置诸不可知之数，岂不可惜？若仿西人招股之例，资本十万者，分作千股，五万者作五百股，自一股、二股以至百股、十股，皆可附本，以公其利，则又疑虑百出，以为股多则利钝（与否），仍不可知，设有翻复，岂不轻于一掷？股少则虽获利倍蓰，而分润终属有限，此所以观望不前也。譬如建筑铁路，开采矿务，纠设银行，以今日事势言之，何者不可举办？而无如人情之不能善变也。

各帮商人惟广帮最富，亦惟广帮最与西人相习，熟悉西商谋利之法，故凡议此等生意者，大都粤人为多。然以中国之大，生意之多，而尽望诸一隅之人，可乎？目前仿西法之事，若招商局者最著矣，顾其初若非有国家存项，附股诸人亦尚不免存疑。然则为此议者，亦惟仿照西国官商合本之例，如银行等事，皆有国家存项，而后可以餍附股者之心，而其事庶无不举。然以中国之政体言之，则自有万难仿行者。盖西俗国家之财可以与商人合本谋利者，缘国家所岁需之款，皆出自生意，盈余之中，以所入抵所出，而本银仍不动分毫。若中国则每年所入之款，或钱粮或关税，以及盐课等项，各有专司，即各有专款支销，本无盈余可计，必有支用节省及额外溢收之银，而后可应意外之需；若骤使国家提出若干本银，以与商民同谋利益，则一切编支之款，必至不敷。故其势断不能尽仿西例。惟有令商人知一切生意之有利与合伙之可大可久，破其成见，而思所变计，庶几凡事可以渐举，即铁路、矿务之重大，亦得集众力以成之，而中国之富，乃直驾泰西之上矣。本报昨述电灯公司股分价涨及前日丰泰洋行催收点铜矿股分告白，与某商创设造纸公司等事，数日之间，而此数项之股分竟有不谋而合者，虽其事实自西人主之，议买股分者亦半系西人，然而华商之踊跃，能破素来之成见，以合做生意为得计，即此可见其概。将来习以为常，凡重大之事，一经倡议，无不乐从，其获利诚非浅鲜。吾意再阅数十年，而泰西各国之所以为利者，以中国地面之大、富商之多，处处仿行，事事具举，安知不令西人转羡华人而以为不可及哉？

（1882 年 6 月 6 日，第 1 版）

点评

中国合股经营（也称"合伙"或"合本"）源远流长，可上溯至春秋时期，著名的典故管鲍相交，说的就是管仲与鲍叔牙合伙营商，分红时鲍让利于管的故事。但是，"招股"经营则并未出现。原因何在？文中分析较为深刻，一言以蔽之，投资心态使然。具体而言，一则国人获取财富不易，孜孜矻矻，节衣缩食得来的财富不敢轻于一掷；再则，风险评估与承受能力有限，总希望得眼前利，不愿有长久与远大的规划；还有，人际信用不良，即使情投意合，共同营利也很难不生猜疑，引发矛盾，何况彼此陌生，互畀银钱，委托经营，更不可思议。

有此思想与心理基础，中国的合伙经营自然只能以低成本长时间运行，一直未能创新制度。其实，西方近代公司制的基础也是合伙。那么，为什么中西两种合伙的发展趋势如此不同？着实令人深思。答案当然会有很多，但思考维度不外乎社会环境、经济生态、文化传统、政治结构等方面的中西差异。

不管何种原因是关键，近代中国在公司制度方面无疑远远落后于西方，这种落后不仅表现在制度建设方面，更体现在制度文化方面。好在通过西方的示范，国人渐由"不能善变"演进到"破素来之成见"，不仅认识到了公司制度的巨大优越性，而且幡然改图，开始仿行，民众也踊跃购买公司股票，一扫从前不与陌生人合伙的拘执习气，难怪作者对中国公司制度建设充满信心。

公司多则市面旺论

泰西各国，凡经营贸易，往往资本巨万，夫岂一人一家之财力哉？大都皆集成股分，纠约同志，共为襄助，而后可以相与有成。而凡公司中之章程、条款无不协议金同，斟酌尽善。以故泰西生意日兴日盛，其法国之巴黎斯，英国之伦敦，兹两处尤为外国生意之冠，制造各物以出与他国贸易。制器愈多，贸易愈盛，而地方亦愈见兴旺，此固理之彰明较著者也。

中国向来未开风气，并不知有公司之说，而从前虽亦有繁□〔华〕之地，决不能若近日之盛。先时，中国有谚云："上有天堂，下有苏杭。"苏、杭两处为中国称繁华之地，商贾云集，货物星罗。虽然，当时苏杭全盛之时，与现在之上海相较，犹觉不如远甚。至兵燹之后，则苏、杭两处等诸自邻以下①矣。

现在中国生意则必于上海首屈一指，顾前日之上海与今日之上海则又不同。何则？前日之上海不过因系通商码头，洋舶所荟萃，故华人竞至沪上与西人为交易，其利大半归于西人。即有一二华人因此获利者，然亦非自立场面，不过分西人之余利而已。至于今日则风气大开，公司众多，自招商局开其先声，而后竞相学步，仁和保险公司继之。人见公司之利如此其稳而且便，遂莫不幡然改图，一扫从前拘墟之成见，于是济和保险、开平煤矿、平泉铜矿、机器织布、机器缫丝、长乐铜矿、池州煤矿，与夫自来水、电气

---

① 自邻以下：邻为西周时的诸侯国名，《左传》记载，吴国季礼在鲁国观赏各诸侯国之诗，谓自邻国以下，其诗降而愈下，无足观者。后来用以比喻，自某处或某时开始就不值得一谈。

灯、赛兰格之锡矿、鹤峰之铜矿，莫不争先恐后踊跃投股。① 近日又有玻璃公司登诸本报告白后。凡此皆中国从前所素不相信者也，而今乃深信不疑，骎骎乎日渐扩充，如此，此独非中国之幸哉？

查玻璃公司专为制造玻璃起见，中国之用玻璃近来日见繁盛，与前时琉璃屏七尺即为富贵气象者大相悬殊，而所用玻璃类皆由外洋贩运而来；其广东所造之玻璃不若外洋之净，故洋料玻璃与广料大有不同。然购之外洋则无论水脚装运所费不赀，而其利均为外洋所独擅，今若在中国自行制造，必有较便于远购者。吾有以知其利之必厚也。烧料货之白土，中国向惟山东之博山有之，博山之土土人取而烧之，然不知洗炼之法，故其质粗而不净；京都工匠复取博山之料货碎而重烧，其所制之器精于博山者数倍，故京料尤为著名，然初未以制造玻璃也。粤东烧造玻璃，则多取外国玻璃之碎者，重为烧制。刻下，该公司纠股烧造，其取土间随处皆有。昨有友人言及江西广信府之玉山县，其土洁白，柔而且细，用以烧制玻璃，最为得法。想该公司广搜博采，亦必不致或遗也。

大凡天下事，创始为难，继起则易，中国之有公司不过近数年之事耳。顾招商局一经开创，而继武②者竟尔纷纷。目下，则咸以购买股分票为市面生意之时派。有西友言及中国之股分不若外国之认真：若外国纠集公司，必有实效可呈；中国之纠公司则竟有所创之事绝无眉目，而股分票已日见增涨者。善于经营者，俟其价贱而购之，待其价贵而售之于人，不啻如银洋之空盘者然，是亦中国之一弊也。然仆以为此言固亦灼有所见，但华人既纠股分创公司，则亦必有以取信于人而后人争信之，如竟胸无成竹，绝少把握，而为脱空之事，则亦孰从而信之？况究系银钱交易，华人虽信义不足，亦决不肯自丧其资。故凡公司之集，必非全然无因，特创始之初，未知将来成败若

---

① 当时在上海发行股票的中国洋务企业主要有轮船招商局、仁和保险公司、济和保险公司、平泉铜矿、长乐铜矿、鹤峰铜矿、池州煤矿、电报局、施宜铜矿、开平煤矿、上海机器织布局、顺德铜矿、金州煤矿、荆门煤铁矿、承德三山银矿等十余家。"机器缫丝"究竟指哪个企业，尚等详考。"自来水""电气灯""赛兰格"均为在上海发行股票的外国公司名称。

② 继武：足迹相接，喻事物相继而至。《礼记·玉藻》："大夫继武。"孔颖达疏："继武者，谓两足迹相接继也。"苏轼《次韵刘景文路分上元》："嘉辰可屈指，乐事相继武。"

何，而先已哄动市面，此则华人之情性向来如此，有不可变易者也。然正惟有此哄动，而市面即可从此增盛。巴黎斯、伦敦两处，其生意之兴旺甲于天下，正为此也。上海近来公司之多如此，则将来隆隆日上，夫岂让于泰西哉？

（1882 年 8 月 24 日，第 1 版）

点评

马克思说："假如必须等待积累使某些单个资本增长到能够修建铁路的程度，那么恐怕直到今天世界上还没有铁路。但是集中通过股份公司转瞬之间就把这件事完成了。"① 可见，公司对于现代社会作用之大。正如文中所言，西方各国的工商各业，"往往资本巨万"，绝非一人一家之财力所能胜任，"大都皆集成股分，纠约同志，共为襄助"。工业革命之后，西方的殖民扩张史，其实就是一部公司发展史。经营管理创新配合了技术创新，使西方在国际竞争方面如虎添翼、突飞猛进。难怪向称天下中央、自感优越的中华帝国难以步趋、渐感落后。

西人示范的不仅仅是公司制度，更主要是借公司获利的新的商业机会。华商"见公司之利如此其稳而且便，遂莫不幡然改图，一扫从前拘墟之成见"，于是在上海等埠大开创办公司之风。公司多，市面自然繁荣。这在当时的上海，主要表现为股票买卖兴隆，投机之风日炽。有人对此表示忧虑，但作者则指出，正唯华人有"哄动市面"的喜好，所以才为华资公司的创办提供了机会。但是创办公司之目的在于发展实业，否则，徒务于"办公司"，那么这样的繁荣是虚假的，也是危险的。上海早期"公司"企业的后续发展就说明了这一点。

购买股分亦宜自慎说

公司之说向惟泰西有之，中国初未之闻也。自通商以来中国风气日开，渐习于西人之俗。近来亦多纠集股分创立公司，如本报所列之各公司股分价

---

① 《资本论》（节选本）第 1 卷，人民出版社，2016，第 212 页。

目已属不少，此外尚有未尽列入者。市面以此互相卖买，至于日有行情，于此可见中国之风尚一变矣！然西人之集公司也，与华人不同。西人实事求是，欲集一股分，必先度其事之可以有成，业之可以获利，而后举行。虽或时事不齐［济］，亦有未尽得法之处，然断不至全系脱空，一无影响；华人则不然，竟有所创之业一无头绪，绝少依傍，而预先张大其词，广集股本，以为即日可以创成大业，而其实则全属空谈。若此类者，苟或有人信之，竞附股分，不啻以石投水，则亦非徒无益，而反有损矣！此等公司当其初集股分之时，人或未能深窥其蕴，但以时尚所在，争先恐后向之附股，而市面哄动，股分票价亦未尝不日见其涨。卒之卖买股票无异乎卖空买空：原价购来稍增即以售去；其或有贪小利者，或乘其贵而售去，俟其贱而又买进。若其所创之业，实系一无依据，则既贱之后，必不复贵，有因此而丧资者矣。夫既欲附股，则必先探听该公司之章程若何，办理若何，何处可以扼要，何事可以生财，其所用者何人，其所图者何利，深知详细无所疑惑，而后附银入股，公司之兴衰即有股诸人之关系。

闻之西友，西人在外贸易获利满载而回，则择稳妥可靠之股分而购之，以为世业，如华人之置办田地、房屋然，皆可留遗子孙，而己亦得以月支利银，借为食用行乐之资；不若华人之一闻股票涨，即以售之于人，此中西人之所以异也。今华人之购股票者，则并不问该公司之美恶及可以获利与否，但知有一公司新创，纠集股分，则无论何如，竞往附股，或十股、念股、数十股、数百股，惟恐失之。其有派股不及者，则悻悻然见于其面，以为是区区者而不予畀及。久之，而股分忽涨，则又不胜悔恨，谓前此若得派著，则此时已有盈余，不必俟该公司之利市三倍而始分其花红也。又久之，股分仍有涨跌，而该公司则并未开办，有股诸人亦不复再为顾问。何则？以前所购股票当价涨时早以售去，故视该公司之衰旺如秦人视越人之肥瘠，漠然不加欣戚于其心；而后得者亦但悔其购票之迟，已为人捷足先得，而己乃适逢其会，自怨自艾，计无复之；或又情愿耗折数两，转售于人，以脱干系，而又可另购他股。其心中所筹画者，不过如是而已。至于该公司之情形若何，则竟有茫然不知者，抑何可笑之甚也。

夫公司之多，市面之幸，本馆尝论及之。然公司虽多，而所谓公司者不过为纠集股分、卖买股票起见，仍于实事一无所见。适或将来有一二家公司先则尽属虚架，至后而或闭或逃，致成倒帐，而有股诸人至于轻丧其资，不胜忿怨，则将来必至因噎废食，而视公司股分为畏途，此则实于通商市面大有关碍。古谚有之：盛极必衰。中国之有公司，虽近年始见创办，然一经创始即举国若狂，日增月盛，其机之捷反若胜于西人，此即盛极之验而必衰之预兆也。不慎于其先以至贻悔于其后，不亦大可惜哉！故窃愿华人之买股票者，先详审夫公司之虚实、办理之臧否、利益之多寡，然后自定取去，勿专为随波逐流，以致自误，而后悔无及，则实于商务大有裨益焉尔。

（1882 年 9 月 2 日，第 1 版）

点评

19 世纪 80 年代初期，国内掀起过办公司热潮。但阅时未久，股市泡沫破灭，公司纷纷倒闭，因之而起的各类诉讼，广受社会关注。而投资失利的股民则将怨气撒在公司机制与股票形态之上，乃至发誓不参与公司制度，不购买公司股票。

出现这种情况，到底怨谁？是的，帝国主义难辞其咎，发起创办各类公司者难辞其咎。但，难道股民没有责任吗？问题并不是那么简单。国人投资多半"近急功""贪小利"。股市走高时，众人追捧，市面为之哄动，泡沫越吹越大；股市低落时，股民为各自解脱，贬值争售，终成"股灾"。说明，投机心态是股市风险加大的潜在因素之一，欲得公司制度与股票市场的良性运作，必自培养股民健康理性的投资观念而始。

中国股分极宜整顿说

仆前论上海市面减色之故，以为股分票之卖买实职其咎。此其说非谓股分之不可集，而公司之不可兴也。中国人情向来未能齐一，假如设一店创一业，或多独力经营，或父子兄弟叔侄以及亲戚朋友相与襄助，若是者则有之，至于招股集资之说则未之前闻也。所以从前中国生意从无极大者，以视泰西之生意不啻小巫见大巫，瞠乎后矣。

自通商以后，渐见西人经营事业皆极广大，自顾不免赧然，于是试学其法，亦为股分之集。招商局开其端，一人倡之众人和之，不数年间风气为之大开，公司因之云集。虽其中亦有成不成之分，然其一变从前狭隘之规，则固有可喜者矣。

顾中国之股分较之泰西则仍同而不同，何则？西人之集公司也，专志于公司，其股分亦有涨跌之时，而全以公司之盛衰为转移。故西人在外贸易多年，所获既丰，倦游而返，则择公司之稳妥者，购取股分若干，什〔世〕袭珍藏，以为娱老之资，初不闻其互相卖买；即有之，亦不多见也。中国则不然，一公司甫集，不问其事业成否何如，一鼓作气，争投股挂号，俄而号额已满，欲购不得则先放盘以求必得，一人增价步其后者更不乏人。风声一出，而股票因之而飞涨。还问该公司，则固本曾动手也。其有股分虽已集成，而公司一时未能遽开，或购办需时，或缔造不易，或数月或年余尚无开办获利信息，则又深恐该公司之或有不妙，而急欲推而出之，情愿减价以售于人。一人减价则又以为该股分跌矣，遂致减价而亦无人承受。又有以此为业从中取利者，则又上下其手，稍有不知市面信息之人，无不为所朦蔽。即问以行情，倘其意中某股分欲购者多，本可以增价，彼乃故减其数；某股分出售者多，本当跌价，彼乃故增其数。然故增者不概见，而故减者则往往而然，彼盖为自己余润起见，而其实则于大局殊为大患。故仆以为有害于市面者，缘其以股分为卖买也。

虽然卖买股票固属有害市面，而彼创设公司纠集股分之人，亦不可不认真整顿也。目下公司之多可谓极盛，大抵矿务为最。当其创议集股之时，自必先为察看，核计成本，并将来获利之数谅已算无遗策，而后举事。然开办之后，时事变迁，亦或有不能如意之处，其资本所集固不能藏而不用，或购机器，或置房屋用人，一切在在需用，其有业属可图，而资本未足，即增招友续收股资，亦不为过。或有因该公司一经举办，资本不敷，即须续招，因而疑为事无成效，遂纷纷谣诼，而股分遽尔跌价者。此其所见者未远也。若既经试办，或果无可取之利，即开办成功所获亦不甚生色，则与其支撑场面，以至成本销磨，不若知难而退，舍此他图，即将所集股本照数交还原股友。倘其略有折耗，亦不妨照核折成。彼股友仍得收回原银，又可另图别业，其银不至搁起，是亦疏通市面之一大关要。倘开办既久，利则无可贪图，本则全然搁住，彼各股友有欲另寻生计者，苦于妙手空空，无可方计①，则其咨怨必且更甚。《书》云："思其艰，以图其易，功乃成。"若明知其艰，而恋兹鸡肋，食之无味弃之不甘，则其为害将益滋大。彼各股友本欲附骥尾，以成大业，今则蝇头难觅，马足先僵，大有羝羊触藩，不能退不能遂②之势。其在股实之家尚不至十分竭蹶，而已觉心绪不安；若仅有此区区之数，且系摒挡③而得之，一旦搁起，则直有欲哭不能、欲笑不得者。此种情事，仆所亲见者，已不止一二十人。而彼主持其事者，方且高车骏马，宴客寻花，但顾己之乐，而不念人之苦，是尚得为有人心乎哉？谁则为若辈大声而呼之也噫？

（《申报》1883 年 10 月 21 日，第 1 版；另见邵之棠编《皇朝经世文统编》卷 63《理财部八·公司》）

点评

读罢此文，会使人产生一个问题，那就是如何处理股市与公司的关系？显然，股市是公司融资的平台，但公司是股市的基础。如果股市呆滞，公司融资将发生困难，发展必将受限；但若股市投机太甚，又会加大风险，容易引发风潮，导致股市坍塌，从根本上瓦解公司招股集资的市场。如文中所述，股市投机的表现主要在于以买卖股票为业务，而与股票所代表公司的资产品质、业务状况及潜在收益脱离关系，近于买空卖空。说明，减少股市投机成分的根本办法在于建立科学实在的股票定价机制，其核心规则在于以公司品质决定股票价格，而不能单纯受股票供求关系支配。当然，纸上谈股容易，实际控制难，要想挤压股市投机

---

① 方计：谋划，计策。韩愈《柳子厚墓志铭》："子厚与设方计，悉令赎归。"
② 语出《周易·大壮》。
③ 摒挡：筹措。和邦额《夜谭随录·汪越》："（母）见越意不可回，不得已摒挡数十金，涕泣而嘱之。"

空间，实属不易。加大政府稽查力度，增加公司经营透明度，加快公司资产评估与重组速度等策略无疑有助于抑制股市投机。不过，这对公司制刚起步的晚清而言，显然属于非分要求。

论买卖股票之弊

矿务之兴，不过近二三年间事。论者谓中国从无纠合公司之举，自招商局创办股分以来，风气竟至大开，凡属公司自刊发章程设局招股之后，不须一两月，而股分全行卖完，亦可见人情之善变，而中国富强之效殆即基此矣。不谓今日市面之衰乃亦为此，有心世道者方不解其何故，抑思此不难知也。盖纠合股分，集小成大，在经事者原为各处富商家资虽巨，而如开矿等事往往需资百十万，以独力任之，固觉不胜；且事非经过，以现成之资本，而用之于不可预期之事，即挥霍豪爽者亦将见而有难色，而况辛苦积累、祖父留贻，其肯轻于尝试耶？以一人之力则不足，合众人之力则有余，故招股最为谋大兴作之善法也。在买股者以为矿务等事经久结实，利不甚厚，而稳当殊甚。或服官多年，囊资充牣，思权子母，无如子孙不习经营；请托伙友，则又虑人心叵测，久必为黠者所算，于是购股票以收其利，庶免坐食山空之病。或又向来经商，老而倦游，半生辛苦，为急流勇退之计，意惟购买股分为无甚大起落，庶几保守余资，免遭颠踬耳。

舍此二者，即非真欲买股之人也。盖真买股者既不愿股分之跌，亦不愿股分之涨，年年如此，届期分利，并不问价值几何，但知本银百两为百两之家私，本银五十两为五十两之家私，五股十股可也，千金万金亦可也。其市上争哄，日探价值，买卖纷纷，涨落无定者，皆不以股票为事，而以股票之价为事，其用意不同也。真买股者少而非真买股者多，此大弊也。

通计内地官商家有余资、可以出而附股历十年、二十年而不动者，偻指可数；平常股户，盈绌无定，无此耐久之气象也。试思各公司、各矿局每创一处，其纠资必在二十万、四十万，少亦十万，今乃不下三四十万，而谓凡是股票必有人买，凡卖股票数日即完，吾不信中国内地之广竟有如许富户也。然则股分虽易招集，而其实十之八九皆非真欲买股之人也，非真欲分该公司、该矿之利也。

夫至不欲分利，而惟当前股价之涨落是务，则宜其不察事之确否、人之能否、利之稳否，而每一事出，人皆争买股票以去；而创办公司、矿务者因得大售其术，而纷纷踵起也。事愈出而愈多，股愈卖而愈易，价亦愈涨落而不定，而股分从此大坏，市面亦从此大衰。

尝谓各公司惟开矿关系最重，目前已办者事皆禀准批委而后行，虽其间亦有空搭场面、专意营私、不顾大局、毫无实际者，然认真办理已有成效可观者亦复不少。要在附股诸君之有主意，有识见，择善而从。庶股票可以藏之箧笥①，传之子孙。而最要者莫如严绝买卖之弊，使非真买股者不得参杂其间，以至价值纷纭，赚者赚，而耗者耗，亏空逃亡，为害市面，中国矿务就有兴旺之日，不至历久转为西人所笑。

夫买卖之弊百出不穷。近来股票有单填号数、不注姓名者，展转相授，但以一纸为凭，此不过印板之票，而加以经办者之戳记，或再加西人之签字，亲自画押耳。

人情多伪，晚近之风更非昔比。自捐输减成，空白部照发出外省填注，而假照之案时有所闻。彼则例禁綦严，苟经破案，罪罹大辟，尚不惜以身试法；而况区区股票，巧而黠者有不念及卖买之纷，而伪造描摹以欺人乎？捐例减成，若从九不过十数元，监生不过念余元，为科几何，而有人肯造假照？此则动辄百金，转无人为鬼蜮之谋乎？西人之股分既无不签名于上，如有抵债转卖情事，以我之股归彼收执，必向公司验明，改签新户之名，三面过割，如此郑重。乃今仿效西人徒借其名，而不师其意，保无伪票之弊乎？且即不防伪票，而或有偷窃等事，又将何从根究乎？蒙谓此等处必须妥筹善法，以绝其弊。

然使仍旧买卖，则弊终不绝。或者严禁代客买卖，凡欲退股者仍以原票还之公司，期以一月或半月为之另招新户，给运原本，此外概无私相买卖之人。则一切刁猾之徒无计可施，而股分市面不敢明目张胆，如从前空盘之纷纷；且退归公司，股价必不大涨落，彼非真买股者无所希冀，亦将束手。特

---

① 箧笥：藏物的竹器。《礼记·内则》："男女不同椸枷，不敢县于夫之楎椸，不敢藏于夫之箧笥。"班婕妤《怨歌行》："常恐秋节至，凉风夺炎热。弃捐箧笥中，恩情中道绝。"

恐于诸股中去真买股者十九，而仅存真股之十一，则退还者踵接趾错，不数月间，而股号销尽，更无另买之人，矿可不举，而无如银已乌有，彼哄哄然称某观察、某大人者将何以为情哉？

（1883 年 11 月 1 日，第 1 版）

点评

此文引发我们对于股市的思考：到底是买股还是买（股）价。换句话说，股市投资到底投资什么，是买公司还是买股票。

众所周知，发行股票是创办公司的重要途径之一。而以股份有限公司为主体的现代公司制对于经济、社会发展产生了重要的推动作用。正如马克思在《资本论》中所言："假如必须等待积累使某些单个资本增长到能够修建铁路的程度，那么恐怕直到今天世界上还没有铁路。但是，集中通过股份公司转瞬之间就把这件事完成了。"① 公司制度创新极大地助推了近代西方各国的强国之路，成为其对华商战的利器，进一步拉大了西方领先中国的距离。在不断追赶西方的晚清国人看来，西方不仅有"长技"，更有"长制"，中国不仅应当"师夷长技"，更应"师夷长制"，公司制度就是其中之一。既要办公司，就得发行股票。国人之于股票、公司也不无理性认识，视股票为公司融资、股东投资的凭证，股东借股票投资公司，俾收众擎易举、集资合力之效，以期共谋大业。但股票一旦开始交易，股票市场价格与股票代表的公司价值就很容易脱节；如果不是长线投资，注重分红，而是短期投资，专务交易利润，则"炒股"之风势所必然。本文作者忧虑的正是这一点，故专论"买卖股票之弊"。这是因为在那个时候，他已目睹各种"炒股"的乱象，因而担心股市在中国甫一兴起，未收其利，反受其害。

确实，股市是一把双刃剑。股市的好处在于发挥资本市场的优势，

---

① 《资本论》（节选本）第 1 卷，第 212 页。

· 247 ·

提高融资效率。但股票毕竟只是一种有价证券，是一种资本符号，其真实价值体现在所代表的公司资产质量及收益前景之中。如果脱离这一前提，争炒股价，无异于买空卖空，形同赌博，流弊滋大，对于投资者收益保障、公司资本安全及行业信誉保持均将产生莫大的危害。

　　股票、股市对今人而言已不陌生。股海深深，炒股者苦乐不一。然中国股市不自今日始，早在百余年前的晚清就已渐成。19 世纪 80 年代，上海民众就开始"炒股"，一度非常火热，后值崩盘，全民受损。正当上海股市日增月盛之际，《申报》发表此评论，批评国人执念于"炒股"，缺乏正常的投资观念，今读之言犹在耳。

论中国公司之难

　　中国之创为公司，不过近年来有之，前此未之闻也。然自创有公司，而中国之场面愈阔，中国之市面愈疲。即如上海一区，目下倒帐之多，连年叠见。论者莫不纷纷然，咸以为公司、股分之为害。窃谓其所以为害者，在乎股分票之各相卖买，无异空盘。因之而贪多务得者皆视为可居之奇货，迨一旦变动涨跌不常，而涨者不肯即卖，跌者又不肯贱售，以至银根不出，生意不能活动；及久之而无一项不跌价，则又汲汲欲图售出。欲出售者愈众，则股票之在市面者愈多，而价亦愈贱。于是盈千累万之倒帐即从此出矣。此其患在股票之得以辗转卖买，而不在公司也。

　　泰西之生意莫不出以公司，一人之财、一家之力，即曰积累多年，又岂得以数千百万之局面而以独力撑持之？自创为公司，而后集腋成裘，众擎易举，以一人而出资千，十人即合成万，百人即合成亿，千人即合成兆，其数巨，其力雄，其势可以有为而无所畏葸[1]。设使不幸而生意不顺，或有亏耗之处，举公司所有而悉行折尽，而每人所丧不过千金而已。合则见多，分则见少，经营则有可凭恃，折阅则所出有限。此其法之良而意之美，有不可以殚述[2]者，安得谓公司之为害于市面也？如曰公司资本较巨，恐不免于垄

---

① 畏葸：畏惧、胆怯。王韬《重刻〈徐忠烈公遗集〉序》："畏葸退缩，坐失事机。"《清史稿·高宗纪四》："〔乾隆三十六年五月〕乙巳，阿桂以畏葸褫职，降兵丁效力。"

② 殚述：详尽叙述。多用于否定。

断，以害小本之经营；然泰西之公司从未有此，即中国公司亦初不患此。

其所以中国之公司不能及乎泰西者，盖别有故也。泰西之人创立公司，其资本虽由纠集而成，其经营则以经手为主。一公司中主其事者止有一人，以一人之心思运量而出，再以数人襄助其事，如是而已足。故无一国三公，吾谁适从之虑。中国则一公司中或以数人主其事，彼以为既有股分即不妨出主。而孰知筑室道旁，议论多而成功少，其弊窦有不赀。第中国近来渐学泰西，亦有以一人为公司之主而大众皆听其指挥者，惟所用之人则中国之杂，不若西人之专。旗昌、怡和皆为泰西公司之大者，而旗昌所用仅有四西人，怡和亦止四西人，初无冗人参杂乎其间。所谓情面、势分皆不之顾也。若中国之公司，则凡创一公司，主其事者莫不有宗族、亲戚、朋友，或求为司帐，或求为杂差。彼以为既创大业，何靳此区区一二人之费。而不知积少可以成多，费少而害实大。试观今日中国各公司中，其大者或养冗人数百，小者亦不下数十。并有情势所迫，或其人并不在公司作事，而每月量送数金，名曰干修。挂名姓于公司中而月支薪水，究于该公司何补？其所以然者，不过以公司用人有限，而情面、势分实无穷期：一人有一人之情面，不能不权其轻重；一人有一人之势分，不得不量予变通。于是乎，宗族若而人明知其不能办事，不得不准情以给资斧；亲戚若而人明知其不足有为，不能不酌给辛俸；朋友若而人明知其无所裨助不能不稍为赒恤。加以场面愈大，应酬愈多。某督抚偶荐一人，虽人浮于事而不容有所推阻；某大僚复荐一人，虽才无可取，而不敢显为拒绝。则惟有委曲迁就，或假之以馆，或授之以餐，甚且有其人本有所事，苦于所入不敷，因假当道之势，乞一尺书，求附一名，坐支修脯者。若此者皆糜费也，合计其数，则或以千计，或以百计，或以十计，总之皆非公司所应出之款，而牵于情迫于势，不能不用。如此而公司纵可获利，亦微乎其微矣。

说者以为倘能破除情面，不趋势分，一视乎西人之所为，或者尚可为桑榆之收。不知西人之情形与华人不同：西人挟资来华，其亲族故旧固不能挟与俱来；华人则创立公司仍在中国，虽相距千里万里，亦且闻风而来，断不能一概拒绝。设十百之中拒其一二人，即已怨声载道，谓为无情。若以势分相胁，则尤不敢稍拒。其举动实有难焉者。然则中国虽仿西人之创立公司，除非远至外洋，另图事业则可，若仍在中国而欲与泰西人所创公司齐驱并驾，吾恐虽有良法美意，亦未必足以济事也。官场中动辄曰破除情面，认真整顿，而卒未闻有一情面之破除，有一认真之整顿，况其为公司也哉！有徒深扼腕已耳。

（《申报》1883 年 11 月 4 日，第 1 版；又载邵之棠编《皇朝经世文统编》卷 63）

点评

现代股份有限公司的制度优势不仅在于可以集中资本，扩大经营，而且还可以分散投资风险。诚如文中所言，"合则见多，分则见少，经营则有可凭恃，折阅则所出有限。此其法之良而意之美，有不可以殚述者"。创办公司自然以营利为目的，既如此，经营管理则为关键。相较西人所办公司而言，中国公司"内耗"太甚。原因之一就是中国人的"关系网"牢不可破。这种"关系网"一方面来源于"情面"，诸如亲朋戚友宗族邻里；另一方面来源于"势分"，就是各类直接或间接的行政主管机构。"情面"与"势分"对公司经营而言，虽然不是全无益处，但绝对弊大于利。不劳而获或少劳多获者成为企业的一个特殊人群，他们就像蛀虫一样，寄生在企业之中，使企业经营成本增加，发展受限。在中国办企业，要想做到像西方公司那样精简明快，还真不容易，因为"关系网"与"权势网"太过强大。

股票问答

或曰："矿务之坏至斯而极，微特经事之人与有股诸君初念所不及，即局外人亦觉事出意料之外；倘更无挽回之策、保全之法，恐将来有资者视矿股为螫毒，不复过问，而国家亦且指为厉阶，凡请开矿者概不之许。是中国无穷之地利，由蕴而发者终，且既发而藏，而从此永无开采之日。设他国持端启衅，相逼于无可奈何之时，势不至举以畀之不止。夫贫富之机，倚伏无形。中国政体，自恃其大，以尊驭卑，以下养上，原有损益调剂之法，不必开矿而后可以言理财也。所惜者，中国风气今日大开，纠集股分，创办公司，以十八行省之大，聚富民私财之多，无论何事，皆可兴举，由富而强，所造正未可量，而一旦败坏，尚何望于后世哉？"

余曰："子论诚是。第矿务之不能兴，在初创时已显见其端，不必今日股分滥贱然后知之也。盖开矿之事与泰西从同，而经事者之用心与附股者之期望则固大异乎西人。人情喜新厌故，自各矿招股，而买者纷纷，举国若狂，几成风气。试执而问之，皆茫然不知开矿之法与获利之道者也。事始于前年，而最盛乃在去岁。余始亦欣然望其有成，继而闻股票买卖，竟有专作生意，如洋货、烟土、丝茶等捐客者。甚而打听涨落，日逐报价，兜收囤积，悬空抛赌，宛然钱市之空盘。及夏秋之交，又有大作此业者。余至是始决知矿务之坏，而窃叹中国之于西法，仅仅仿效其皮毛，而不究详其底里；徒扰攘于市井，而不揣西人之笑我也。盖西人公司之设必计长久，往往集资百十万，而收效于数十年。买股之人类多经营获利，老而倦游，虑其后人材力不及、无经商之能事，然后出资附股，冀收余利；苟后人未至倾家荡产，则所买股票永无转卖抵押之事，是股分乃生意中至稳至久者。今华人不知其故，纷纷买卖，岂创公司之本意哉？夫买卖不纷，则股不易集，股不易集，则矿亦不多。今因买卖之纷而后无实在家资者亦愿附股，摒挡借贷皆所不恤，以其银不搁煞，出入由我，不问矿之兴旺，但冀票之涨价，旬日之间利可倍本，何乐不为？又因销票之易，而后禀请开矿者愈多，天下何处非矿，即无矿不有。土人开采，今指一地而曰：'岁出若干，吾以机器行之，出且倍蓰。'于是拟章禀请，奉批开局。人见中堂之准之也，而又知总办之为某观察、某太守也，以为其事可信矣。在中堂以其官督商办不请公项，以民间之本取民间之利，而国家岁增税饷，亦何靳而不允哉？一年之间，某矿某矿纷出错起，风气转移何至若是之骤，而不知皆通行买卖之故也。集股既易，开矿既多，公正真实者居其半，而志不在矿，借端招摇者亦杂出其间，安得不坏耶？闻各矿经事之人先则张扬矿苗之美利可操券，广行酬应，结交殷富，外间盼望股票之出，惟恐不得。而彼自匿大半，待其飞涨，乃渐托知交暗中出售，值百金者已多卖数十金。继而矿中寂无消息，兴办无期，有股者疑虑百端，争相贬价，忽而大跌，彼乃逐渐收回，一转移间赢余可十万。而此后外间并无股票，即矿终不开，无人饶舌，此等伎俩直与□〔图〕骗无异。闻有某某因生意亏空，势将倒闭，赖矿股以弥缝；又有某某性喜挥霍，而家道中落，债台高筑，欲效周赧王故智，有友献策，但费白禀一张、章程数千字，旬月之后，飞舆骏马，征逐洋场，偎翠倚红，小星三五，居然旧日豪华气象，向非买卖股票之故？若而人者，终身市侩，否亦纨袴少年而已，安有如许位置，觍颜而称总办耶？"

曰："买卖之弊如此，设有公道为怀者，出品定某矿某矿之价值，或为之抵押，或代为买卖，似即所以挽回，而何以亦交相困乎？"

余曰："是亦不然。苟有其人，弊乃滋甚。矿务不坏，则彼享其利；矿务不成，则彼受其累。此倚伏之机、循环之理也。盖收押股票，既沾押者之息，随时转卖又加买者之价，初意未尝不得。无如押者愈多，买者愈少，本银搁住，不能转动，通挪庄款，无可抵还，但存盈箧累笥之票纸，是不啻胥各矿之股分而彼独买之，倘所谓作法自弊者欤！天下事得失相参，甲盈乙绌，通盘算计，必至于亏。以矿中无穷之利，末〔未〕见其出，而股本有限之银展转消耗也。鄙人尝云，欲办矿务当自禁绝买卖股票始，惜乎无人焉肯信其说，以思患而预防之，而使有今日也。"

语既竟，或乃唯唯而退。

（1883 年 11 月 5 日，第 1 版）

点评

此评发表之际，正值晚清兴办矿务的第一次高潮。其时，开矿何以变得火热？市场的因素较为关键。首先是原料市场，因为洋务企业离不开能源与原材料供应，所以煤、铁等原料的需求较大，清政府官员不得不设法开办各类矿业。其次是股票市场，各类官督商办洋务企业采用募股形式筹集资本，企业股票在市面交易，渐成风尚，于是企业收集资之益，股民获股票买卖之利。如果规范进行，相得益彰，对于繁荣市面，发展经济，不啻一剂良方。

不过，实际推行过程中，办矿逐渐退居次席，"炒股"成为主流。

官商合作成立的各类矿务公司风声尤大，据当时的媒体报道，募股者在上海租赁房屋，高竖门牌，规模宏敞，气象轩昂；"门前则轿马联翩，室内则宾朋燕笑"；"局中所用诸人跄跄济济，大都由亲友汲引而来，呼遣仆隶，堂上一呼，阶下百诺，意气之盛，可谓壮哉"。① 这些公司皆为"奉批"成立，具有深厚的官方背景，极易受到股民追捧，自然集中了不少资金。

而这些极力张扬门面的矿局，其实际经营成效又如何呢？据《申报》探讨，有的"其何处开矿，何处采金，事无征兆"，②"所谓矿质者，也无非为掩耳盗铃之计"。③ 然而购股者很少过问公司的经办状况，他们"并不问该公司之美恶及可以获利与否，但知有一公司新创，纠集股分，则无论何如，竞往附股。或十股、念股、数十股、数百股，惟恐失之"。④

结果，矿股助推了19世纪上海股市的高峰，而上海股市泡沫的破灭，又使民众普遍产生了仇股与仇矿的心理。股票投资的惨痛损失，使得"人皆视集股为畏途"，言及公司、股票，竟"有谈虎色变之势"。⑤ 对民众投资心态的打击，尤以矿务股票为甚。民众因有前车之鉴，不免因噎而废食，惩羹而吹齑，乃致"公司"二字，"为人所厌闻"，商民"一言及集股开矿，几同于惊弓之鸟"；矿务公司和矿务股票"不啻为中国所羞称"。⑥

19世纪80年代中国第一次股份制建设，尤其是矿务公司为何逐渐变形走样？正如本文作者所言，"盖开矿之事与泰西从同，而经事者之用心与附股者之期望则固大异乎西人"。也就是说，西方的矿务公司以开矿为主体，中国的矿务公司则以发行股票为本业；西方的公司股东以

① 《论致富首在开矿》，《申报》1892年9月23日；《中西公司异同说》，《申报》1883年12月25日。
② 《中西公司异同说》，《申报》1883年12月25日。
③ 《论致富首在开矿》，《申报》1892年9月23日。
④ 《购买股分亦宜自慎说》，《申报》1882年9月2日。
⑤ 《股分转机说》，《申报》1884年12月12日。
⑥ 《股分转机说》，《申报》1884年12月12日；《书黔矿告成记后》，《申报》1890年3月29日。

投资为理念，中国股民则以投机为归宿。乃至中国的矿务矿在何处，生产若何，矿质良窳，效应好坏，全不是民众关心的问题，他们看重的是股票市价的涨跌，而股票市价则纯由人为炒作，从而使市场整体呈现买空卖空的交易特征，衡量与定价机制完全不实。市面之上，野心交织，贪欲碰撞，投机为投机喝彩，诚挚为诚挚惋惜，结果造成市场泡沫越来越大，一朝破灭，大面积伤害在所难免。当时上海市面交易的股票以矿务股票为多，所以当股市风潮到来之时，持有此类股票的人群受损最为严重。

公司、股票本为西方善法，在中国仿行，也属"师夷长制"的产物。但西方的"长制"并未在中国产生长效，相反很快出现巨大的负面效应，难怪时人"叹中国之于西法，仅仅仿效其皮毛，而不究详其底里"。说明，西方的现代经济制度像盆花一样，要有适应其生长的花盆与花土，否则，单纯将西方的"制度之花"移植于中国的花土与花盆之中，难免不变成莠草。

这场风潮过后，时人进行了广泛的检讨，兹摘录数条于下。

"公司一道，洋人行之有利无弊，中国行之，有弊无利，非公司之误人，实人负公司耳。"①

"夫公司之设，学西法也，（中国）乃学其开公司，而不学其章程"，"但学其形似，而不求夫神似"。②

"非公司之足以为害，创为公司者不善于办理之足以为害也。"③

这些针砭充分揭示了洋务民用企业在"仿西国公司之例"方面的"东施效颦"特质。

论中国各公司宜速加整顿

公司者何？合股所开之店也，合股所□〔设〕之□□□〔店中国〕亦常常有之，曷异乎公司？曰：我中华合股开店，惟二三股、五六股，多至十

---

① 《书某公整顿矿务疏后》，《申报》1884 年 5 月 13 日。
② 《书织布局章程后》，《申报》1887 年 7 月 30 日。
③ 《中西公司异同续说》，《申报》1883 年 12 月 31 日。

余股而已，西人之公司则集腋成裘，愈多愈妙，见有可获之利，而必须口［具］口口口［数千万］之资本者，则必集数千万之股份。庶几众擎易举，不致束手无策，让利于人。盖合众人之公而成事者，故谓之公司。

然则股份既多，股中人性情不一，幸而生意日盛，各股东有利可沾斯已耳。设偶有亏折，则各有意见，各具资本，不将怨经理者之经营失策，谋猷不臧乎？甚或众心懈散，有始无终，纷纷聚讼，渐致于决裂溃败，则又将奈何？曰：是则可无虑。夫西人之设公司也，章程画一，条款整齐，用人则择才而使，不加私意于其间，举事则无苟且之心，无固执之见，尽心营运，务期必公必平，故人之皆信服之，而无所猜疑龃龉。子虽未历外国，子独不观沪上各公司乎？其著名者大抵办理得当，事事合宜，行之数十年，咸称有利而无弊。

然则公司之章程奈何？曰：各家虽互有异同，然撮其大要，约有数端。当其设立之时，必先举一人以为总董，所收股份皆归总董主持，定期每岁某月集众会议一次，凡有利益随时可以酌改，所有一岁中之帐目亦于会议时置之座间，令有股各人阅看，赢则摊分余利，绌则添付本银。其所付股银一经付出，不得随时提取；倘股东中或昔富今贫，或急于需用，则可将股份单或抵与他人，或卖归他姓。然成交之后，必须向公司知照，即于股份册上注明，无论私相授受有违条约，即欲押入公司亦所不可。盖于数千百万之中提去一股，固未必即见为支绌，苟众人皆以之为例，将资本尽为他人押去，尚安得转运不穷乎？故定例断乎其不可也。顾公司创之于西人，入股者亦皆西人，始得确守章程，秩然不乱耳。若公司而创自华人，即始［使］总理者秉公划一，不稍假借，而在股各人未必能曲就范围，一丝不乱。

试观数年前华人所设各公司，始皆踊跃交银，争买股票，及一闻生意不佳，而纷纷索取股本者有之，私将股票押银者有之，虽有美利亦将中止。且股票之价骤涨骤跌，尤足为市面之害。股东之资本既亏，董事之声名亦坏，开公司者不见有益，惟见有损，不亦令人齿冷乎？近闻有因营运不利，欲将某公司股银提出，总董因其不合定章不之允也；旋又别生一计，向公司商恳欲将股票押入公司，总董亦不之允，其人不觉忿怒难平，是不亦异乎？夫公司之设仿西法也，股银之不可提与股票之不可押，亦西人公司之章程也。乃学其开公司而不学其章程，又安能如西人之获利乎？华人之学西法者，每如东施效颦，但学其形似不求夫神似。今乃以公司之大而亦如是，又何怪利途之中让西人以独步耶？夫董事之职必求才识兼优者而任之，任怨任劳自为有守而后可以持长久而获丰盈。若总董守定章程，不肯以一人而破例，亦铁中铮铮者。乃竟以此招怨，为公董者不亦难哉？

近来海氛已靖，海禁已开，正中西争利之时也。闻英国议院聚会之时，外务大臣宣言于众曰：中国将兴铁路等事，德国纠合股份设公司，委人员与中朝商议，本大臣已函告驻京钦使，着其留心，毋使利权归他人之手，云云。英人于中国之利尚遥相筹度，而中华之人未闻有崛起相争者，岂真财力之不若耶？亦人心之不一耳！开一公司，非董事之才不胜任，即股东之人各有心数，年来买股票者纷纷皆是，而有成效可观者十中不过一二，以致中国之利权拱手而让西人独擅。如是而欲求商务之日有起色，难矣！我为商务大局忧，我尤望维持商务者力加整顿，毋急近功，毋贪小利，凝神壹志，刻意经营。则以中国之大，人才之众，出产之多，极其智能，协其心力，何难远驾乎西人耶？

（1886 年 3 月 6 日，第 1 版）

点评

何谓公司？本文说得好："合众人之公而成事者，故谓之公司。"可见，公司概念的核心元素就是"公"。其一是"公财"，众人集股，资本联合，规模巨大，绝非合伙或独资经营所可企及。以故公司业务能量也大为改进。其二为"公举"，即公司股东选举公司管理层，实行授权，委托经营，并通过适当机制进行监督。其三则为"公心"。公司管理层一秉大公，"用人则择才而使，不加私意于其间，举事则无苟且之心，无固执之见，尽心营运，务期必公必平"，以期股东"皆信服之，而无所猜疑龃龉"；作为股东，则信任高管，一心一德，遵守公司章则，体念公司境遇，则公司上下自不难和衷共济，群策群力，众擎易举之效愈现。

而这三"公"的保障，则是公司章程的制定与实施。在制定章程时充分体现公意，而在实施过程中，则当使制度权威得以彰显。相较之下，晚清国人虽然学习西方"开公司"，但"不学其章程"。大致不外乎两个方面，其一不学西人公司制定章程之善，其二不学西人公司执行章程之严，乃至于使中国公司被讥为"东施效颦，但学其形似不求夫神似"。

论商务以公司为善

泰西竞言商务，其经营之法与中国亦有异乎？无有也，居奇计赢，以其所有易其所无，中国之商贾所知者，西人亦不过知此而已；中国人之所为者，西人亦不过为此而已，又何异焉？然而中国自与泰西通商以来，商务一道两相比较，殊觉相形见绌，此其故安在乎？谓西人之心思胜乎华人。

余前者曾言及西人皆能独出心裁，华人止能相率效尤，此一病也。顾此一病由于怠惰之心胜，不肯神明独运，甘于步武后尘，其诩诩然自以为用心独异者，第考其实，皆其因人成事者也。苟能各自鼓励，竞相奋勉，或照西国由官给照之例，有能自创一业、自成一器者，官给凭照，使之能独擅其利者数年，不准他人袭取，若此则效尤之习可以去也。

惟最难者则财力有不同耳。夫泰西商家动以数百万计，中国绝无此等大行号。说者每谓西人之富有者多于华人，以故生意能如此之大，所谓多财善贾，宜乎利权之独擅也。而不知西人之所以能创大业者，成于众，非成于独也。西人行商之法，莫善于公司。

公司者，合众人之财以成一业，公于人，非私诸己者也，故谓之公司。公司立法极严，公举一人以为总理，犹中国之当手也。资本虽由众股集成，事权总归经理之一人，不欲他人掣其肘也。有事关重大，而经理人不敢擅断者，则请董其事者集而议之。盖公司中必有董事以为众股之首领，由律师为之妥定章程，有稽查帐目之人，以故经理之人虽曰大权独揽，而丝毫不能作弊，与中国人之为当手者，东家偶一不察，即致亏耗累累，其情形大不相同也。

中国苟能仿西例而为公司，集众人之财以资营运，则中国之大、人数之众，岂必不若泰西哉？夫以一人之资财即曰殷实，终觉其孤而无助。假如一人有家资百万，不得谓之少矣，以百万之资而创一业不得谓之小矣，而设有亏折，则一人之产尽矣。如以二千人，各出五十金，或一千人各出一百金，合成一百万以创事业，即使亏耗净尽，亦不过每人耗去五十金、一百金。且此一二千人之中，未必无大势力之人，倘有意外，欲期挽回补救，则即此众股中救之当亦不难补苴。若止一人独为，又孰从而助之？此公司之益显而可见者也。

前口〔者〕中国曾开此风气，惜乎办理不得其法，仿行公司而居心不能尽公，以致人皆视集股为畏途。盖公司者，事事必期于公，总理之人先宜以公存心，不得稍杂以私见。其章程则必大公至当，绝无偏颇。稽查帐目，遇有可疑者，指而出之，一秉至公，毫无瞻徇，应用者用，应省者省。倘或查出其中有不公之处，必持公道以正之。试思合众且可以成国，岂有合众人之财力以作经营，而竟至于一无起色者？

窃思中国商人虽然失计于前，未尝不可补救于后。前此集股之事，皆系矿务。矿务本无可把握，西友曾为余言西人开矿者百人之中获利者不过一人，此外皆耗折者也。以无可把握之事，而轻于一掷，且办理之人又未必皆为可靠，竟有指东话西，假公司之名，集众股之资，而悉以营其私事者，以故近年以来，无人复言及此，几<几>乎有谈虎色变之势。然吾则以为惩羹而吹齑固所皆然，因噎而废食殊属不必。但以集股而振兴商务，而以官法治公司之所不逮，以官护商，以商助商，如此而中国之商务有不兴口〔起〕者，吾不信也。非然者，一人之资私资也，但知顾其私，大宪安肯统筹全局？恐中国商务必无振兴之基矣。

（1891 年 8 月 13 日，第 1 版）

点评

这是一篇较好的近代公司制推广宣传短论，曾收入何良栋辑《皇朝经世文四编》，① 以及邵之棠辑《皇朝经世文统编》。②

历来中国商人有两大缺陷：其一喜欢因袭，缺少创新；其二，喜欢

---

① 何良栋辑《皇朝经世文四编》卷 25《户政》，光绪壬寅年鸿宝书局石印本。
② 邵之棠辑《皇朝经世文统编》卷 63《理财部八·公司》。

独资，不善合资。凡此皆不适于近代世界商战大局。

公司是西方商业机制的创新成果之一，对于资本主义发展产生了巨大的推动作用。洋商挟此"利器"，来华商战，无坚不摧，华商处处被动，丧权失利，无可奈何。

痛定思痛，师夷长制，公司之法乃成华商之急需，因为"商务以公司为善"，于是"仿行西商公司"之风渐起，中国本土之"公司"也在洋务运动中陆续诞生。但其法不善，其效不良，导致"公司"信用大失，使民间从"爱公司"走向"恨公司"，谈起此制，竟"有谈虎色变之势"。

但公司之制又确实非常重要，不仅关乎民生，更关乎国计；不仅是中国经济增长的助推器，更是中西商战不可或缺的手段。所以有识之士一直在致力于公司制的宣传推广，此文就是当时众多关于公司的评论之一。

作者指出，公司"成于众，非成于独"；"公司者，合众人之财以成一业，公于人，非私诸己者也，故谓之公司"；"公司者，事事必期于公，总理之人先宜以公存心，不得稍杂以私见"；公司内部"大公至当，绝无偏颇"，公司职员"一秉至公，毫无瞻徇"。这些论述无疑有助于增进晚清士人对于公司原理与公司文化的认识。

作者对于中国仿行公司制度的远大前景充满信心，并提出"以集股而振兴商务，而以官法治公司之所不逮，以官护商，以商助商"的中国商务发展之路，这在当时也不失为一种创见。

但作者对于公司之制不免有过度赞美之嫌，任何一种经济制度都不可能完美无缺，公司制度也是如此，如何收其利、防其弊，是一个较为复杂的系统工程。

论公司宜定专利之律

有客问于执笔人曰："今中国自振兴商务以来，凡夫轮船公司、煤矿公司、织布公司、缫丝公司莫不次第举行，一一取法泰西，合众集股以成之矣，然而非患亏折，即被侵蚀，但见其弊未见其利，其亦有善法以处之乎？"

则谨答之曰："有！夫西人之经商也，合同业之人，以规他国之利；中国之经商也轧同业之人，以争国中之利。又况西商则官为之护持，而商之力以厚；华商则官为之抑勒，而商之气以沮。一彼一此，其情形固有不可以同日语者。子独不闻泰西公司之利乎？明葡萄牙之通澳门、荷兰之收南洋，英乾隆时之取印度、道光时之达广州，非其政府之权，皆其公司之力，数百年以来此最为有声于环球之上者。自是以后，各国效之，其自铁路、矿务、轮船、电报、煤气灯、自来水等，以及纸、烟，一切纤小之物，莫不有公司以集其成。语曰：'千金之裘，非一狐之腋；大厦之材，非一邱之木。'举事之道，固犹是矣。然为推其致此之由，则良法美意尤有所谓劝工保业之道，而专利之律特详。考自法主泰理曼创立一例，遍国中有创一新法、得一新理、制一新器，实有益于国计民生者，准其进呈，考验得实，则给以文据，奖以金牌，准其专利若干年，不许他人仿造。英国之例亦曰，如有制造得新法者，即赴工艺局呈验，果济于用，则注册给凭，创造者独专其利，他人仿造皆纳资于创造之人。有私造者罚之。其他欧美各国，亦大率如英、法之例。由是公司自为声名竭虑殚精，不遗余力，新器遂日出而日多。查美国岁给新器功牌一万三千余，英国三千余，法国千余，德国八百，奥国六百，意国四百，比利时国、连国、瑞士国皆二百余，俄国百余，故美之富冠绝五洲，直轶英国之上，皆所谓专利以劝工之效也。虽然，劝工则言乎创造者之公司，而保业则系乎创设者之公司。今试举一隅以证之，如商埠准自来水公司创设之初，则必言定在若干界限内不得另立自来水公司；又必言定准其专利之年限，因创设之处，常有数年而未获通行者，则非特无利之可图，或反成本之挫折，所以寻常年限，必以五十年至百年为断。如五十年则为专利最少之限，苟至百年，保其身及其子孙，则为专利最大之限。而其余若刊书籍、刊图画，同其专利之律，而异其年限者，不一而足。此又所谓专利以保业也。夫始以劝工，继以保业，而又助以官帑，推以国力，开设公司之利，是固然矣。然上虽保护，未尝为之纠众集股也；官虽资贷，未尝为之操奇计赢也。一切举动，仍民目经画而消息之。亦谓天之生材，必能自立；民之生计必待自谋。是故设公司在下，与下相群；定专利在上，与下相保。盖下与下相群，势必合同业之人，而非如向者轧同业之人矣。上与下相保，势必官为之护持，而非如向者官为之抑勒矣。以中国二十二行省之大，其地广沃，足以经营；以中国四万万之众，其人智慧，足以制造。苟下有相群之义，而上有相保之心，将强者创于前，弱者随于后，大者数千万金，小亦数千百金，声气相通，群情自固；弊之所在，有必除之；利之所在，有必兴之。如是则凡轮船公司、煤矿公司、织布公司、缫丝公司既无亏折之虞，亦无侵蚀之虑，他日者著有成效，讵无闻风兴起、踊跃争先者乎？窃愿秉国钧者于商部既立之后，而善为维持也可。"

（1898年12月8日，第1版）

点评

本文先借他人提问引出主题，然后进行阐述，结构清晰，文辞畅达，称其思想性与艺术性兼备，或不为过。

本文所论在于专利制度，此亦近代"西制"之一。文中对于西实行专利制度之于其强国成效的关系论之详矣，大致而言，专利有助于国强，国强则专利必多。

相较之下，中国缺乏专利法规，创新不受保护，导致市场混乱，倾轧成风，不仅令民众创新积极性大受打击，而且使行业发展困难重重。因此，创制专利之法，不仅可获劝工之益，而且能收保业之效。

所谓劝工者，奖励发明是也，即保护发明人对其创新成果的专享权，以调动全社会的创新积极性，从而在更大范围、更高层次释放社会生产力；所谓保业者，保护创业是也，即在公司初创之时，不仅给予经费支持，而且允许其实现专营，避免他人盲目跟风，恶性竞争，以利公司成长。

专利发明之功效在于应用，发明专利与创办公司互相结合，可以相得益彰，从而形成全社会有序竞争、有利创新的良好环境。创办公司在一定程度上，是整合同业"共同富裕"的道路之一，可将同业之间的相轧转变为"相群"，正如本文所言："盖下与下相群，势必合同业之人，而非如向者轧同业之人矣。"但专利之法，则须由政府颁布，是亦其护商之核心政策之一。如此则民间有"创业"之积极性，政府有"保业"之善举，则中国商务必将日兴，国家实力必乃日强。

追慕先贤

张守常未刊稿选辑（二）

张燕赶 整理

说　明　2021 年 4 月间，著名史学家张守常先生之子张燕赶给太平天国历史博物馆寄来信函及书籍若干，信中称在家中整理出若干张守常未刊文稿。今选《"一打南京，二打北京"不是太平天国起义口号》《关于陈玉成的民谣考》两篇辑录以飨读者。原注释较为简单，由整理者补充完整。另，当时文字规范与今日不同，且此为张先生未刊稿，尚未仔细校对，内容恐亦有错误。今在改正明显错误的基础上，尽量尊重原文，少做修改。

"一打南京，二打北京"不是太平天国起义口号

广西省太平天国文史调查团著《太平天国起义调查报告》，1956 年三联书店出版，页 46，"石达开在那帮"一节中说：

> 现在那帮周家门前有一大坪叫"朝拜坪"，东南面的山叫做"朝拜山"，朝拜坪是拜上帝会的会众于每月初一、十五的早晨在这里集合举行礼拜的地方。据韦庆礼说，每次朝拜都有几百人，男女都有，由主拜者宣读长文，会众大声附和，并高呼口号：
>
> > 一打南京，二打北京，
> >
> > 牛骨乱尽，豆豉发瘟。
>
> 韦庆礼又说附近村人多在朝拜山头上观看朝拜坪上的举动，地主阶级常常派爪牙混在其中破坏，曾多次在朝拜山向朝拜坪的人开枪射击，

因之常常在朝拜山上打起架来。——这大概是将近起义的阶段了。（韦庆礼，男，1954 年出生，僮族，小学教师，住贵县第九区达开乡那帮屯。）

于是，"一打南京，二打北京"便被当作太平天国起义时的口号。1983 年 8 月我在广西宜山晤钟文典同志，继又同行至贵县、桂平，偶谈及此口号，他说这不是太平天国起义时的口号，是光绪年间天地会的口号。因行色匆匆，未及细谈。我回北京后又特写信去问，承他函复如下：

> 广西天地会口号问题，亦见于 1961 年《太平天国故事歌谣选》，注明梁光选自贵县搜集。按：梁原为广西通志馆馆员。他收集歌谣回南宁后，适我在南宁编《太史》资料，当时曾与他谈过这首歌谣并非太平军所唱，他亦同意，且云不少老人讲是清光绪末年传唱的。但《歌谣选》出书时，"一打南京……"亦在其中。为什么后来他改变看法，我不知道。但可以说：《歌谣选》中的歌谣，不少是天地会而非太平军的，非独"一打南京"为然。

考《贼情汇纂》及《金陵省难纪略》中有关太平军隐语或诞说，都无"牛骨""豆豉"之说。我们 1956 年起开始在两广各地调查太平天国历史，"一打南京……"歌谣屡有所闻，而传唱老人皆云为"三点"、"洪门"或天地会所传，并无属于太平军之说。又查萧一山《近代秘密社会史料》、《洪家隐语》或《杂话》，亦无"牛骨""豆豉"之说。广西天地会最早见于雍、乾，勃兴于道、咸，而盛行于光绪末叶，即 19 世纪末 20 世纪初，特别是游勇盛行时，广西可说是"遍地红"。据老人回忆，当时广西会党拜台，多唱口诀，"一打南京……"乃此时盛行口号，故各地老人多能传唱。有的还亲自参与。当时有广帮、土帮、客帮之分，品流甚杂，隐语亦多。如主持拜会者称"猪麻"，新入湾者称"猪仔"，老伙伴称"老脑脂"，懂歌谣者称"豆豉"，而官兵称"白牛"，富人称"肥牛"。牛骨与白牛、肥牛相关联，而"豆豉"乃指会党兄弟及同路人。

歌谣最初为"一打南京，二打北京，豆豉发瘟。牛骨紊阵"。后来有人把它改为"牛骨乱阵"，或"乱尽"，最后句为"豆豉发瘟"。据老人讲，"一打、二打"是和当时拜台仪式有关的。拜台时，猪嬷问入湾者："杀得光猪皇么？"入湾者答："杀得！""牛骨乱阵"是暗示官兵、富人要倒霉。"豆豉发瘟"暗示会党中人及其同路人要发迹（发财）。

愚意以为："一打"口号，即［既］非太平军所有，亦非太平天国时的会党所传唱，乃是光绪末年广西"遍地红"时天地会的口号。

关于陈玉成的民谣考

太平天国英王陈玉成是一位杰出的青年将领，他为太平天国革命立下了巨大功勋。特别是在太平天国革命的后期，他和忠王李秀成是挽回革命颓势、捍卫太平天国的两大支柱。不幸在1862年被骗诱落入清军反革命手中而被杀害。

陈玉成是广西藤县人，十四岁参加金田起义。1854年他随军西征，在围攻武昌的战役中，他带领五百战士率先登城，一举攻克，始著英名。遂以功封殿右三十检点，开始成为独当一面的将领。这年他才十八岁。此后他转战在自江苏到湖北上下千里的战场上，哪里的兵多，他就被派到哪里去，表现了他的勇敢、坚韧和富有谋略。他善于运用"杀回马枪"的战术，以一部兵力诱敌作战，等待清军疲乏时便撤退诱敌追赶，而后以精锐部队突击清军，每获胜利。当时在湖北曾广泛流传着这样一句"惊其善战"的话："三十检点回马枪。"[①]

1856年上半年，他参加了解镇江围、攻克扬州、击溃清军江北大营和江南大营等重要战役，为这些战役的胜利作出了重要贡献。不幸在这些胜利之后，太平天国领导集团发生了自相残杀的杨韦事变，第二年石达开也被迫出走，使太平天国的胜利形势一时逆转。这时天王洪秀全封他为成天豫，又正掌率、前军主将，主持太平天国军事，地位且在李秀成之上。从此他和李

---

① 凌善清编《太平天国野史》卷13《英王陈玉成》，文明书局，1931，第6页。

秀成担负起了挽救天国危局的重任。

1858 年，他和李秀成合作，再破清江北大营，解除了天京北岸清军包围的威胁，并且攻克了清军盘踞五年之久的六合。

太平军攻克南京之后，一直未能攻克近在长江北岸的六合县城，清军曾用"纸糊南京城，铁铸六合县"① 的话来吹嘘此事。以温绍原（先是六合知县，后升道员）为首的这一支清方武装，为了抵抗太平军，在六合大事搜刮民财，扩充力量。那里曾流传着这样一首民谣：

> 清兵清兵，百姓伤心，
> 捐得全城，山穷水尽。

陈玉成采用声东击西的战术，先派一支部队佯攻扬州，扯动了六合的清军兵力，而后进攻六合，获得了胜利。当地民众编有关于陈玉成智取六合城的歌谣：

> 六月二十挖土壕，抬的抬来挑的挑，神童来扮戏，信客把香烧。
> 九月二十破东门，大军涌进城，小人缠红巾，老人笑脸迎。②

当地传说，陈玉成指挥太平军攻城时，温绍原把城隍神像搬上城墙，说是城隍显灵。陈玉成便将计就计，停止攻打，找来神童扮戏，还有不少善男信女烧香，伪装敬神，以麻痹清军防守的警惕性，而一面暗中在城东面挖地道，装上火药，轰塌了城墙。陈玉成攻破六合，的确是用挖地道、点火药的办法轰开城墙冲进去的。温绍原也的确搞过城隍显灵之类的鬼把戏，来宣传神仙也帮他守城。至于说陈玉成假扮 [找来] 神童演戏、信客烧香，则是

---

① 陈康祺：《郎潜纪闻初笔》卷 1 "温壮勇公守六合县"条，宣统二年扫叶山房石印本，第 4 页。又周长森《六合纪事》卷 1《防剿始末》作"纸糊金陵，铁铸六合"，见中国史学会主编《太平天国》第 5 册，神州国光社，1952，第 154 页；1957 年上海民众出版社一版字面太文了些。在群众口头上则作"纸糊的南京，铁打的六合"，见《智破六合城》，中国科学院江苏分院文学研究所编《太平天国歌谣传说集》，江苏文艺出版社，1960，第 50 页。
② 《太平天国歌谣传说集》，第 39 页。

当地民众的传说，反映了当地民众敬佩陈玉成是一位足智多谋的将领，所以才在他身上敷［附］会出了这种"将计就计"的故事来。这首歌谣中的日期也不能当真，挖地道和破城是紧相连接的，并不在六月，破城在九月十八日，也不是二十日。

陈玉成攻克六合之后，接着和李秀成合作，在巢湖西岸三河镇战役中大获全胜，歼灭湘军悍将李续宾以下所部六千人，迫使逼近安庆的湘军撤退，从此稳定了安徽战场上的形势，挽回了自杨韦事变以来的军事上的颓势。

陈玉成前在进攻江北大营的时候先攻克了庐州（合肥）。到1859年3月，他又率军击破围攻庐州的清军大营，生擒清朝的署理安徽巡抚李孟群。此后不久他以功劳最大晋封英王。庐州成为他在安徽战场上的一个重要据点，因而在这里也流传着一些有关英王陈玉成和太平军的歌谣：

> 英王兵占庐州城，穷人脸上露笑靥。
> 出门有地自己种，进家吃到称心饭。①

这首歌谣反映了陈玉成率领太平军攻克庐州之后，当地民众的欢快心情。又有一首说：

> 臭椿下面不乘凉，财主府前不下马。
> 天军知心是穷人，骏马拴在破棚下。②

这一首歌唱了太平军和穷人站在一起反对封建地主阶级的鲜明态度。另有一首则说得更为亲切：

> 英王好哟！对咱讲话声轻轻。
> 金浆流进稻田里，话暖穷人三冬心，

---

① 《太平天国歌谣传说集》，第7页。
② 太平天国历史博物馆编《太平天国歌谣》，上海文艺出版社，1962，第10页。

一讲天军卡财主，二讲分地给穷人！①

这些歌谣反映了陈玉成和太平军对民众的亲近和爱护，也反映了庐州民众对太平军的拥护和对陈玉成的爱戴。

1860 年 5 月，陈玉成配合李秀成再破清军江南大营，太平军乘胜向东南推进，攻克了苏浙富饶地区。经过三年的战斗，太平天国革命从颓势扭转又出现了新的高潮。从此李秀成专意经营江南苏浙地区，陈玉成则独自担负起江北战场的统帅任务。

就在陈玉成过江参加击破清军江南大营战役的时候，湘军曾国荃部又逼近安庆。安庆地当皖赣鄂三省要冲，是天京上游的大门，地位极为重要。因此，保卫安庆就成为陈玉成此后作战的中心任务。此时清军重兵都摆在安徽前线，所以陈玉成决定采取避实击虚的战略，西征湖北，直捣清军的后方基地武汉。同时约会李秀成自长江南岸西进，以相呼应。在清军以全力争夺安庆的时候，其后方十分空虚，而若太平军攻占武汉，则安徽战场上的清军便将全线动摇。这实在是一个很高明的决策。

1861 年 3 月西征开始，首先击溃了湖北巡抚胡林翼的防线，打开了进入湖北的道路。民众欢庆英王西征的旗开得胜，有一首民谣说：

> 不怕胡人兵马强，英王一到即完蛋。
> 英王用兵如啸虎，胡人遇到即死亡。
> 我有英王为长城，那怕胡人百万兵。
> 天朝有将如英王，穷人生活有保障。
> 杀死胡人千万兵，从此直入上武昌。②

民众期待着"从此直入上武昌"的胜利。太平军战士也以豪迈的信心

---

① 《太平天国歌谣》，第 94 页。
② 汤冰：《太平军与安徽人民的关系》，《安徽史学通讯》1958 年第 1 期。据搜集者原注，胡人即指胡林翼。

奋勇前进。在湖北麻城县的一个村庄里，有一首当年太平军路过该村时留下的墙头诗：

> 天兵天将猛如虎，汉口胡儿败如鸡。[1]

陈玉成一路西进，一直拿下了武汉东边的门户黄州。武昌清军城防空虚，太平军若乘胜急攻，占领武昌是不太困难的。但是此时英国侵略者已在汉口开辟商埠，进而公然出面阻挠，派人来见陈玉成，说什么太平军进攻武汉会妨碍英国的利益，不免发生冲突，并捏造说李秀成统率的南路西征军此时尚未进入江西，还来不及和北路军会攻武昌。陈玉成竟因而放弃武昌主攻目标，改向麻城、德安进军。又因安庆告急，李秀成的南路军也未能如期会师湖北，遂变计率军队回救安庆。他经宿松、石牌进入集贤关，重新集结兵力，与包围安庆的清军展开激战。有一首歌谣说：

> 一二三，集贤关，杀得清兵白眼翻。
> 四五六，青草塥，杀得清兵抱头哭。
> 七八九，沟二口，杀得清兵无路走。
> 无路走，无路走，阎王老子在等候。[2]

这首歌谣反映了安庆外围的激战给清军以猛烈打击。但是，清军也倾全力争夺，又凭壕据垒，使得太平军消耗了大量兵力，而终于未能击破清军对安庆的包围，以致安庆终因粮尽援绝，在1861年9月5日失守。陈玉成遂退保庐州。

在长江以北的安徽战场上，太平军获得了与捻军的合作。1857年捻军领袖张乐行亲自率军渡过淮河南下作战。有一首歌谣说：

---

① 《太平天国歌谣》，第24页。据原注，胡儿指胡林翼，或泛指清军。
② 发表于《民间文学》1961年8月号。青草塥和沟二口都是地名。

> 黄旗开到怀远县，县官吓得滚了蛋。
>
> 黄旗开到六安州，清兵慌忙把城丢。
>
> 黄旗到三河，李大老爷活不过。[①]

这首歌谣扼要地唱出了捻军到淮南作战和获得胜利的情况，特别是捻军也参加了三河镇会战，在这次大捷中出了不少的力量。这两支起义军的团结在战斗中日益加强，而作为安徽战场太平军统帅的陈玉成在这方面是有其重要作用的。有一首歌谣说：

> 六月里，三伏天，老乐兵困正阳关。
>
> 大队人马都生病，缺粮缺草没吃穿。
>
> 多亏英王老打救，打救老乐出了关。[②]

这是 1857 年的事。这年捻军到淮南和太平军联合作战，攻克淮河南岸的正阳关，在此据守，以牵制清军。赶上山洪暴发，河水陡长，城被水围，清胜保军又用炮划子环攻，守军的对外联系被隔断，粮草不继，又发生了瘟疫，战斗极为艰苦。因此，对于太平军之前来接应突围，这样念念不忘，编入歌谣，传唱至今。其实这次率军前来救援的是李秀成，大概是由于陈玉成后来专任太平军在安徽战场的统帅，团结捻军共同作战的事主要是由他主持的缘故，所以在民间传唱的歌谣中便把这件事也算在他的名下了。具体到这一件事虽然不是他直接做的，但也反映了他是做过不少类似这样和捻军密切合作、患难与共的事情的。所以在陈玉成牺牲以后，捻军地区的民众表现了非常的沉痛和悼念，也不是偶然的了。

1862 年 5 月，陈玉成接受了苗沛霖的邀请，从庐州突围走寿州。苗沛霖是一个地主团练头子，这种地方性的封建势力有时也和清政府闹矛盾，所

---

① 上海文艺出版社编《民间文学集刊》第 7 本，上海文艺出版社，1959，第 51 页。黄旗，是张乐行直接统率的捻军主力。李大老爷，指在三河镇会战中毙命的湘军头子李续宾，他在战败被围无法逃脱时，自缢而死。

② 《正阳关突围》，《民间文学》1960 年 8、9 月号合刊。老乐，即张乐行。打救，当作搭救。

以苗沛霖便也有时表示愿与太平军合作。他这次便利用这种关系把陈玉成诱往寿州，而竟阴狠地把陈玉成擒住送往清营，用以讨好清将胜保，换取招抚。6月4日，陈玉成在被解往北京的途中，就义于河南延津。消息传出后，皖北民众异常悲痛，对苗沛霖恨之入骨。有歌谣说：

> 小巴狗，苗沛霖，摇着尾巴求骨头。
> 骗拿英王受了赏，骂烂舌头不解恨！①

而且立誓要为英王报仇雪恨：

> 苗蛮子，狠心肠，讨好卖乖害英王。
> 害英王，把天朝叛，生生的一个狗日王八蛋！
> 久后一日犯到咱们手，这笔帐要好好算。②

不但要找苗沛霖报仇，而且要找胜保报仇：

> 刀脖下面一条狼，胜保你勿太张狂。
> 长毛散了有捻子，杀了英王有沃王。
> 有朝一日天军还，矛子戳你黑胸膛。③

这真是化悲痛为力量，特别是中间两句，表达了民众继承英王的遗志，继续进行革命斗争的决心。果然不久以后，陈玉成的部将赖文光从陕西回来，和捻军合流，上接太平天国，在黄河南北各省数千里的广大战场上展开了大规模的运动战，继续打击清朝的封建统治。

---

① 《太平天国歌谣》，第39页。

② 《民间文学集刊》第7本，第53页；流传皖北，张毅搜集。苗蛮子是苗沛霖的外号。"生生的"是当地土话，不折不扣的意思。

③ 《太平天国歌谣》，第40页。"长毛"指太平军，这本来是清朝反革命方面对太平军的污称，但民间有的也习用此词，便不含有污蔑意思了。沃王，是太平天国给予捻军领袖张乐行的封号。

　　陈玉成牺牲时才二十六岁。在他短短的一生中，为太平天国所领导的近代农民反封建反侵略的革命事业立下了许多出色的功勋，他忠心耿耿，竭智尽力，奋战不息，直至贡献出他年轻的生命。特别是在杨韦事变以后，太平天国革命转入低潮的时候，他不避危难，艰苦奋战，力撑危局，为太平天国革命新高潮的出现尽了他最大的力量。他的这种忠贞不贰、有胆有识、勇敢顽强的革命精神，不仅在当时赢得了民众的爱戴和尊敬，百年以后仍然对我们有着启发和教育的作用。

写于 1962 年

综述及书评

中国农民起义领袖中最完美的形象

——《翼王石达开》序

华 强[*]

金田起义不仅是中国历史上，更是世界历史上规模和影响最大的一次农民起义。广西贵港是太平天国金田起义的策源地，贵港人民十分珍惜这笔宝贵的历史文化资源，计划打造"金田起义历史"系列丛书，展现在读者面前的林志杰等著《翼王石达开》（待出版）就是其中一本。《翼王石达开》也是金田起义博物馆"探寻翼王石达开的英雄足迹"项目之一。

太平天国晚期封王 2700 多个，衮衮诸王中对太平天国有重要影响的不过数位而已，石达开就是其中一位。太平天国失败后，关于石达开的口碑、传说、故事及相关研究不绝如缕。笔者一直十分崇敬石达开，对有关石达开的著作、论文、口碑、传说、故事等先睹为快，因此十分认真地拜读了由林志杰等撰写的《翼王石达开》初稿。

学术界关于石达开的研究成果比较丰富，主要有杨树《石达开的故事》、苏双碧《石达开评传》、陈蔼坚《旷代人杰石达开》、万伯喜《悲情英雄石达开》以及《石达开论集》等。以石达开为主题的学术论文累计约有 800 篇。《翼王石达开》是当前关于石达开研究最新的一部成果。

一 早期的石达开

石达开诞生在历史悠久的桂东南热土——贵县（今贵港）奇石乡。《贵县志》记石达开"年十二，凛然如成年人，自雄其才，慷慨经略四方志，

---

* 华强，国防大学政治学院教授。

喜谈孙子兵法"。石达开是太平天国领导集团重要成员，其勇武与谋略在太平天国时期有口皆碑。他投入太平军后，冲锋陷阵，独当一面，为天国大业奋战一生。天京事变后石达开负气出走，但是他一直打着太平天国的旗号，至死未变。石达开波澜壮阔的一生引起世人关注，尤其是兵败大渡河舍命救三军，让后人无限感慨。

1847 年洪秀全、冯云山第二次到广西，住在贵县赐谷村，在此初识石达开。在洪秀全、冯云山的启发下，石达开加入上帝教。冯云山被捕，石达开遭到清政府通缉。石达开在团营之前，利用山区群众迷信心理，以"拜旗"形式发动群众，吸收一大批农民加入上帝教，那邦村至今保存有"拜旗"坪遗址。

被乡人称为"石相公"的石达开仗义疏财、乐善好施。地方倡议设立义渡，他慷慨解囊 1000 文，当地勒碑刻石，载入《鼎建渡船碑记》，现立于东湖公园翼王亭旁。石达开广结人缘，在民间有号召力。石达开在群众中宣讲教义，率众高呼："一打南京，二打北京，牛骨乱尽，豆豉发瘟"。金田起义爆发，石达开不仅毁家纾难，在经济上支持洪秀全，还率领 4000 余人参加起义。石达开当年仅 22 岁，成为太平天国领导集团中最年轻的一位高级将领。

洪秀全在武宣东乡登极，石达开被封为左军主将。太平天国在永安建制，石达开受封"翼王五千岁"，意为"羽翼天朝"。太平军从金田出发，石达开与萧朝贵一直担负开路前锋的重任。1852 年西王萧朝贵在长沙阵亡后，石达开开始独当重任。他一直冲在最前线，清军称他"石敢当"。在长期艰苦的战争中，他屡建战功，获得天王和东王的信任。

太平天国定都金陵，石达开辅佐东王杨秀清处理天朝政务，深得杨秀清倚重。1853 年秋，石达开奉命西征，稳扎稳打，攻克庐州（今合肥），迫使清军名将江忠源自尽。石达开在安徽开科举试，推行乡官制度，"以其土人为乡官"，建立省、郡、县三级地方政权。石达开推行经天王批准的"照旧交粮纳税"政策，在安庆实行"督民造粮册，按亩输钱米，于乡里之豪暴者抑制之"。他"立榷关于星桥，以铁锁巨筏横截江面，阻行舟征其税"，在安徽采取了一系列措施，使太平军"军用裕而百姓安之，颂声大起"。石达开治下的安徽成为太平天国重要的粮食供应基地，安徽成为太平天国最巩固的根据地之一。

1854年秋，太平军在湘潭战败，武昌失守，西征军连连败退，洪秀全急令翼王石达开出任西征军主帅。石达开决定以其人之道还治其人之身，他命人仿湘军船式造船，操练太平军水师，日夜袭扰清军，迫使曾国藩退兵九江。石达开利用敌军将骄兵疲的弱点，将湘军水师分割为内湖、外江两段，使其不能互相呼应。石达开在湖口、九江与湘军战，趁月黑迷漫、清军疲惫之机，火攻湘军水师。湘军"各哨崩乱，挂帆上驶"，"轻重尽失，不复成军"。湘军水师溃败，统帅曾国藩投水自尽，被部下救起。湖口一战，石达开打出了威风。

1855年3月，石达开第三次克复武昌，扭转太平军败局，又回军江西攻城略地，"一时江西八府五十多个州县都望风归附，曾国藩困守南昌"，哀叹江西败局"为军兴以来各省所未见"。石达开打败湘军，取得第一次西征的重大胜利。石达开军占领了武昌、九江、安庆三大重镇以及安徽、江西和湖北东部大片土地，为巩固天京建立功勋。太平军所到之处，安抚民众，受到群众拥戴，石达开部迅速发展到10万余众。进军武昌以及西征胜利，展现了石达开的军事才能。

天京事变爆发，东王杨秀清被杀，2万余东王部属惨遭株连。石达开闻讯赶回天京，阻止韦昌辉滥杀无辜，被韦昌辉指责"党于杨"。丧失人性的韦昌辉竟欲加害于石达开，迫其连夜出逃，家人与部属不幸遇难。石达开回大营后，立即举兵靖难，请天王诛杀北王以平民愤。洪秀全被迫下诏诛韦，天京事变平息，但也留下隐患。

二 天京事变中的石达开

天京事变以后，太平天国首义诸王6人，仅剩下洪秀全和石达开2人。因朝中无人，石达开奉天王洪秀全之命回京辅政，提理政务。《李秀成自述》载："合朝同举翼王提理政务，众人欢悦。"石达开在短短半年时间里迅速安定人心，天朝政务井井有条，稳住天京变乱造成武昌再次失守的不利局势。天京辅政以及治理安徽,展现了石达开杰出的管理才能。

石达开在天京辅政期间深得太平军官兵拥戴,然而洪秀全与石达开之间的矛盾日益突出。洪秀全对石达开以武力胁迫诛韦耿耿于怀,认为石达开是以下犯上。洪秀全担心出现第二个杨秀清和韦昌辉,对石达开产生疑忌,于是将两个哥哥分别封王以钳制石达开。洪仁发、洪仁达毫无军事政治才能,与石达开的矛盾不断激化,后来竟企图谋害石达开。石达开与安、福二王的矛盾,实际上是与天王洪秀全之间的矛盾。

石达开不愿意与天王发生正面冲突,但如果继续维持这种难堪局面,天京事变可能会重演。石达开最终选择了分道扬镳,"是以翼王与安、福二王结怨,被忌挟制出京"。心灰意冷的石达开为了避免再次内讧相残,1857 年率部十余万众负气出京。有人认为石达开此举是分裂太平天国,也是学界诟病石达开最多的地方,然而观察前因,方知后果。石达开如果不出走,第二次天京内讧已经箭在弦上。石达开出走,避免了太平天国再一次分裂。

石达开出走后在《真天命太平天国圣神电通军主将翼王石》的布告中说,他出走是因为洪秀全对他"重重生疑忌"。石达开表示自己对太平天国事业"精忠若金石",离京以后"依然守本分,照旧建功业"。洪秀全闻石达开出走百计挽留,石达开不为所动,坚持决裂,自成一军。石达开出走后一直沿用太平天国旗号,幻想太平天国有朝一日重新统一。石达开负气出走但照旧为太平天国建功,展现了石达开顾全大局的气度。

离开天京后,从石达开的行军路线看,他开始想在广西建立根据地,后来想到四川发展。然而一路作战,败多胜少,宝庆会战失利,石达开被迫退入广西。1861 年 9 月,石达开自桂南北上,经湖北入川,拟夺取成都,建立四川根据地。

三　大渡河悲剧

1863 年 4 月,石达开部 4 万人马渡过金沙江,突破长江防线,5 月到达大渡河畔。石达开下令渡河,不料当晚天降大雨,大渡河水暴涨,根本无法行船。3 日后,清兵唐友耕部赶到河对岸扼守,增加了太平军渡河的难度。

有一种说法，称石达开本来是可以渡河的，渡河后北去康巴、西入西昌、南往云南皆是生路。他明知追兵已近，却因为小妾给他生了一个儿子，大宴3天而耽误了战机。因为资料阙如，不能证实此说的真实性。

石达开军前阻大渡河，左阻松林河，右阻老鸦漩河，后有清兵追剿，被迫困守在大渡河南岸的紫打地约一个月。因为时值汛期，大渡河水一直汹涌澎湃，奔流不息。石达开军用木排、用羊皮筏左冲右突，始终未能渡过大渡河和松林河。笔者曾经在大渡河畔凭吊石达开，滔滔不绝的河水犹如脱缰的野马，即使非汛期渡河也绝非易事。笔者一直疑惑，陷入绝境的石达开难道不知道顺大渡河往上300里有一座康熙皇帝亲批建造的泸定桥吗？笔者在历史的碎片中一直没有找到答案。

石达开致信土司岭承恩和王应元，愿以白金千两和良马两匹换取罢兵让路，岭承恩和王应元早被清军收买，不仅不让路，反而严禁民间贸易，导致石达开军粮草枯竭。石达开部全军陷入绝境，不得已杀马而食，继以桑葚、野草为生，最后竟不得不吃人肉。清参将杨应刚奉命于洗马姑清营竖"投诚免死"大旗，石达开表示"死若可以安将全军，何惜一死"，决定为救部众"释兵表降"，舍命救三军。

石达开"妻妾五人携二子自沉于河中"，对部众说："达舍身果得安全吾军，捐躯犹稍可仰对神主，虽斧钺之交加，死亦无伤。"石达开与5岁的儿子石定忠及宰辅曾仕和、中丞黄再忠、恩丞相韦普成自缚后至清军洗马姑营地乞降。石达开部众5000多人马，其中3000余人被王松林收编，2000余人放下武器，驻扎大树堡。石达开被俘后押往成都，清军将大树堡石达开部2000余人屠杀殆尽。

1863年6月27日，石达开被解送成都，见骆秉章长揖不拜。骆问："你来投降吗？"石答："我来乞死，兼为士卒请命。"清廷下令凌迟处死石达开。石达开遇害时，天方黎明。一说骆秉章重其义，嘱勿照向例碎剐，行刑者仅刺胸一刀，随即斩首；一说石达开受凌迟酷刑3日后死，至死咬牙不吭一声，还斥责部将不要发声惨叫。清人刘蓉说他"坚强之气，溢于颜面。……临刑之际，神色怡然"。石达开及子死后秘密埋葬，埋骨处无人得知。石达开就义时年仅32岁。

　　石达开的才干得到敌我双方共同认同，这是十分罕见的。洪秀全、杨秀清欣赏石达开；洪仁玕推崇石达开指挥作战的能力；陈玉成推许石达开是太平天国杰出将才；李秀成认为太平天国领导人多为中中之才，只有石达开"文武备足""谋略甚深"。清军方面，曾国藩、骆秉章称石达开是"狡悍之魁"；左宗棠评价石达开"素得群贼之心，才智出诸贼之上，而观其所为，颇以结人心，求人才为急……是贼之宗主而我之所畏忌也"。

　　石达开忠于太平天国，作战勇敢，体恤民生，为人仗义，天王封他为"翼王"，百姓称他为"义王"，清军称他为"石敢当"。石达开的三个称号反映了太平天国、平民百姓和清政府三方面对石达开的评价，翼王、义王、石敢当正是石达开精神之所在。

　　石达开文韬武略出众，是太平天国富有传奇色彩的人物之一，被认为是"中国历代农民起义中最完美的形象"。王庆成评价"石达开是一位杰出的军事家""又是一位杰出的政治家"，"石达开与洪秀全分裂，最后在大渡河失败，是石达开个人的悲剧，也是太平天国共同的悲剧"。石达开就义后数十年间，民间传说他没有死，死的是一个替身，一直有人打着他的旗号从事反清活动。有关他的民间传说遍布他生前转战过的大半个中国。

四　《翼王石达开》

　　《翼王石达开》试图以石达开投入太平天国 16 年的活动为中心，并以石达开的所思、所想、所为展现太平天国的成败历史，学术立意成立、思路清晰。全书分五章：那邦村石相公、太平军前锋、治理安徽、挥师西征与离京出走、回师广西三年及征战四川的悲壮历程。五章的布局实际上将石达开的人生分为五个阶段，即太平天国酝酿时期、从广西到天京征战时期、治理安徽时期、天京事变前后、回师广西和转战四川时期。通过五个时期对石达开的一生做客观阐述，这样撰写，全书脉络分明。

　　《翼王石达开》对石达开家世、太平天国初期的贡献、安庆易制、封号问题、天京事变中的问题、入川战略问题、最后败亡等问题均做了探讨。特别是探讨了石达开在不同人生阶段所获封号，它们往往能反映太平天国内部权力结构的演变，也能说明石达开在太平天国领导集团中的作用和影响。该书厘清了一些过去认识不清或不确的史实，运用新资料对一些重要史实进行了新的考订，有一些新的表述，因此较以往研究成果更为厚重和深入。

《翼王石达开》充分利用《清政府镇压太平天国档案史料》（26 册）和《太平天国史料汇编》（40 册）等中的相关史料，特别对广西地方文献征引较多，夯实了本书的史料基础，乡土味道浓厚。书稿夹叙夹议，对石达开经历的大量战斗场景描写形象生动，还原了一些历史细节，历史感比较强。目前多数历史学著述存在学术性强而可读性不强的问题，该书稿以故事贯穿全书，以流畅的文笔进行表述，更插入数十幅历史地图、遗址与文物照片，图文并茂，具有较强的可读性，有助于读者了解太平天国历史，扩大了社会受众面。

石达开征战 12 年，辗转半个中国，改变了太平天国历史，也留下了沉痛的教训。专家学者从不同的角度研究石达开、诠释石达开、解读石达开，但是学无止境，随着一些新资料的问世，研究石达开还有许多空间。《翼王石达开》引用最新资料和研究成果，对石达开的一生及其所从事的战斗活动进行深入、全面和系统的阐述，是迄今为止石达开研究中最全面的一本著作，也是雅俗共赏、资政育人、弘扬红色乡土文化的好教材。

在《翼王石达开》付梓之际，笔者谨向广西贵港市太平天国史研究会会长傅诚金先生，向林志杰等四位专家表示敬意！在太平天国研究处于瓶颈时期，感谢你们的辛勤劳动让太平天国史研究发扬光大，让石达开的精神长留人间！

是为序。

任重道远的祛魅之路

——评《躁动的亡魂：太平天国战争的暴力、失序与死亡》

屈　畅[*]

太平天国史一度是中国史研究领域的"显学"。而在 20 世纪末，汉学也被学者称为"当代美国的'显学'"。[①] 美国学者梅尔清（Tobie Meyer-Fong）著《躁动的亡魂：太平天国战争的暴力、失序与死亡》（简称为梅著）[②] 便是两种曾经的"显学"碰撞产生的成果。早在该书尚无中译本时，即有国内学者进行了评介。张笑川的《日常生活史视野下的太平天国战争研究——评梅尔清〈浩劫之后：太平天国战争与 19 世纪中国〉》称赞该书以小见大的研究方法，也指出了一些失检之处。[③] 中译本出版后，崔岷、马维熙的《"底层眼光"下的战争书写——以梅尔清〈躁动的亡魂：太平天国战争的暴力、失序与死亡〉为中心》在此基础上更进一步，结合各类推介、访谈，探讨梅尔清关注底层人民生活史的缘起，对该书内容做出详尽述评，也提出了一定的质疑，"重在呈现普通人日常生活经历的'日常性'，能否与梅著讨论的战争下普通人的'非常态'样貌——战时的辗转流离与身体标记、战后的尸骸掩埋与亡人祭奠等相互吻合，仍然值得商榷"。[④] 国内学

---

[*]　屈畅，北京师范大学历史学院博士研究生。

[①]　侯且岸：《当代美国的"显学"——美国现代中国学研究》，人民出版社，1995。

[②]　原书题为 *What Remains：Coming Terms with Civil War in 19th Century China*，2013 年由斯坦福大学出版社出版。中译本由萧琪、蔡松颖翻译，郭劼审订，2020 年由台湾卫城出版社出版。

[③]　张笑川：《日常生活史视野下的太平天国战争研究——评梅尔清〈浩劫之后：太平天国战争与 19 世纪中国〉》，《清史研究》2014 年第 1 期。

[④]　崔岷、马维熙：《"底层眼光"下的战争书写——以梅尔清〈躁动的亡魂：太平天国战争的暴力、失序与死亡〉为中心》，《史学月刊》2022 年第 3 期。按：以上两篇书评对该书的写作缘起和国内外学者评介的论述已称详备，此非本文之重点，故不再赘述。

者侧重该书研究旨趣与中国学界相比的创新之处，但无须讳言，该书的缺陷也是显而易见的。它暴露了海外汉学研究方法当中非常典型的短板，以下试做一评析。

一 《躁动的亡魂》内容概括

该书共分七章。第一章"战争"指明写作旨趣：20世纪以来太平天国史研究存在诸多空白，究其原因，一是学者长期聚焦政治史及其分支问题，缺乏"底层视角"；二是学者往往带有过强的政治目的和指向性，缺乏客观态度。作者将太平天国运动置于全球史视角下，认为与其他范围更小、伤亡人数更少的战争相比，在太平天国史领域，"我们只关注抽象的意识形态，而非战争所造成的伤害"。[①] 在这一章当中，作者提出了"战争使人失去什么，又留下什么"的问题，这也是该书研究的重点。

第二章"文字"以江南士绅余治为中心，讨论其如何通过文字与言说标榜反对太平军的立场，并在战后协助建立新秩序。过去，我们主要关注太平天国运动的宗教性，但梅尔清认为，"战争催生宗教热情，对交战双方而言，都是如此"。[②] 支持清政府的士绅同样热衷于用迷信观点解释战争发生的原因。她强调，"余治对于通俗媒介的重视，似乎说明他的观点中有新元素注入，而这显然是受到太平天国挑战传统的影响"。[③] 经由这一章，我们可以明确，晚清下层士绅为了抵御太平天国的意识形态，从行动上做出了积极回应。

第三章"被标记的身体"讨论太平军入侵所引发的江南普通民众对于服装、发型等外在标志的焦虑。当时社会底层的真实情况，大概率不是清军与太平军泾渭分明的对垒，而是普通人为了求生不得不频繁地改换外表——此是生者。至于死者，第四章"骨与肉"则关注战后江南地区对死者情状

---

① 梅尔清：《躁动的亡魂：太平天国战争的暴力、失序与死亡》，萧琪、蔡松颖译，郭劼审订，卫城出版社，2020，第38页。

② 梅尔清：《躁动的亡魂：太平天国战争的暴力、失序与死亡》，第64页。

③ 梅尔清：《躁动的亡魂：太平天国战争的暴力、失序与死亡》，第117页。

和收埋情况的书写。这一章依旧围绕余治展开，从其留下的相关记载中窥见时人的一些道德标准和价值取向。作者认为这些行为背后意味着对秩序的重建，也是为了"掩盖或抹去清军犯下的暴行及其失序行为"。①

第五章"木与墨"将目光转向清政府对儒家正统价值观的重塑。这一章是全书最精华的部分，聚焦太平军离开之后地方士绅与清廷的动向，其中包括对死难者的搜访、辨识、定义与旌表。作者发现，旌表死者的权力逐渐由中央下放到地方，这是地方精英对中央权力的挪用，"中央与地方之间的断层加剧了"。②

第六章"失去"以江南士人张光烈及其为怀念母亲而作的《辛酉记》一书为中心，展现了战争给人造成的情感创伤以及个人记忆与集体记忆之间存在的矛盾。这一章采用情感史的研究方法，告诉我们，正因为有这些失去亲人的悲伤，"战后并不是一个乐观恢复、整齐重建、有序记录忠义死者的时期"。③

总体而言，全书依循明晰的时间线向前推进，自战争开始，到战争结束后地方士绅、清朝政府的表现，最后是战争留给人的创痛。作者在第七章总结道，时人将这些记忆付诸笔端存在一定的难度和风险，百姓为了活命做出过许多前后矛盾的举动，这并不被当时的清政府所认可。他们"在自我表达的同时，还敏锐地意识到清廷及其官僚鼓吹种种道德模范背后另有目的"。④ 而现实发生的种种惨痛事件，其影响往往不是建立崇高的道德标准、表彰大量死难者就能弭平的。

综上所述，作者选择了繁华一时却在战争中受到重创的江南地区作为研究的重点区域，时人的言行、组织、身体、情感均被作为研究对象，从而突出战争对人身心造成的巨大伤害。但该书与梅尔清 2004 年在中国大陆出版的《清初扬州文化》有着相似的缺陷。王蕾曾指出《清初扬州文化》存在许多琐碎的文学常识错误，同时，"扬州文化具有一以贯之的连续性，文化

---

① 梅尔清：《躁动的亡魂：太平天国战争的暴力、失序与死亡》，第 202 页。
② 梅尔清：《躁动的亡魂：太平天国战争的暴力、失序与死亡》，第 250 页。
③ 梅尔清：《躁动的亡魂：太平天国战争的暴力、失序与死亡》，第 305 页。
④ 梅尔清：《躁动的亡魂：太平天国战争的暴力、失序与死亡》，第 309 页。

精神旧的存留与新的重建是同一个完整的过程，不能两分"，该书"对中国情怀的疏离又令人惋惜"。① "疏离"并非无中生有之语，且这份"疏离"在本书中的表现要比在《清初扬州文化》当中更为突出。

二　史料的采择与运用

梅著运用了许多此前未被太平天国史学者过多注意的史料，如苏南地区地方志（尤其是"人物"一门）、文人笔记（李圭的《思痛记》、张光烈的《辛酉记》等）、坊间流传的善书与宝卷等。梅尔清在史料方面非常谨慎，如对《思痛记》当中某些内容略而不提，是由于"编者指出这些附加材料出处不明，不该采信"。② 她在注释中提到《江南春梦庵笔记》可能为伪造之事，并抛出问题：为何直到 1875 年仍有人不嫌麻烦地捏造陷于太平军中的经历？虽然梅尔清并未对此进行深入探讨。③ 太平天国覆灭后，其所留下的文字记载多被清政府销毁、篡改，因此今人所见史料极少出自太平天国一方的官员或百姓。在这一点上，我们不能苛求研究者。但是该书在史料拣择上仍有一些必须指出的问题。

首先，该书所采部分史料不具有典型性。书中花费大量篇幅分析"人相食"的记载，但早在 20 世纪 30 年代，邓拓先生即已有所论述，战争是造成灾荒的重要人为因素，④ 而灾荒造成同类相食的惨象在中国古代典籍中并不稀见。如《汉书·食货志》记载秦汉之际"诸侯并起，民失作业，而大饥馑。凡米石五千，人相食，死者过半"。⑤ 另据《晋书·食货志》，东汉末年，最为富庶的京畿地区为兵燹所累，粮价飞涨，伤亡甚众："及卓诛死，李傕、郭汜自相攻伐，于长安城中以为战地。是时谷一斛五十万，豆麦二十万，人

① 王蕾：《从两种海外汉学著作的情境写作说开去——兼谈"感觉主义"》，《中国图书评论》2008 年第 8 期。
② 梅尔清：《躁动的亡魂：太平天国战争的暴力、失序与死亡》，第 392 页。
③ 详见梅尔清《躁动的亡魂：太平天国战争的暴力、失序与死亡》，第 356 页。
④ 邓云特（邓拓）：《中国救荒史》，商务印书馆，1937，第 98 页。
⑤ 《汉书》卷 24 上，中华书局，1962，第 1127 页。

相食啖，白骨盈积，残骸余肉，臭秽道路。"① 至魏晋南北朝，江南地区进一步得到开发，却也几度遭到摧毁，尤其是侯景之乱期间："（侯）景食石头常平仓既尽，便掠居人，尔后米一升七八万钱，人相食，有食其子者。"② 再如唐代安史之乱造成的毁灭性打击："史思明再陷东都，京师米斗八百文，人相食，殍骸蔽地。"③ 这些只是我国古代劳动人民悲惨生活的冰山一角。

在史书中，战乱导致本来经济发达的地区物价上涨、饿殍遍地，是形容战争残酷、民生凋敝、社会失序的一种极为常见的书写模式。梅尔清也注意到了这一点。她在书中写道："战后许多作者都采用了修辞形式以及文学典故来描写他们的经历；这意味着我们应该小心，不要只把他们的作品当成是对客观事实的叙述。……它们的功用是让作者能以耳熟能详的方式表达战争的惨烈程度。"④ 不管是表现灾荒严重、民众生活悲苦的模式化书写还是真实发生的惨剧，灾荒与同类相食的记载从未消失。笔者提出这一问题，不是为了否认太平军与清军的交战给江南百姓造成了极大灾难，而是质疑作为与太平天国相关的研究，这类不能反映太平天国运动本身特点的事件是否值得花费巨大篇幅，几乎在每一章节都进行强调。

为何有此一问？不妨与《历史三调：作为事件、经历和神话的义和团》做一对比。在该书第二部分"作为经历的义和团"中，柯文同样对"底层视角"有所观照。他在书中提供了义和团运动爆发之前的明暗历史线索，上层建筑领域的内忧外患只是作为一笔带过的背景，他更多关注的是农村：天灾人祸导致百姓的饥饿和恐慌、民间宗教与民众的蒙昧、恶劣的生存环境种下反抗的种子。他在开头便一针见血地指出了历史学界对这一事件研究的局限，"谈判解决巨野教案的那些历史见证人既不了解也不关心教案的直接发动者的动机"，⑤ 而历史学家对此事后果的关注同样远远超过了缘由。在

① 《晋书》卷 26，中华书局，1974，第 782 页。
② 《南史》卷 80，中华书局，1975，第 2001 页。
③ 《旧唐书》卷 37，中华书局，1975，第 1361 页。
④ 梅尔清：《躁动的亡魂：太平天国战争的暴力、失序与死亡》，第 49 页。
⑤ 柯文：《历史三调：作为事件、经历和神话的义和团》（典藏版），杜继东译，社会科学文献出版社，2015，第 25 页。

严重的生存焦虑中，农民们对烧符念咒即可刀枪不入的法术深信不疑，同时，他们把怒火转向了坚信自己在替上帝度化他人的传教士。传教士在死亡的威胁面前依旧虔诚，却忽略了他们传教的权利来自本国对他国主权的践踏——柯文对"作为经历的义和团"的重构是全方位的。作为读者，我们能够明确《历史三调：作为事件、经历和神话的义和团》带给我们的信息是义和团运动这一历史事件独有的。

梅著着重讨论"战争使人失去了什么，留下了什么"，研究范围稍窄，但乡勇如何抵制太平军、士绅以外的百姓如何看待太平军或者太平军拥护者的说法等同属"底层视角"的内容并没有出现，甚至作者本人提出的"如何处理战后那些从各方势力退伍后继续骚扰平民社会的士兵？在一个被战争粉碎的世界中，还剩下什么？各个社群要如何在物质上和想像中获得重建"① 等问题也未有明确的答案。书中涉及了一些传教士的回忆，但与史景迁著《太平天国》相比，似乎又有所欠缺。②《太平天国》虽然运用了小说化的历史叙事，但对芜杂的史料有所取舍，采用了大量传教士和外国使节的回忆、信札等，勾勒出太平天国社会的图景。该书第三章"被标记的身体"却只是将传教士的回忆录作为一种工具性史料，表达他们对太平天国服饰的不同看法，进而体现当时的某种失序状况。

另外，梅著所引史料的作者，除少部分传教士外几乎全系支持清政府的儒学卫道士（虽然作者提到了他们对清政府的拥护可能并非发自内心，且具有浓厚的精英主义和地方主义），③ 他们大多是名不见经传的文人，但仍在乡绅之列。作者过于追求"底层视角"，却忽视了一点，在当时的社会环境下，劳动人民很难留下只言片语的文字记录，真正的底层视角是不可能被后人看到的。

其次，该书对方志的体例与功用并未理解透彻。梅尔清在第一章即说明，"太平天国之后，江南地区的方志常常强调忠义，而且它们采用的编纂形式也颇为典型。这些有关死节者的故事被高度样板化，除了死者姓名、社

---

① 梅尔清：《躁动的亡魂：太平天国战争的暴力、失序与死亡》，第52页。
② 详见史景迁《太平天国》，朱庆葆等译，广西师范大学出版社，2011。
③ 梅尔清：《躁动的亡魂：太平天国战争的暴力、失序与死亡》，第57页。

会地位、死亡地点与原因，并不提供其他讯息。……每个被这样记载的人，都因此从活生生的人被'转译'成道德的楷模，或是忠于朝廷的化身。在这个'转译'过程中，每个人都被简化，简化到只剩下单一政治与道德意涵"。① 梅尔清提到，之所以会有这样的思考，是由于她发现 1874 年刊行的同治《续纂扬州府志》与前代各版本相比，"着重聚焦于忠义死节者"。② 但当我们对这部方志进行审视，则不难发现，梅尔清所言的编纂形式与嘉庆《重修扬州府志》的体例密切相关。晏端书在《续纂扬州府志》的序言中说："吾郡志书可考者，始于明之嘉靖。自此历经增修，而最后者为嘉庆十五年重修之本。"③ 表明了两志的承继关系。而在人物志"孝友"分类下的小序中，纂修者又说："案前志人物各门，惟节孝分八属编列，余皆统编。今因叙次易致淆杂，故孝友、文苑、笃行、术艺改从节孝例分编，以清眉目。忠义未立传者，并从此例，庶便省览。"④ 那么嘉庆《重修扬州府志》的"节孝传"采取的是何种体例呢？该志的凡例给出了答案："'列女'一门，无从去取。旧志所载节妇较略，兹据各志中全数录出，则其有奇行者详载始末，余则仅叙崖略，以省繁冗。至时代先后，多无稽考，仍依各州县分载。"⑤ 而同治《续纂扬州府志》中的"忠义传"采取的编纂方式与之完全相同，共计两卷，上卷部分人物事迹较详，下卷则按地域尽可能多而简地收录人物。

至于剥除人物个性，代之以忠孝节义的符号，这种书写模式古已有之。原因在于缅怀与纪念是个人文集应当承担的，而方志本身并无此功能。清代学者章学诚对方志纂修有诸多独到见解，可对这一问题做出解释。他说："夫家有谱，州县有志，国有史，其义一也。"⑥ 方志与正史相辅相成、互为补充。虽然章学诚主张方志也应当如正史一般立人物传，但太平天国战后，

---

① 梅尔清：《躁动的亡魂：太平天国战争的暴力、失序与死亡》，第 40 页。
② 梅尔清：《躁动的亡魂：太平天国战争的暴力、失序与死亡》，第 40 页。
③ 同治《续纂扬州府志》卷前"序二"，第 1 页。
④ 同治《续纂扬州府志》卷 12，第 1 页。
⑤ 嘉庆《重修扬州府志》卷前"凡例"，第 2 页。按：此处所言"列女""节妇"均被收录于"节孝传"。
⑥ 章学诚著，叶瑛校注《文史通义校注》，中华书局，1985，第 882 页。

由于死伤甚巨，对个体的经历面面俱到地关注并不现实。方志当中受到旌表的人物名录发挥的是正史当中"表"的作用。旌表忠孝节义归根结底是教化所需，其实质"是把国家主流的意识形态转化为民众的实际行动，从而引导民众的行为以达到国家的长治久安"。① 而地方志只是载体之一。即便是梅尔清关注的《续纂扬州府志》，钱振伦亦在书后序中强调，记录这些忠孝节烈之人是为了"原其蹈刃之心，俾留芳于劲草；述其舆尸之祸，亦垂戒于彻桑"。② 总而言之，梅著所言的所谓书写方式的改变，与其说是太平天国运动造成的，毋宁说是方志体例与忠孝观念的演变、官方对人物事迹搜访力度的不同等多重因素合力的结果。而方志通过旌表以行教化的效用，始终没有发生实质性的变化。梅尔清以地方志作为切入点讨论"这场战争对于地方上那些失去了生命、生计与所爱之人的几百万人而言，意味着什么"③ 的问题，实际上是不太恰当的。

三　情感对历史的驱动力

梅尔清用一章的篇幅专门探讨了江南士人张光烈及其为怀念死于太平军刀下的母亲所作的《辛酉记》。她暗示张氏此书是对清朝旌表忠烈的主流意识形态的某种反动，"借用国家纪念太平天国战争死难烈士的惯用修辞，他说这是一本记录'赴义全节者'之书，但又说自己对此书'不能卒读矣'。他似乎在暗示，尽管《辛酉记》在结构或内容上都很不寻常，但或许可以在官方委约的记录之外，提供另一种有意义的书写方式"。④ "张光烈的书写，游走于主流纪念方式的传统周围，却不出格。同时，他用情感与悲伤来对抗国家与父系家族施加的绝对责任。"⑤

将怀念与旌表并举能否称为"对抗"，首先是一个值得怀疑的问题。通

---

① 李丰春：《中国古代旌表研究》，云南大学出版社，2011，第 194 页。
② 同治《续纂扬州府志》卷 24 "后序"，第 2 页。
③ 梅尔清：《躁动的亡魂：太平天国战争的暴力、失序与死亡》，第 39 页。
④ 梅尔清：《躁动的亡魂：太平天国战争的暴力、失序与死亡》，第 286 页。
⑤ 梅尔清：《躁动的亡魂：太平天国战争的暴力、失序与死亡》，第 288 页。

观《辛酉记》全书，并非如梅尔清所说发现了主流价值观的冰冷漏洞，张光烈通篇都在反复申明其母遵循儒家礼教的规定，得到朝廷旌表是当之无愧的。梅尔清本人也说："在张光烈的描述中，他的母亲从生到死都是符合大众价值观的典范。"① 通观全书，张光烈在序言中开宗明义地提到，朝廷对其母姚氏的旌表使其"迭荷圣恩，厚加旌恤，贞心劲气，愈觉光明"。② 他强调姚氏出生在一个儒学世家，受此影响，才有宁死不屈之举："家世业儒，至铭竹公稍贫，而诗书相继，不改其旧。性尤严厉，晚年，节益坚，故太恭人归府君后，治家严而有法，遇难时视死不畏。人谓先世之有以启之云。"③ 而对于其母遇害前的细节，张光烈这样写道："'（姚氏语）此时遍地皆贼，吾苟出里门一步，他日有何面目见人！'……太恭人顾谓伯舅某:'我死于是，终不出里门也。'"④ 在生死关头，出身儒生之家的姚氏仍在固守礼教规定，其子则盛赞她的固执及因此而牺牲。⑤ 我们不能苛求一个晚清人去认识到其母遭遇不幸的深层原因，但作为现代人却有必要对此进行审视。战争固然是造成死亡的直接原因，但礼教在战争时期对人的束缚更加惨烈，它迫使无辜的百姓自我禁锢，掐灭了最后一丝生的希望。诚然张光烈也在书中记载了一些清军的失序行为，譬如太平军攻入之前，即有清兵"以索粮为名，辄入民居任意搜括"，⑥ 但需要明确的是，在张光烈的语境中，欺压百姓的清军和旌表忠烈的清政府并不被视为一体，清政府依旧是高高在上的、代表道德与正义的符号。

　　除此之外，张光烈还记载了一些其母亲生前的事迹，梅尔清对此的总结是："这些回忆的作用是强调张光烈与母亲之间的情感纽带，同时强调了丧母给他带来的打击有多大。"⑦ 但她通过对张光烈生平的搜求考证，也发现

---

① 梅尔清:《躁动的亡魂：太平天国战争的暴力、失序与死亡》，第 290 页。
② 张光烈:《辛酉记》，光绪六年钱塘刻本，卷首质言第 2 页上。
③ 张光烈:《辛酉记》，第 7 页上。
④ 张光烈:《辛酉记》，第 4 页下—第 5 页上。
⑤ 此类例证在书中俯拾即是，又如"附记"中对大姐杏珠遇难情形的描述："太恭人嘱以'可死则死，勿受贼污'。姊泣而应之。无何，太恭人被戕殉烈。贼禁之不得死，逼行之巷后，见有河在，遂奋身跃下，贼不及防，错愕殊甚。"（张光烈:《辛酉记》，第 39 页上）
⑥ 张光烈:《辛酉记》，第 3 页上。
⑦ 梅尔清:《躁动的亡魂：太平天国战争的暴力、失序与死亡》，第 294 页。

了"《辛酉记》从第一版起到第三版问世的十年之间，年届三十的张光烈一边纪念亡母，一边捐官并求人保举"。① 客观上讲，朝廷对姚氏的旌表在张光烈求人保举的过程中是加分项，甚至可以使他免于考试。过往的惨痛经历、对母亲的怀念与他想拼命凸显母亲的忠孝节烈以博得家族荣耀、个人功名，这是不冲突的。基于此，梅尔清所说"真挚的情感和所受的创伤会以不同且很可能长久持续的方式，影响着人们，影响着他们与家人，与国家，以及与彼此之间的关系"，② 是很值得怀疑的。死者已矣，生者却有无数种途径使亲人的死达到利益最大化。这背后的逻辑，自然在"吃人"的礼教之中。那么就涉及了下一个问题，本书对礼教持有何种态度呢？笔者将在下一部分展开论述。

王晴佳在总结情感史与当代史学发展的关系时说："情感史并不否定理性主义分析，而是想扩大历史研究的领域，在理性和感性的双重层面对历史事件和人物加以深入的分析。"③ 引入情感史的研究范式，归根究底是要探究人的情感与客观历史的互动。将视角转向底层，在太平天国战后的江南，我们希望了解百姓对亲人的怀念在江南地区的重建中发挥了怎样的作用，但很遗憾，该书并未给出答案。因此，将梅著第六章的研究方法与情感史关联只是一种姑妄称之。如果像作者所说，"战后并不是一个乐观恢复、整齐重建、有序记录忠义死者的时期"，④ 难免流于常识，人性如此，不必强调。那么就又回到了上一部分讨论的问题，关于张光烈与《辛酉记》的选题仍然不具有典型性。

四　对礼教的误读

首先需要说明，梅尔清对鲁迅的小说存在严重误读。在第四章"骨与肉"中，梅尔清为了说明"将人肉当做食物，象征着社会的彻底崩坏。在

---

① 梅尔清：《躁动的亡魂：太平天国战争的暴力、失序与死亡》，第271页。
② 梅尔清：《躁动的亡魂：太平天国战争的暴力、失序与死亡》，第61页。
③ 王晴佳：《为什么情感史研究是当代史学的一个新方向？》，《史学月刊》2018年第4期。
④ 梅尔清：《躁动的亡魂：太平天国战争的暴力、失序与死亡》，第305页。

一个人吃人的世界里，人——吃人的和被吃的——在根本上已不再是人"，①
援引鲁迅的小说作为佐证。为便于读者辨别，抄录此条注释全文如下：

　　在鲁迅著名的短篇小说《狂人日记》中，主人公意识到，在他生
活的社会中，一直以来的道德规范、人伦关系和古文经典都要求人吃
人。这个短篇小说于 1918 年出版，当时距太平天国战争只有五十四年。
太平天国战争一结束，吃人就立即成了不正常人类行为的隐喻。在鲁迅
这部太平天国五十多年后写的小说中，吃人却被说成是正常人类行为的
直接后果。鲁迅的家乡绍兴在太平天国时遭受严重破坏；在鲁迅的其他
作品中也可以找到与这场战争相关的主题。②

　　梅尔清的正文关注两方面：主要方面是战争带来的饥馑及由此产生的人
吃人的悲剧；次要方面是吃人行为的文化意涵，但并未展开论述，且似乎将
之与礼教吃人的问题混淆。总而言之，梅著讨论的"人吃人"与《狂人日
记》中隐喻的"礼教吃人"并无直接关系，将《狂人日记》的出版影射为
太平天国运动的间接结果更是无稽之谈。封建礼教的恐怖在于，不管是清初
的所谓"太平盛世"，还是晚清的动荡乱世，它都能轻易地将人吞噬。死者
长已矣，生者仍要继续被蚕食灵魂。但作者显然没有理解鲁迅小说的批判意
义，完全脱离中国文化的土壤，强行将之与太平天国联系。换言之，当时的
中国社会积弊已重，沉疴已久，底层百姓面临层层盘剥，种种灾难，太平军
与清军的冲突导致江南经济、民生破坏只是其中尤为惨烈的一次。作者带着
一种看似悲悯实则猎奇的眼光审视此次灾难，并将之认为是绝无仅有的，实
际上是缺乏对当时中国底层人民悲惨生活的了解，缺乏对苦难的想象，不得
不说很令人遗憾。
　　由此，不妨进一步总结梅著对礼教相关内容的分析。该书的大部分篇幅

----

①　梅尔清：《躁动的亡魂：太平天国战争的暴力、失序与死亡》，第 173 页。
②　梅尔清：《躁动的亡魂：太平天国战争的暴力、失序与死亡》，第 384 页。按：此处中文翻
　　译似文义不通，检梅氏原文，不存在误译的情况，故此处照录译文。

都在关注战后秩序的重建，难免从清政府及其拥护者的视角出发，礼教是思想层面上无可避免的话题。

梅著关于这一问题的论述大部分是围绕余治展开的。余治作为"善人"士绅，已有学者指出其作为研究对象的典型性：一是在江南慈善家中，余治功名、官位最低；二是余治一生以慈善为职志；三是在他周围形成了以师友、弟子为核心的慈善家群体。① 余治去世后，俞樾曾为其撰写墓志铭，其中提到："当江浙陷贼时，君著《劫海回澜文》，又绘《江南铁泪图》，见者无不感泣。乡愚妇竖，咸切齿腐心，愿与贼俱亡。东南之底定，固由师武臣力，而君之书未始无功也。"② 可见余治对于战后江南地区的秩序重建做出了一定贡献。梅著第二章"文字"即与此相关，介绍余治参与惜字会、编写善书、劝捐等行动。梅尔清的陈述是相对客观的。但问题在于，该书止于陈述。余治行动背后的逻辑是什么？他的陈述有几分可信？

余治是典型的晚清儒生，他热心慈善事业，劝捐、修义塾、反对杀婴溺婴，并因此被称为善人。③ 梅著提到了他创作的《潘公免灾宝卷》。在这份宝卷中，余治的好友，善人潘曾沂被神化，"成了儒释道三教美德的化身"。④ 善书、宝卷很多都带有民间信仰的色彩，已有学者指出了此类文献的局限性："缘于固守己见或客观条件限制，这群儒生不愿或不能更新思想，采用先进的方法看待、解决问题。因而大多只能迁就于民众，借用或掺杂一些在民间有广泛影响的阴骘与因果思想来完成使命。"⑤ 余治的很多著作都充斥着简单而典型的纲常与因果思想。在《劫海回澜说》中，他将战祸发生的原因归结为天罚："夫天心好生，一命之微尚关眷注，乃至于今，百万生灵咸遭涂炭，顾漠然无所动者，知天心之震怒至是为已极也。"⑥ 在

---

① 详见王卫平《清代江南地区慈善事业系谱研究》，中国社会科学出版社，2017，第 251 页。
② 俞樾：《例授承德郎候选训导加光禄寺署正衔余君墓志铭》，收录于吴师澄编《尊小学斋集·余孝惠先生年谱》，光绪九年德见斋刻本，书前铭第 2 页下。
③ 余治的生平详见吴师澄编《尊小学斋集·余孝惠先生年谱》。
④ 梅尔清：《躁动的亡魂：太平天国战争的暴力、失序与死亡》，第 87 页。
⑤ 尹逊才：《晚清江南儒生阶层与乡村伦理秩序的重建——以余治为中心的教育考察》，《徐州师范学院学报》（教育科学版）2011 年第 1 期。
⑥ 余治：《劫海回澜说》（中），收录于吴师澄编《尊小学斋集·尊小学斋文集一》，第 11 页上。

面向江南百姓时，他将天罚类比为父母爱子，但加之鞭挞亦是为了教子，以此规劝江南百姓重视礼义廉耻、孝悌忠信，自我约束，多行善事；在面向江北士绅时，他又说："岂江南之人皆可死而江北之人多可免耶？……天降劫于江南而又重哀江南之人，欲救之而不能遍救也。"① 以此劝说江北士绅捐款捐物。这是其促进江南地区重建的逻辑。

梅尔清认为余治的观念是在所谓"中国保守主义道德观"的基础上，吸取太平天国的宣传手段，注入新的宗教元素而形成的。令人稍感遗憾的是，"骨与肉"一章对"人相食"与"尸体不腐"的书写仅被作为一种表面现象记述。实际上，安抚流民、重建家园与对女子贞节、百姓忠义的病态苛求背后是同样的逻辑，都是以扭曲僵化的礼教思想为指导，试图重新建立起为三纲五常所约束的社会秩序。而且，作者在此处又出现了误读："当地的巡抚十分认可余治的建议②，说余有'佛心侠骨'；而'侠'字在白话中通常是对盗匪的委婉称呼。"③ 作者有此一说，似乎是欲将之与余治书写普通人被迫加入太平军，及其自称"江南难民"的"底层视角"相关联，但"侠骨"明显是对余治的褒扬，此处论说未免让人不知所云。

需要再次强调的是，像余治这样的士绅并非真正的"底层"，也不是太平军团结的对象。当时农民阶级与地主阶级的矛盾是客观存在的，脱离了宗族的农民和小手工业者的生命并不在被旌表和铭记的行列，他们也没机会记录自己的经历，这些真正的穷苦百姓加入太平军，自然会仇视官绅地主，将清朝贵族和他们视为妖魔及其帮凶。

在《当代美国的"显学"——美国现代中国学研究》一书中，作者对美国学者研究现代中国学的弊病有着精当的概括：·是"对美国学者来说，研究中国还必须努力消除各种偏见。这种偏见既涉及到思想感情，又涉及到

---

① 余治：《江北劝捐启》，收录于吴师澄编《尊小学斋集·尊小学斋文集四》，第 14 页下。

② 按："建议"指对被迫加入太平军的百姓既往不咎。余治在《解散贼党说》一文中详细阐述了自己的观点。详见吴师澄编《尊小学斋集》。

③ 梅尔清：《躁动的亡魂：太平天国战争的暴力、失序与死亡》，第 98 页。

政治和意识形态"。① 二是"研究中国还有必要加强辩证思维，努力克服片面性和绝对化"。② 显然，这两点对本书同样适用。百年以来，虽然中外学者在汉学研究领域均做出了不懈努力，也取得了丰硕的成果，但在全球史视角下，对晚清以来的中国的文化祛魅，依然任重道远。

余论：关于"底层视角"的几点思考

早在 20 世纪 20 年代，郭沫若就尖锐地批评道："欧美的学者论到东洋的问题来，总不免是有几分隔靴搔痒的毛病的。"③ 遗憾的是，在百年之后的今天，优秀的海外汉学著作层出不穷，这一问题却始终没有彻底解决。

针对该书，我们不禁要问：暴力、失序、死亡与太平天国的革命性难道是非此即彼、完全对立的吗？回答这一问题，不妨对"底层视角"做进一步讨论。

黄克武在序言中盛赞此书，认为"《躁动的亡魂》一书的基本功夫与贡献，即是利用个人史料，尽量从'底层的眼光'去探讨人们如何面对战争情境，以此来对抗官方充满意识形态的大论述"。④ 他将梅著与罗尔纲、菊池秀明等太平天国史知名学者的著作进行对比，认为前辈学者大多囿于政治立场或过分关注"宏大叙事"，因此缺乏对底层视角的观照。关于"底层眼光"的似是而非，笔者已有论述。通观梅著全书，整体上是比较客观的，史料拣择上可待商榷之处上文也已进行说明。该书所关注的是战争带来的灾难，而非哪一方"黑暗"，虽然迄今为止，清军和太平军何者给江南地区造成的破坏更大仍是一个有争议的问题，但战争给江南人民带来了巨大伤害已是共识。大陆学界也并未否认太平天国运动由于农民阶级的局限性，逐渐走向骄奢淫逸的帝王专制，失去了原有的革命性，"凸显黑暗面"的说法恐怕有待商榷。

---

① 侯且岸：《当代美国的"显学"——美国现代中国学研究》，第 192 页。
② 侯且岸：《当代美国的"显学"——美国现代中国学研究》，第 194 页。
③ 杜顽庶（郭沫若）：《中国社会的历史的发展阶段·前言》，《思想》第 4 期，1928 年 11 月。
④ 梅尔清：《躁动的亡魂：太平天国战争的暴力、失序与死亡》，第 18 页。

　　值得肯定的是，梅著确实对中国的太平天国社会史研究产生了一定影响，[①] 但也应当看到，关于太平天国的"底层视角"研究并不是从该书开始的。民国时期，顾颉刚即已提倡"打破以圣贤为中心的历史，建设全民众的历史"。[②] 在太平天国史领域，向下的视角长期没有得到重视，很大程度上是因为大陆学界早期确实存在过分美化太平天国的情况。但改革开放后，学者们逐渐进行反思，将太平天国史的研究正常化、客观化，宗教史、文化史、区域史研究均有建树，[③] 传统的政治史、经济史研究虽然仍是主流，但二者并行不悖、互为补充，梅著正文所言"关注战时的破坏，被视为否定太平天国运动的革命性及进步性，以及批评一九四九年后的政治秩序"[④] 的说法，说明其在一定程度上对当今的中国大陆学术界了解不足。张笑川亦在其书评中认为"本书在一些相关问题上对中国大陆学者的近期研究缺少必要的征引与回应"，[⑤] 诚然如此。

　　正如崔岷、马维熙的书评所说，"对史学论著创新性的剖辨不必以是否运用某种理论或方法为依据"。[⑥] 梅著很难用某种具体的研究方法或某一学术流派界定，它虽然采取向下的视角，但与关注某一微小个案的微观史亦有

---

①　张宏生在《战乱、民瘼与文图记忆——论余治〈江南铁泪图〉》中对余治见闻的真实性与梅尔清的观点进行了商榷 [《中山大学学报》（社会科学版）2021 年第 5 期]。刘晨《太平天国时期江南地区的社会恐慌——兼谈太平军恐怖形象之成因》一文中提到："美国学者梅尔清的研究希望建立起战争与日常生活和个人感受的关系，这为本文民间视角下的太平天国史构建思路提供了借鉴。"（《安徽史学》2018 年第 5 期）

②　同人（顾颉刚）：《"民俗"发刊词》，《民俗》第 1 期，1928 年。

③　此类成果不在少数，此处仅列举几种代表性成果：李文海、刘仰东《太平天国社会风情》，中国人民大学出版社，1989；夏春涛《太平天国宗教》，南京大学出版社，1992；廖胜《民众心理需求与太平天国的兴亡》，《史学月刊》2005 年第 10 期；王明前《太平天国的权力结构和农村政治》，中国社会科学出版社，2012；杨国安《"从贼"与"反贼"：变乱格局下地方绅民的反应及其关系网络——以咸丰年间太平军挺进两湖之际为中心的考察》，《江汉论坛》2012 年第 9 期；侯竹青《太平天国战争时期江苏人口损失研究（1853—1864）》，中国社会科学出版社，2016；刘晨《太平天国社会史》，中国社会科学出版社，2019；魏星《重建、纪念与叙事：太平天国战争后的南京地区》，南京大学出版社，2020。

④　梅尔清：《躁动的亡魂：太平天国战争的暴力、失序与死亡》，第 54 页。

⑤　张笑川：《日常生活史视野下的太平天国战争研究——评梅尔清〈浩劫之后：太平天国战争与 19 世纪中国〉》，《清史研究》2014 年第 1 期。

⑥　崔岷、马维熙：《"底层眼光"下的战争书写——以梅尔清〈躁动的亡魂：太平天国战争的暴力、失序与死亡〉为中心》，《史学月刊》2022 年第 3 期。

所区别。然而，该书的美中不足之处与微观史研究的短板是相似的。"微观史的繁荣是对过去那种僵硬的政治性宏大叙事的反抗，它本身具有思想解放的意义。……但它无法克服一个致命的弱点，即没有足够的能力来理解和诠释当今世界已经发生和正在发生的重大转变。"① 战争带来灾荒与伦理困境，战后兴起大规模旌表忠烈和留存记录的活动，如果不深入思考"为什么"，苦难就只是表面现象，但如果追问"为什么"，就又回到"宏大叙事"的领域中了。"底层视角"是对主流叙事的补充，是为了让历史学的研究体系进一步完善，自然有其存在的必要性。但作为研究者，是否应当从这些琐碎的表面现象中抽绎出与宏观历史相联系的内容，则可以进一步思考与探讨。

---

① 王学典、郭震旦：《重建史学的宏大叙事》，《近代史研究》2012 年第 5 期。

近代中国地方主义的滥觞[*]

——评《山东"团匪"：咸同年间的团练之乱与地方主义》

何林锋[**]

晚清地方主义研究，一直是我国史学界的热点问题。从咸同年间的朝廷事权下移，发展到地方督抚的东南互保乃至辛亥革命时期各省独立，地方对中央的疏离成为影响晚清乃至近代中国历史进程的重要因素。但对于一省之内，基层府、乡、镇视角的团练之乱的研究，特别是和太平军活动区域无直接关系的山东基层地方团练之乱的研究，一直缺乏系统研究。而《山东"团匪"：咸同年间的团练之乱与地方主义》（以下简称《团乱》）一书，从山东社会基层的团练之乱的角度，来看地方主义在晚清咸同年间的兴起，[①] 有较大的学术意义。

《团乱》一书除"导言"和"结语"外，主体内容共有六章，分为第一章"保卫乡闾：山东团练的兴起与演变"，第二章"'团匪'初现与清廷的调适"，第三章"'任绅'模式的升级与 1860 年的再动员"，第四章"'团匪'的'把持乡镇'"，第五章"清剿之外的官方应对"，第六章"团练督办模式的回归"。全书从山东团练的兴办写起，分不同章节对咸同年间山东团练相关问题进行了论述，比如，"团练大臣"和地方士绅的矛盾、团练扰乱地方治安、团练和地方官府争夺权力、政府对"团练抗官"情况的应对等等，揭示了晚清团练与地方主义的内在关联，认为咸同年间以团练之乱为表现的地方主义具有深远的意义。

---

* 本文系 2021 年度江汉大学研究生科研创新项目"全面抗战初期的川军事功研究"（21060 2002）的阶段性研究成果。

** 何林锋，江汉大学人文学院硕士生。

① 崔岷：《山东"团匪"：咸同年间的团练之乱与地方主义》，中央民族大学出版社，2018。

《团乱》一书是崔岷在博士学位论文的基础上修改而来，在旧有研究的基础上，发现了新问题。"究竟应该如何认识团练与官府冲突的一面"，是《团乱》整本书要解决的核心问题，也是整本书研究的出发点。崔岷首先展示了山东的地方团练和官府的冲突情形，在这个基础上加以理论的阐发，回答提出的核心问题，说明这个问题何以值得深入研究而不应满足于浅显的现象描述。从研究内容来说，《团乱》一书从基层视角切入，关注到了府、州、县一级"团练抗官"现象，并认为这种形式表现的地方主义有极大的历史意义。这本书的观点在崔岷发表的其他单篇论文中，也多有提及和论证，是建立在作者多年潜心研究的基础上的学术成果。

一 开拓了新领域

《团乱》一书是在系统梳理前人研究成果基础上的创新之作，开拓了新的研究领域。此前，有海外学者魏斐德、卜正民、沟口雄三等人的研究，揭示出南宋以来绅士日益追求支配地方权力的倾向。比如，包弼德的著作《斯文：唐宋思想的转型》里面就指出，士经历了从唐代"世家大族"到北宋"文官家族"，再到南宋"地方精英"的转型。[①] 韩明士（Robert P. Hymes）更是仔细论证了南宋的士不再关心国家，而把主要精力放在乡土和宗族。[②]

明清时期，士和地方主义的联系更加多样化。卜正民认为，从晚宋到晚明，再到晚清，绅士都在努力同国家分离。[③] 此外，郝秉键则认为明清出现的地方意识是近代地方自治的先声。[④]

到了清末时期，由于地方动乱，绅士与地方主义的联系，突出地表现为"绅权扩张"现象。早在 1966 年，魏斐德就出版了《大门口的陌生人：1839—1861 年间华南的社会动乱》，考察了两次鸦片战争期间广东省的官府、士绅、团

---

① 包弼德：《斯文：唐宋思想的转型》，江苏人民出版社，2001，第 35—81 页。

② Robert P. Hymes, *Statesmen and Gentlemen: The Elite of Fu-Chou, Chiang-His, in Northern and Sung*, Cambridge: Cambridge University Press, 1986, pp. 3-5.

③ 卜正民：《为权力祈祷：佛教与晚明中国士绅社会的形成》，张华译，江苏人民出版社，2005，第 20—29 页。

④ 郝秉键：《日本史学界的明清"绅士论"》，《清史研究》2004 年第 4 期。

练、秘密社会之间的互动和相互关系。①

罗尔纲先生早在《湘军新志》当中就提出咸同年间湘军将帅由于担任督抚，专擅一方大权。② 美国学者弗朗兹·迈克尔也提出"19 世纪中国地方主义"问题。③ 以及孔飞力在《中华帝国晚期的叛乱及其敌人：1796—1864 的军事化与社会结构》中提出过类似观点："这种地方权力落到士绅之手的趋势，成了咸丰朝及以后农村中国的共同特征。"④ 然而孔书以全国为研究对象，用到的史料却局限在华南和华中，因此被许多严谨的学者质疑。

傅衣凌提出"地方主义"概念，用"地方主义"概念来考察团练对于中央政权的分化和离心作用。⑤ 但傅衣凌《太平天国时代团练抗官问题引论——太平天国时代的社会变革史研究》属于宏观分析性质，有关咸同时期以团练之乱为表现的地方主义或"绅权扩张"现象，迄今缺乏深入的实证研究。团练和官府的冲突的区域研究方面，涉及的主要是广西、河南和山东三省。这些研究也多停留在对团练和官府冲突的现象描述，缺乏更加细致深入的分析。此外，美国汉学家魏斐德的著作《中华帝国的衰落》对于团练有较多的提及，"太平天国时期的团练让新的司法权和财政权都落入了地方绅士手中"，"政府也软弱得无法收回这些权力"。⑥ 应该说，魏斐德的研究对崔岷的相关研究是有启示作用的。

近年来有不少关于团练的研究文章：任建敏的《咸同年间广西浔州的"堂匪"、团练与地方权力结构的变动》，分析了咸同年间广西地方权力变动

① 魏斐德：《大门口的陌生人：1839—1861 年间华南的社会动乱》，王小荷译，中国社会科学出版社，1998，第 131 页。

② 罗尔纲：《湘军新志》，沈云龙编《近代中国史料丛刊续编》第 947 册，文海出版社，1983，第 232—245 页。

③ 弗朗兹·迈克尔：《19 世纪中国的地方主义》，中国社会科学院近代史研究所《国外中国近代史研究》编辑部编《国外中国近代史研究》第 11 辑，中国社会科学出版社，1988，第 32—33 页。

④ 孔飞力：《中华帝国晚期的叛乱及其敌人：1796—1864 的军事化与社会结构》，谢亮生等译，中国社会科学出版社，1990，第 220 页。

⑤ 傅衣凌：《太平天国时代团练抗官问题引论——太平天国时代的社会变革史研究》，《社会科学》1945 年第 2—3 期。

⑥ 魏斐德：《中华帝国的衰落》，梅静译，民主与建设出版社，2017，第 168 页。

的因素;① 另外,龙泽江、付安辉的《清代贵州清水江流域的保甲与团练——九寨侗族村落保甲团练档案的文献价值释读》,研究了清代贵州清水江流域的保甲和团练文献;② 等等。《团乱》一书就是在这些研究的基础上,开辟新的研究领域,选取咸同年间的山东地区,从基层视角进行的深入的实证性研究。由于山东屏卫清政府的首都,无论是南方的太平军还是捻军,境内的各种土匪还是外来夷人,均让清政府重视山东团练的兴办。山东处在"京畿屏障"的位置,所以咸同年间的山东团练是一个合适的观察窗口。

改革开放以前,太平天国和义和团运动等农民反抗运动的研究受人关注;改革开放以后,洋务运动、戊戌变法等"改革史"的研究又更受重视。但是除开二者,晚清政治史还有很多可以研究的部分。李细珠就认为"在革命史与改革史以外,还有更加广阔的天地,就是一般政治史研究,包括一般社会政治问题、地方性政治事件以及一些势力集团的政治活动等,都是新的学术增长点"。③ 而且李细珠对《团乱》一书的评价很高,认为这本书是"一般政治史"研究的典范之作,称誉《团乱》是突破"革命史"和"改革史"写法的"一般政治史"研究的典型。《团乱》看到了咸同年间的地方军事化,是地方主义在近代中国的开端。从"一般政治史"的角度对清末的地方主义进行学术研究,是对以往研究的一个巨大突破,对晚清地方主义的相关研究,有较大的参考价值。另外,《团乱》继承了政治史研究的优良传统,在掌握充分史料的基础上进行细致的实证研究,避免说空话、假话。

二 研究对象多元化

可以说,以往对晚清时期的地方主义以及团练的研究,具有很大的片面

---

① 任建敏:《咸同年间广西浔州的"堂匪"、团练与地方权力结构的变动》,《近代史研究》2020 年第 1 期。

② 龙泽江、付安辉:《清代贵州清水江流域的保甲与团练——九寨侗族村落保甲团练档案的文献价值释读》,《原生态民族文化学刊》2017 年第 6 期。

③ 李细珠:《改革开放 40 年来晚清政治史研究的基本路向》,《广东社会科学》2018 年第 6 期。

性。概述性情况谈得多，扎实深入研究的文章少；片面研究的文章多，全面研究的文章少。"地方主义是晚清以来中国政治转轨、经济转型时期的一大政治特色。"① 如果用单一视角研究团练和地方主义，是不能较好地展现出历史的复杂面相的。这样极易扭曲历史，将一部风云多变、色彩斑斓的历史人为地割裂，使其成为一幅平面的图画。

在以往的研究中，咸丰、同治年间的团练更多以清政府"帮凶"的面目示人，众多的论著都强调团练维护清朝统治，镇压人民起义的一面。近些年，逐渐有文章从"地方军事化"以及"绅权扩张"的角度加以研究。

咸同年间正值南方太平天国运动和北方的捻军起义兴起，兴办团练以应对地方乱局显得尤为迫切。山东又有其特殊的地理位置。所以中央政府和地方政府，政府和士绅就山东团练问题的各方态度也复杂多变。基于此，《团乱》从许多不同的角度出发，反映出各方的情况。不仅研究山东地方的情况，也研究了清政府中央的态度；不仅研究地方士绅的态度，也研究"团练大臣"的反应，还研究地方官员的举措得失。注意了事件各方的互动关系。具体例证如下。

第一章第四节"督催与激劝下的艰难起步"，把各方互动关系的研究推向深入，可以看出各方态度。对当时山东办团情况的评价，有陕西道监察御史王茂荫上奏对朝廷的提醒，提醒山东办团练的巨大问题；山东籍刑科掌印给事中对山东巡抚的弹劾。清政府于 1853 年 6 月、7 月发布了动员上谕。"然而，在清政府的激励和督催后，山东办团的总体情形仍然不能令人满意，其主要责任仍被归咎于地方官的办团不力。"② 但经过不断改进办团办法，1853 年底，山东办团才有了起色。

崔岷还把"团练大臣"这一身在地方，但却代表中央的官员引入视野。对"团练大臣"的活动及其对地方权力结构和政治生态的影响进行细致深入的考察，不仅有助于我们理解清政府与太平天国对抗态势的演变，而且加深了我们对咸同时期官绅关系和未来走向的认识。

---

① 翟涛：《晚清战争与地方主义的关系》，《桂海论丛》2014 年第 11 期。
② 崔岷：《山东"团匪"：咸同年间的团练之乱与地方主义》，第 47 页。

崔岷认为，"清廷试图通过'团练大臣'及其领导的团练力量，来避免中央权力下移至正在崛起的汉族督抚手中，可谓从一开始就将清廷任用'团练大臣'的动机，置于太平天国时期中央与地方权力关系变动的格局下加以观察"。[①]"自太平天国运动开始，当以曾国藩、胡林翼、左宗棠、李鸿章为首的湘淮集团崛起的时候，许多战争波及之地，不仅府、州、县，甚至乡、镇等地方下层也往往有乡绅组织力量对抗太平军。太平军被镇压后，他们便因此在一府、一州、一乡、一镇取得了一定的优势地位。"[②]

以往的研究，不关注基层的地方主义表现，特别是府、乡、镇这个层次的情况受到的关注不多。而崔岷关于"团练抗官"问题引述的情况，多是在乡镇一级的，是从基层和微观层面看问题，就看到了地方主义的深层根源，而不满足于在省区督抚这个层次讨论。从基层视角看到了地方政治的未来走向，所以《团乱》的研究是具有学术眼光的。

三 摒弃绝对化的研究模式

中国近代史领域的研究，绝对化的研究模式是十分有害的。非此即彼的思维模式长期存在。以往的研究，过分强调了"团练"维护清朝统治的一面，也不仅仅是"绅权扩张"可以一言以蔽之的。以往那种单调、绝对化的研究模式的形成，一方面是受政治观点的影响，另一方面也和团练史料不易得到有关。由于团练体制无定，有兴有废，资料散见于方志及公私著述，稽考不易，所以历来对此无甚专论，即便有所涉及，也较为简略，只是就事论事。

就以往的研究来说，在 20 世纪 80 年代以前，中国近代史研究较多受制于政治观点的影响，团练的相关研究也不例外。往往把团练视为地主阶级的反动武装，并把它置于农民阶级的对立面来描述。比如曹国祉的《论太平

---

① 崔岷：《晚清"团练大臣"研究的省思》，《安徽史学》2017 年第 5 期。
② 参见邱涛《同光年间湘淮分野与晚清权力格局变迁（1862—1895）》，社会科学文献出版社，2018。

天国革命时期团练的组织及其反动性》、① 何若钧的《团练的阶级属性和它在近代反侵略斗争中的地位》② 等等。

20 世纪 80 年代以后，中国学术界逐步摆脱了政治观点对团练研究的影响，逐步呈现出多样化的态势。崔岷本人，还做过许多考证研究，颇见功力。比如对"团练大臣"问题的考证。③ 还有崔岷的文章《绅士的分裂：咸同之际山东乡绅刘德培的抗官之路》，从个案的角度，对乡绅与国家的权力竞争情况做出了分析。④ 对于晚清的山东团练，也有一些博士学位论文有过论述，比如浙江大学宋桂英的博士学位论文《晚清山东团练研究》，就对晚清咸同年间、甲午战争时期和义和团时期的山东团练都有所研究。⑤

其实，有许多史料可以颠覆我们对团练固有的印象。曾国藩曾经"与李少荃、许仙屏言团练之无益于办贼，如必欲团练，则不可不少假以威权"。⑥ 对于这些史料，以及从这些史料背后反映出来的历史情况，是不能不做细致的考察的。摒弃绝对化的研究模式，是改革开放以来，特别是 21 世纪以来近代史研究中的一个重要趋势。"在晚清社会，为了维护清王朝的专制统治，应对白莲教和太平天国的起义，清政府允许在地方办团练。这一举动，对封建社会的特殊群体——士绅阶层内部产生了重要影响。"⑦ 可见团练的举办，使得地方士绅内部出现了分化。掌握团练、控制军权的士绅的地位得以提升。

《团乱》在改变绝对化的研究模式方面，前进了一大步，把咸同年间山东团练的举办放到中央和地方权力斗争的视野下去考察。不简单地给团练定性，也不简单地用"绅权扩张"来概括，力图把分析各方面的互动关系和清政府的办团方式作为分析的切入点。《团乱》摆脱了把团练视为清政府

① 曹国祉：《论太平天国革命时期团练的组织及其反动性》，《史学月刊》1964 年第 11 期。
② 何若钧：《团练的阶级属性和它在近代反侵略斗争中的地位》，《华南师范学院学报》（哲学社会科学版）1979 年第 1 期。
③ 崔岷：《咸丰初年清廷委任"团练大臣"考》，《历史研究》2014 年第 6 期。
④ 崔岷：《绅士的分裂：咸同之际山东乡绅刘德培的抗官之路》，《安徽史学》2018 年第 5 期。
⑤ 宋桂英：《晚清山东团练研究》，博士学位论文，浙江大学，2006，第 11—12 页。
⑥ 唐浩明：《唐浩明点评曾国藩语录》（下），岳麓书社，2017，第 597 页。
⑦ 胡友琴：《浅析晚清地方团练对士绅的影响》，《科教文汇》2018 年第 32 期。

"帮凶"的政治视角，也丰富了单纯"绅权扩张""地方军事化"等原有的学术概念。在学术研究中，首先一切从史料出发，不被先入为主的概念套住，是十分必要的。该书在研究的过程中，一直遵循从史料中分析出情况、得出结论的原则。

四　提出了新观点

团练作为维护清王朝统治的力量存在，在镇压太平天国和捻军的过程中立下汗马功劳。让清政府始料不及的是，团练加剧了地方势力的坐大。凡此等等，都是为人所习知的近代史结论。不过，《团乱》一书通过实证性研究，否定了常见观点，提出了新的观点。

比如，"团练大臣"是什么？"团练大臣"在晚清究竟起了什么作用？这是研究晚清团练的基础。人们对于"团练大臣"这个称谓，究竟是清廷即时授予的头衔，还是事后给予的非正式称谓，莫衷一是。崔岷写过专文，对这些问题，比较并做出了详细的论证。通过详细梳理此前学者对这个问题的说法，得出了"'团练大臣'一词迟至咸丰十年才首次出现于官方文书"的结论。文章解释道，"今人为方便起见，在述及咸丰初年清廷委任'在籍绅士'办团一事时，使用'团练大臣'一词也并非完全违背史实，但应清楚清廷当时并未授予这一头衔"。① 此外，崔岷还写过《"抗粮"与"敛费"：咸同之际山东田赋锐减的团练因素》，认为"山东团练的抗粮和敛费行动，在当时已被认作导致田赋锐减的关键。团练的抗粮和敛费行动，固然与绅民不满官府加重攫取乡村资源有关，亦应看到清廷团费自筹政策产生的意外后果"。② 所以，崔岷的相关研究，考辨清楚了许多学术问题，提出了许多新的学术观点。

"团练大臣"是代表清朝政府的，是代表国家的。"团练大臣"和地方士绅观点和做法，往往相左，常常相互掣肘，办理团练的事权不统一，造成

① 崔岷：《咸丰初年清廷委任"团练大臣"考》，《历史研究》2014 年第 6 期。
② 崔岷：《"抗粮"与"敛费"：咸同之际山东田赋锐减的团练因素》，《山东师范大学学报》（社会科学版）2012 年第 4 期。

了团练新办中相互掣肘的许多问题。另外，由民众动员而兴起的团练，成了不断坑官害民、不断引发新动乱的不稳定因素。"甚至乡井小民止知有练总之尊，不知有官长之令。积习日久，党羽既多，势益强横。"① 丰富了对于团练的看法，也就是强调了团练与官府冲突的一面。

崔岷还提出了许多新的观点，丰富了旧有学说。从 30 年代开始，罗尔纲先生在一系列的论文和专著中强调晚清"督抚专政"说，其为晚清中央和地方政府关系所定下的"督抚专政"的学术基调已经形成。直到 20 世纪 90 年代后期，罗尔纲仍坚持"督抚专政"之说，这一学说也长期在中国史学界占据主导地位。

刘伟的《晚清督抚政治：中央和地方关系研究》，基本思路仍遵循罗尔纲的观点，认为晚清已经到了"督抚专政"的地步。② 近年来，邱涛提出了相反的观点，"清中央政府采取了较为有效的应对措施，使得清廷在有所分权的情况下，仍在较大程度和较大范围内维持了自身的控制力"。③ 李细珠的《地方督抚与清末新政——晚清权力格局再研究》一书，得出的"内外皆轻"的权力格局，指的是清末新政十年时期的权力格局。在此前的中央地方关系上，李细珠还是延续了传统"内轻外重""督抚专权"的说法。④

崔岷的研究，跳出中央和地方实际权力控制的窠臼，把"地方主义"这一政治思想层面的问题作为切入点，看到了"团练抗官"表象背后隐藏着的"地方主义"这一无形力量。并且，地方主义的思潮，以"团练抗官"的形式在山东的府州乡镇表现出来，这是地方主义的根基。由此可见，崔岷的研究可以丰富旧有的学说。

崔岷从地方军事化角度解释地方主义，揭示了许多以往忽视的咸同时期以"团练之乱"为表现形式的地方主义，借此完善了传统社会背景下的地方主义研究。回答"如何认识团练和官府冲突的一面"这一问题，是以往的研究所忽视的部分。

---

① 参见崔岷《山东"团匪"：咸同年间的团练之乱与地方主义》。
② 刘伟：《晚清督抚政治：中央和地方关系研究》，湖北教育出版社，2003。
③ 邱涛：《咸同年间清廷与湘淮集团权力格局之变迁》，北京大学出版社，2010。
④ 李细珠：《地方督抚与清末新政——晚清权力格局再研究》，社会科学文献出版社，2012。

在山东团练的举办原因上，《团乱》一书也有新的认识。以往的研究，更多从地方士绅维护自身利益的角度去解释。比如，宋桂英的《太平天国运动时期山东士绅举办团练的原因探析》一文中说，"总之，最终促成绅士集团办团的最根本原因，就在于绅士们对当时主流社会价值规范，即对以儒学为根基的封建王朝的认同与支持"。[①] 宋桂英认为正是乡绅这一旧秩序的基础，通过办理团练的方式，合力挽救了清王朝。宋桂英认为少数乡绅可能有对抗官府的举动，但不构成主流。

崔岷《团乱》一书则有不同的观点。书中详细研究了山东团练兴办的起因、动力和阻力。山东办团，是在清政府的催督激劝之下才艰难起步，相互的推诿和掣肘时有发生。《团乱》一书的"结论"写道，"正如芮玛丽所注意到的，太平天国叛乱的发生'大大削弱了士绅对国家的责任感'。而持续的国家动员无疑成为地方主义兴起的催化剂"。[②]《团乱》一书认为"团练抗官"绝不是偶发事件那么简单，而是一个具有重大影响力的事件。团练的举办，激发了士绅的地方意识，是晚清地方主义的开端。

五　得出了新结论

由于面对太平天国起义的快速发展，清政府看到"官不可恃，兵不可恃"的局面，政府转向寻求动员民众来解决困境。团练的兴办造就了清代最具规模的一次民众动员。正是清廷的团练动员，激发了地方士绅心中埋藏已久的地方主义。尽管清廷在举办团练之初就对团练有所防范，但相关团练政策却弄巧成拙。

《团乱》一书意在揭示以往多有忽视的咸同时期以"团练之乱"为表现形式的地方主义的研究。这一关注并不意味着否认湘、淮系督抚造成的晚清权力结构"外重内轻"或"权力下移"现象的重要性，亦不否认"团练之

---

① 宋桂英：《太平天国运动时期山东士绅举办团练的原因探析》，《青岛农业大学学报》（社会科学版）2007 年第 12 期。

② 参见崔岷《山东"团匪"：咸同年间的团练之乱与地方主义》。

乱"中蕴含的绅民反抗州县官吏贪渎暴敛的内容及其意义。

咸同年间以团练之乱为表现形式的地方主义，在不同的区域，也存在着差异性。在太平天国和捻军起义被平定以后，很多团练都解散了。但以后清政府在遇到地方叛乱和外来入侵的时候，又无不再次兴办团练应对时局，使得团练在晚清社会一直扮演重要角色。

《清咸同年间山东州县团练抗粮抗官活动与官府应对——兼与"团练势力极度膨胀说"商榷》，对团练抗官的影响提出质疑，"由此看来，晚清地方团练势力膨胀的程度，其对清王朝统治的负面影响似有限，不宜过分强调"。[①] 这篇文章认为团练抗官的影响相对有限，并没有很大的历史意义。

但崔岷的观点不同。《团乱》一书认为，以"团练之乱"为表现形式的地方主义的意义很大。办理团练"从而造就了清代最具规模的一次民众动员。其后，各省便或急或缓地步入了'军事化'时代"。[②] 显然，崔岷认为以团练之乱为代表的地方主义，其意义是十分深远的。崔岷认为清朝政府后来督抚权力的尾大不掉，乃至清末中央对地方主义失去控制，王朝最终被颠覆，如果追根溯源，都可以从咸同年间地方主义的兴起中看到端倪。

当然《团乱》一书也还存在一些遗憾。比如，除"中央与地方"视角的研究，是否有从"国家与社会"的关系模式进行分析的可能？在国家力量通过"团练大臣"深入基层社会的情况下，"团练抗官"是否是弱者的抗争？还应该注意到团练在国家、社会以外的"第三领域"的作用，也就是公共领域的反应和态度是怎样的？商人群体如何看待团练，在"团练抗官"情况中扮演了怎样的角色？团练以何种方式影响到乡村和城市？此外，州县基层的团练之乱的危害毕竟是局部性的，是否真的对后来的历史发展影响深远，还值得商榷。这些都是可以深入研究之处。

---

① 孙兵：《清咸同年间山东州县团练抗粮抗官活动与官府应对——兼与"团练势力极度膨胀说"商榷》，《理论月刊》2018 年第 12 期。

② 参见崔岷《山东"团匪"：咸同年间的团练之乱与地方主义》。

稿　约

　　《太平天国及晚清社会研究》系民政部批准成立的全国性一级学会——中国太平天国史研究会主办的学术专刊。本刊主要刊载关于太平天国及晚清时期（1840—1911）相关史实与理论的研究文章，宗旨在于保持严谨扎实的学术风格，以客观、理性的研究理念拓展太平天国及晚清史研究的广度与深度。

　　本刊不收取版面费或者其他任何费用。欢迎视角新颖、见解独到的代表学科前沿水平的学术稿件，论从史出、逻辑严密、注释规范。体例格式参照社会科学文献出版社集刊注释体例，文末附作者信息（姓名、单位、联系电话、研究领域）。字数以7000—12000字为宜。

　　本刊严格实行双向匿名审稿及编辑部三审制度。稿件一经采用，相关编辑会通过电话或邮件与作者确认发表事宜。作者自投稿之日三个月内未接到本刊备用通知者，请自行处理。

　　根据著作权法规定，凡向本刊投稿者皆被认定遵守上述约定。

　　本刊信箱：tsyjtg@ 126. com

　　联系电话：13675111347；025－52202345

中国太平天国史研究会

《太平天国及晚清社会研究》编辑部

图书在版编目（CIP）数据

太平天国及晚清社会研究. 第 8 辑／朱庆葆主编. --
北京：社会科学文献出版社，2023.11
ISBN 978-7-5228-2502-1

Ⅰ.①太…　Ⅱ.①朱…　Ⅲ.①太平天国革命-研究
Ⅳ.①K254.07

中国国家版本馆 CIP 数据核字（2023）第 183104 号

太平天国及晚清社会研究　第 8 辑

主　　编／朱庆葆

出 版 人／冀祥德
责任编辑／陈肖寒
文稿编辑／梅怡萍
责任印制／王京美

出　　版／社会科学文献出版社·历史学分社（010）59367256
　　　　　地址：北京市北三环中路甲 29 号院华龙大厦　邮编：100029
　　　　　网址：www.ssap.com.cn
发　　行／社会科学文献出版社（010）59367028
印　　装／唐山玺诚印务有限公司

规　　格／开　本：787mm×1092mm　1/16
　　　　　印　张：19.75　字　数：308 千字
版　　次／2023 年 11 月第 1 版　2023 年 11 月第 1 次印刷
书　　号／ISBN 978-7-5228-2502-1
定　　价／128.00 元

读者服务电话：4008918866